中国古代十大思想家

周月亮　主编

中华工商联合出版社

图书在版编目（CIP）数据

中国古代十大思想家 / 周月亮主编 . -- 3 版 . -- 北京 : 中华工商联合出版社 , 2018.7（2021.7 重印）

ISBN 978-7-5158-2300-3

Ⅰ . ①中… Ⅱ . ①周… Ⅲ . ①思想家—评传—中国—古代 Ⅳ . ① B2

中国版本图书馆 CIP 数据核字（2018）第 089574 号

中国古代十大思想家

主　　编：周月亮
责任编辑：林　立　崔红亮
装帧设计：北京东方视点数据技术有限公司
责任审读：魏鸿鸣
责任印制：迈致红
出版发行：中华工商联合出版社有限责任公司
印　　刷：唐山富达印务有限公司
版　　次：2018 年 8 月第 1 版
印　　次：2021 年 7 月第 3 次印刷
开　　本：710mm × 1020mm　1/16
字　　数：250 千字
印　　张：18
书　　号：ISBN 978-7-5158-2300-3
定　　价：78.00 元

服务热线：010-58301130
销售热线：010-58302813
地址邮编：北京市西城区西环广场 A 座
19-20 层，100044
http: //www.chgslcbs.cn
E-mail: cicap1202@sina.com（营销中心）
E-mail: gslzbs@sina.com（总编室）

序

这套励志书由两部分内容组成，一是大师传记，二是名家文集。前者记述大师的人生事迹，评点他们的精彩瞬间；后者辑录名人的文章言论，展示他们的才华睿智。所选者，无不是成功的人生，无不是为后人所推崇和敬仰的人。对于我们每一个人来说，他们都是后人追求的榜样，励志的灯塔。其实，古往今来，所有的成功者，他们的人生和他们所激赏的人生，不外是：“有志者，事竟成。”

励志是动宾结构的词，励是磨砺，志是志向，放在一起就是磨砺志向。所以说，励志不是简单的立志，是要像把刀放在石头上磨才能锋利一样，这个磨砺，也不是轻而易举地摩擦一下，而是要下力气的，对刀来说，不仅要把自身的锈磨掉，还要把多余的部分都要毫不留情地磨掉，这简直是一场磨难。所有绚丽的人生都是用艰难磨砺成的，砥砺生命放光华。可见，励志至少有三层意思：

一是立志。国人都崇拜的一本书叫《易经》，那里面有一句话说：“天行健，君子以自强不息。”这是一种天人合一的理念，它揭示了自然界和人类发展演化的基本规律，所以一切圣贤伟人无不遵循此道。当然，这里还有一个立什么样的志的问题，孔子说：“士不可以不弘毅，任重而道远。”古往今来，凡志士仁人立的都是天下家国之志。李白说：大丈夫必有四方之志，白居易有诗曰：丈夫贵兼济，岂独善一身，讲的都是这个道理。

二是励志。有了志向不一定就能成事，《礼记》里说："玉不琢，不成器。"因为从理想到现实还有很大的距离。志向须在现实的困境中反复历练，不断考验才能变得坚韧弘毅，才能一步一个脚印地逐步实现。所以拿破仑说：真正之才智乃刚毅之志向。孟子则把天将降大任于斯人描述得如此艰难困苦。我们看看历代圣贤，从三大宗的创始人耶稣、默哈穆德、释迦牟尼到孔夫子、司马迁、孙中山，直至各行各业的精英，哪一个不是历经磨难终成大业，哪一个不是砥砺生命放射出人生的光芒。

三是守志。无论立志还是励志都不是一朝一夕、一蹴而就的，它贯穿了人的一生，无论生命之火是绚丽还是暗淡，都将到它熄灭的最后一刻。所以真正的有志者，一方面存矢志不渝之德，另一方面有不为穷变节、不为贱易志之气。像孟子说的那样："富贵不能淫，贫贱不能移，威武不能屈。"明代有位首辅大臣叫刘吉，他说过："有志者立长志，无志者常立志。"这话是很有道理的。

话说回来，励志并非粘贴在生命上的标签，而是融汇于人生中一点一滴的气蕴，最后成长为人的格调和气质，成就人生的梦想。不管你做哪一行，有志不论年少，无志空活百年。

希望你能喜爱这套励志书，让它点燃你的生命之火，让人生变得更加绚烂。

徐　潜

前　言

我们这里只选取了10位大儒，各有其时代和学派的代表性，自然不能“尽”儒，却可以“见”儒了。选择传记这种文体，是上承纪传体之传统，下应今日阅读要求人情味之品位。每位传主两万来字的篇幅也是个很刁的幅面，既是现成话撑不起来的，也不能容纳过于艰深专业的探索。它要求一种“后学术”的表达，要求尽量地化议论为叙述，将高文典册换成家常话。既要有无可挑剔的学术准确性，又要有可读性。要将那些神秘（假如不神圣的话）的圣贤还原为一个个既平凡又伟大的有血有肉的人物，也尽可能地将他们的思想变成可以感性地来体认的思路，从而能够面向多层次的读者。养育人格最现成的办法是读杰出人物的传记，而全部文化运作的最后成果是人格。

这些彪炳史册的大儒们自然各有其过人之处，然而最让我们心仪的是：他们那种“麦田守望者”式静观人生的姿态却反而成为巨大话语发布者的秘密何在？可能还在于那个神秘又神圣的“道”，至高无上的道是终将不以任何人的意志为转移的，历史的巨川淘尽了无数英雄，也浮现出一位位的大儒，如中流砥柱支撑着中华文明的“过河桥”、“铁路桥”。他们固守着心中那份文化良知，说那是天道在我心中结成的“圣胎”，我个人生死穷通等若轻尘。是这份高贵的价值体验使他们与庸人、歹徒彻底区别开来，判若凡圣，也使他们无论居江湖还是在魏阙却如居火宅，如入敌困，惺惺忧道，如履如临。若说天道是虚幻的，为什么这么多人像抱着千年古玩似地维护着它？若说天道实存且有效，怎么偏偏有皇帝来收拾圣道的维护者？一个更大的问题是儒学这朵农业文明之花在工业文明中能结什么样的果实？

西方的坚船利炮打入这个古老的文化帝国后，君主专制体制以及这种体制所派生出来的八股文化体系无法应付这三千年未有的变局，八股文化养育出来的官员更是出尽洋相，这样暴露出来的所谓儒家文化的困境，恐怕不是孔学的真困境。第一个寻找西化之路的学者严复就认为：让王阳明这样内圣外王均了得的人来“当今日之世变”则会不至于此。今天陆续有一批新儒家来反驳韦伯，说儒家文化具有推动社会改革的内在驱动力，而且“亚洲四小龙”飞出了“黑天鹅”。我们不管老内圣能否开出新外王或新外霸，我们只关心这内圣一路是否有益于人性建设，内圣之乌托邦情结能否成为国人走向21世纪的精神资源？这当然不是一个靠一厢情愿就能解决的情绪化的问题，而且谁也无法预卜结局。但是就连仰望宇宙星系说没有道德这一系的爱因斯坦都说：“第一流人物对于时代和历史进程的意义，在其道德方面，也许比单纯的才智成就方面还要大。即使是后者，它们取决于品格的程度，也远超过通常所认为的那样。”

龚自珍在给秦敦夫的信中说：“士大夫多瞻仰前辈一日，则胸中长一分丘壑；长一分丘壑，则去一分鄙陋；潜移默化，将来或出或处所以益人家邦与移人风俗不少矣。”恩格斯谆谆教导青年人：提高哲学思维水平除了读以往的哲学著作之外，没有更好的办法。假若读者能从本书中所列大儒们的际遇中得到人格方面的营养呵护，又能拎出一个儒学的大致脉络，则算是落实了主谋魏鸿鸣先生的预设。

编　者

目　录

弗恨厥学坠　祇怜“吾道穷”

——孔子

我欲仁，斯仁至矣。

公元前479年春季，也就是鲁哀公十六年四月，孔了患病的消息已在鲁国的大街小巷到处流传。正在外经商的端木赐一听到这个消息，便撇下手上的事情，驾上车就往老师家里奔去。在院子里，他看见那位将被后世尊为“至圣先师”的老人正拄着一根拐杖，在院子里踱来踱去，望望天又望望远方。正是初春，院里才有些许青色。这位名叫赐但被人们习惯叫作子贡的人凝视着老师那佝偻的身影，不禁悲从中来。他知道那个身影一消失，郁郁多文的周代文化将急剧黯淡，他和其他一些弟子的心灵也会陡然丧失依托。

孔子回过头来，低声呼道：“赐，你怎么现在才来呀！”紧接着孔子叹了口气，用沙哑的喉咙低吟道：

泰山真的要崩坍了吗？

梁柱真的要摧折了吗?

哲人真的要枯萎了吗?

孔子虽然不可一世地把自己比作泰山梁柱，但自己也意识到了大势已去，立刻老泪纵横地对子贡说，天下无道已经很久了，没有谁能尊崇我的思想。我昨天梦见自己坐在两根房柱中间。那是我们殷人停棺材的地方。而我正是殷人的子孙啊！ 7 天之后，孔子去世。时年 73 岁。

出 道

关于孔子的出生情况，颇富传奇色彩。当然这基本上是后人的附会，在此不必赘言。倒是有必要将其家世略加阐述，这对他一生经历，也许并非是无足轻重的。

孔子的祖先是宋国人。宋国和鲁国是邻国。孔子五代祖木金父因其父孔父嘉在宫廷内讧中被杀而从宋国避祸奔鲁。宋国的开国君主是微子启，原为殷王室贵族。周武王灭殷，封微子启于宋，让他继续承祀殷国宗祠。微子启死后，由弟弟微仲继位。那就是孔子远祖。从微仲传了九代到孔父嘉。本来孔父嘉姓子，可能由于他比较有名的缘故，子孙开始以孔为姓氏了。木金父由于父亲被杀，在宋国站不住脚了，因此避难奔鲁，从此定居鲁国陬邑。

孔子的父亲叫叔梁纥，是孔父嘉的五代孙。叔梁纥在有孔子之前已生了九女一男。那个叫孟皮的儿子是个瘸子，叔梁纥怎么看也觉得孟皮不像样子，难以承继宗庙，他觉得应该再要一个儿子。但是叔梁纥那时已 60 多岁了。这么大年纪再娶妻，是不合乎礼法的。那时各国都希望增长人口，认为老夫少妻或老妻少夫对生育不利。叔梁纥却不甘心，仍然鼓足勇气向颜家求婚，颜家有 3 个女儿，老大老二都不愿意，只有不满 20 岁的小女儿颜征在表示愿意嫁给叔梁纥。颜征在可能很钦慕叔梁纥，再说叔梁纥虽年事已高，还算比较强壮。叔梁纥也确实在诸侯间以勇力闻名。他立过两次大的战功，最有名的一次是在偪阳之战。当时以晋国为首的几个诸侯国攻打一个叫偪阳的小国。叔梁纥作为鲁国武士，也参加了作战。当他们攻入偪阳城时，守城的人突然把城门上吊起的悬门放下，意欲把入城队伍拦腰截断，然后分别消灭。正在这危急时刻，叔梁纥赶到，用手托起悬门，使先入城的队伍能够赶紧退出，避免了损失。所以一时威名遍传。

由于叔梁纥年纪大了，也怕自己不能得子，所以和颜征在结婚之后，就去向尼丘山祷告。孔子生下来时头顶坍陷，四围却比较高，很像尼丘山的样子。所以干脆就取名叫丘，字仲尼。尼丘山在后世也随着孔子的名气变得越来越神圣。后人甚至去尼丘山凿石做成砚台，认为质地很好，用得特别舒心。但恐怕都想借此沾沾孔子这位圣人的光。唐朝的李贺对此不以为然，写诗嘲讽尼丘山砚不值一哂。

孔子 3 岁时，叔梁纥就死了。葬在离城东 25 里的防山。但是孔子却不明白父亲的坟地到底在哪儿。他母亲颜征在本来由于嫁给老翁，属于野合，脸上就不大光彩。加上年少守寡，很是羞愧，也没好意思参加送葬。所以在她自己死的时候，孔子想把父母合葬，由于找不到地方，只好把母亲的棺柩停在街上。孔子从小就是一个谨慎小心的孩子，乡里人都比较尊重喜欢他，最终有一个好心人告诉了他。他才算把父母合葬了。

颜征在死后不久，鲁国贵族季孙氏请士一级的贵族宴会。孔丘大概也以为自己有资格参加，本来他父亲也是个赫赫有名的武士，就穿着孝服跟着别人想进去。季氏的家臣阳虎看见孔子一副酸丁样，又是个乳臭未干的青年，就酸溜溜地挖苦他："季孙家宴请宾客，可并没敢宴请像你这样的大学者呀。"孔子没有办法，只好告退。当然，历史也给这两人开了个玩笑。几十年后，人们看见在曲阜的大街上，这两人的车子又相遇了。那个叫阳虎的家伙一改昔日的傲慢神色，恭敬地邀请孔丘去当官。但圣人孔丘却有些不愿意。当然，孔丘也许早已忘了年轻时受到的那番侮辱了。

鲁国有个大夫叫孟釐子，有一次病得很厉害，他想自己快要死了。就告诉他的儿子说："孔丘这人可了不起，他是圣人商汤的后代。后来的祖先曾做过宋国国君。他的第十代祖先弗父何是宋缗公的儿子，宋缗公死了，继位者应该是弗父何，但弗父何让给弟弟继位。后来弗父何的孙子正考父又辅佐了三代君主，受过三次册命。不但不骄傲，而且更加谦虚。他自己铸了一口大鼎，上面刻着铭文，大意是：‘由于自己很恭敬下人，人家也不好欺侮我，我铸这口大鼎不是为了烹大鱼大肉，只是想熬熬稀粥，能勉强糊口就行了。’我听说，圣人的后代，暂时还没有发达，后世也一定会出了不起的人。现在孔丘年纪这么小却这么懂礼义，难道不是一个了不起的人吗？如果我死了，你们一定要拜他为师。”孟釐子一口气说完这些话，以为自己要死了，哪知却没有死成。等后来他真正亡故的时候，这番话却派上了用场。他的儿子孟懿子和南宫敬叔都去拜孔子为师，向他学礼。这一年，恰巧季氏家族的当权者季武子也死了，季平子继位。

后来孔子终于成了季氏手下的小吏，专门掌管仓库，平时就干些称量计算的工作，还帮季氏养过牛羊。他在任时，牛羊大量繁殖，这在以前可是了不起的功劳，牲畜多少代表国家财力高低。因此孔子的官越做越大，后来居然成了司空。

但是孔子想到周天子的首都雒邑去学习周礼和古文献。周朝虽然衰落，但名义上还是普天下的君主。自周公旦制礼以来，制度保留得最为完备。孔子一直以平治天下为己任，认为周朝没有威势，比夷狄还不如，原因在于礼崩乐坏，尊卑秩序乱了套。礼这个东西真是一种美德，它能宰制万物，役使民众。天下有礼才能上下不乱，长幼有序，国家才能太平。

南宫敬叔这时就向鲁君建议，请鲁君资助车马费，并说愿与孔子同往周天子处学礼。鲁君就给了孔子 1 辆车、2 匹马和 1 个童仆。当时周朝的藏书室官吏相传就是后世赫赫有名的老子，即李耳。老子和孔子谈了很久，这次谈话的内容不得而知，总之不会太投机。因为孔子的儒学和老子的道学究竟是两回事。不过总算两人都是有才学的人，惺惺惜惺惺，最后老子对孔子说：“你刚才跟我谈了那么久的礼，都是古人的陈词滥调，他们的骨头都变成粉了，再谈有什么意思呢？君子碰到明主就出来帮帮忙，碰不到就算了，顺其自然，像我这样，不管天下事，每月按时领俸禄，不是挺好吗？我听人家说，好的商人一定是把宝贝藏得很隐秘，让别人摸不着头脑。君子也是这样，尽管很聪明，却装出一副很愚蠢的样子，使人无法揣测。一则显示出修养，一则可以不遭人忌妒，以得善终。不过这不是一般人做得到的。像你，还年轻，有些娇气和欲望就无法压制，要知道，这样对你是没什么好处的。我能告诉你的，也不过这些罢了。”

后来孔子要回国了。临走时老子还送了孔子几句话：“有钱的人往往送给别人财产。有德的人一般赠予别人几句好话。我是个穷鬼，就妄称一回仁人罢。你要知道，有些聪明的人经常不得好死，就是因为他们喜欢议论别人；口辞便给的人也经常不得好死，那是因为他们喜欢揭别人的疮疤，以图一时的口舌之快。你是个明晓事理的人，你自然明白你的身体并不是你自己专有的，你是父母的儿子，是君主的臣民，就应该适时替父母君主想想，要孝敬父母，替国家做事，就不能把生命白白丢掉。”

周　游

在孔子生活时代的鲁国，正在逐渐衰弱下去。西北的晋国是个强国，国君晋平公淫乱，权力旁落，六卿专主国政，到处扩张。南方的楚国日渐崛起，楚灵王常常率兵北伐中原。齐国在鲁国北面，是鲁国邻邦，也是个泱泱大国。鲁国就处在这三强国的中间，成了受气筒。如果和楚国亲近些，晋国就不高兴。投靠晋国，楚又派兵来侵。在应付这两国的同时还得时时注意齐国的脸色，一不小心，齐国军队就气势汹汹向边境开来。

鲁昭公二十年，孔子30岁。齐景公和国相晏婴到鲁国来访问，知道孔子大名，就问孔子怎么才能治好国家：“秦穆公当年国小地僻，为何能称霸？”孔子说：“秦虽然国小地僻，但志大且行为中正。像百里奚这样的贤才，各国不能用，当作奴隶。秦穆公慧眼识英，用5张羊皮就把他换到秦国，和他谈了3天，马上封为大夫，把国政委给他，从而大治。像这样的国君，成为天下共主都可以，区区的霸主算得了什么。”“说得好。”齐景公抚须大笑。不过也只是一笑而已，景公并不真信孔子的说法。

在孔子 35 岁这年，鲁国发生了一次大乱。这在鲁国历史上是少见的。这次内乱有远因，有近因。远因是由来已久的鲁国公室衰微，世卿专横，政在季氏的局面，使鲁昭公不得不想方设法铲除季平子，以恢复公室权力。近因是这年夏天，恰好由于季平子和另一贵族郈昭伯两家斗鸡而引起纠纷，鲁昭公就利用这一矛盾，支持郈氏，企图趁机灭了季氏。哪知季氏联络另外两家贵族叔孙氏和孟孙氏率兵反攻昭公。昭公大败，被迫逃亡齐国。在这种乱哄哄的局面下，孔子不得不离开鲁国，到齐国去。

孔子在齐国当了一个贵族高昭子的家臣，想通过他去接近齐景公，还和齐国的乐官关系比较好。有一次听了乐官演奏的《韶》这支古曲，非常高兴，便跟着学，学得很专心。以致连续 3 个月吃肉都不知肉味。后来他终于见到了齐景公。景公也许还不曾忘记上次在鲁国和孔子的谈话，就饶有兴趣地问孔子怎样才能治理好国家。孔子说：“君王要过像君王一样的生活，臣子要守臣子的礼节，父亲要具备父亲的威严，儿子要做到儿子应有的孝顺。”景公这次听了大发感慨，叹道：“真有道理啊，如果君不君，臣不臣，父不父，子不子，虽然有粮食，我哪里能吃得这般安稳呢。”这句话倒是发自肺腑的。后来景公又问孔子怎样才能更好地治理国家，要求孔子具体讲讲治国措施。孔子说：“治理国家要点在于节省花费罢了。”景公听了也照样很高兴，就想把尼谿地方的田封给他，使他做一个有采邑的齐国贵族。晏婴听了表示反对，他对景公说：“儒生都是一些不守法律的人物，而且特别骄傲，不能虚己下人。崇尚厚葬，浪费财力。孔子就是这样的人，他们谈起礼节来一套一套的，特别多的繁文缛节，对国家人民没有任何好处，大王还是不要用他为好。”后来，齐景公见了孔子就不再问关于礼方面的问题，并且逐渐对他冷淡，说：“要我待你像你们国家季氏的地位那样高，我不能做到。”孔子听了觉得不高兴，又风闻齐国一些贵族要杀他，心想只有偷偷地回鲁国去了。在走之前孔子还有些不甘心，特地跑去见齐景公，指望景公挽留他，但是齐景公却打了个哈欠，说："我老了，用不了像你这样的大才了。"孔子才最后绝望了。

孔子42岁的时候，流亡在外的鲁昭公终于死了，鲁定公即位。过了5年，季平子也死了，他的儿子季桓子接位。季桓子有一次挖井，挖到一个陶罐，里面装了一个像羊的东西。觉得很奇怪，就去问当时已以博学闻名的孔子。但是他要了个花招，特意说是挖到了一只狗，想借此测测孔子的深浅。孔子淡淡地说："挖到的不是狗，应该是羊吧。"季桓子一听吓了一跳，知道瞒不过去，只好承认，并表明想知道原委。孔子说："我之所以敢肯定是羊，不是没有道理的，我听说，山里面的怪物有怪夔和魍魉；水里面的怪物有怪龙和罔象；土里面的怪物则叫大羊。没有听说土里能挖出狗来的。"季桓子这才对孔子的学问心悦诚服了。

吴国进攻越国，踏平了越国首都会稽城。获得了一根特别大的骨头，用它能推动一辆战车，行走如飞。吴王很惊讶，但不知道这是什么骨头，听说孔子博学，就派使者去问。使者见了孔子，就卖关子说："最大的骨头是什么骨头？"孔子说："当年大禹召众神到会稽山，防风氏这个神来晚了一些，大禹很恼怒，就把他杀了，还把尸体抛在山上陈列。防风氏身材极大，他的骨头能够推动战车。这可能是世上最大的骨头罢。"吴使心里暗暗吃惊，又抢问道："神到底指哪些东西？"孔子说："名山大川能兴云致雨以利天下，有权力祭祀守护名山大川则可以称为神。仅能守护国土者只能算是公侯。"吴使又追问："防风氏守护什么山川？"孔子回答："汪罔氏的君主守护封山和禺山，姓釐。在舜帝、夏、商时叫汪罔，在周时叫长翟，今天叫大人。也就是上面所说的防风氏。"吴使很服气地说："真是圣人啊，博学到了这种地步！"

季桓子有个宠臣叫仲梁怀。他与桓子的另一个家臣阳虎有些不睦。阳虎想把仲梁怀赶出国去，被同伴公山不狃劝止了。这年秋天，仲梁怀益发骄横，不把一般人放在眼里。阳虎气坏了，终于派人把他抓了起来。季桓子一看阳虎竟然如此大胆，敢抓他的宠臣，就想把阳虎杀了。阳虎预先知道了消息，先下手为强，把季桓子干脆也抓了起来。后来桓子答应不追究阳虎这件事，两人结盟发誓，阳虎才释放季桓子。经过这次冲突，季桓子威信大跌，阳虎更加看不起季桓子。但是季桓子虽然在手下人这里栽了跟斗，对他的主子鲁定公却没有好颜色，鲁国的国政几乎掌握在季桓子手里。于是在鲁国形成这样一种怪现象：国君被大夫控制，大夫被家臣控制，国政实际上掌握在阳虎这伙人手里。孔子一向主张要有上下尊卑次序的，对鲁国这种贵贱易位的现象很看不惯，所以辞去了鲁君给他的官位，闲居在家继续研究他的诗书礼乐。不过他的名气随着学问的增长也越来越大了，天下好学的人都跑来向他请教，他的弟子益发多了起来。

鲁定公八年，季氏的家臣公山不狃由于得不到季氏的赏识，决定发动叛乱。公山不狃和阳虎的关系比较好，就和阳虎合谋一同起事。阳虎的力量很大，也看不惯季桓子。于是就发兵将季桓子抓了起来，要挟季桓子废掉现在的“太子”，改立另一个与阳虎关系较好的人的儿子为继承人。季桓子想，如果不答应，恐怕性命就保不住了，只好假装答应。阳虎一伙信以为真，就放了他。哪知季桓子回去立刻发兵，反攻阳虎。总算季桓子力量还未尽失，把阳虎打得大败。阳虎一看大势已去，于是逃到齐国去了。齐国人不怎么愿接纳他，他只好又改逃宋国，也遭到同样待遇。最后改逃晋国，怕这次又不接纳，预先准备了一份厚礼，送给晋国权臣赵简子。赵简子贪图这笔厚礼，才接纳了他。孔子听到这个消息，说：“连阳虎这样的乱臣都收留，赵氏以后要出乱子的。”

在阳虎叛乱这一年，孔子已经50岁了。他本想当官，在鲁国推行自己的政治理想。只是因为没机会，他也觉得鲁国太乱，有些犹豫。比如前两年阳虎派人送了一头蒸熟的小猪给孔子，想等孔子拜谢时劝孔子出仕。那时候阳虎正囚禁季桓子，孔子很不满意他，但出于礼节又不能不答谢。于是探听到阳虎外出时去拜访，可是不巧在路上碰到阳虎的车了。阳虎说：“怀里藏着治国安邦之策，看着国家颓败而不出来拯救，这是智者应有的行为吗？这能算是仁义吗？”孔子老老实实地说：“不是。”阳虎又说：“喜欢为国家做事而又屡次抛弃机会，这能算是聪明吗？”孔子只好又说：“不是。”阳虎叹口气，说：“岁月一眨眼就过去了，它可是不等人的呀！”孔子想了想：“好吧，我还是出来做官吧。”

孔子虽然答应了阳虎，但最后还是没有出仕。不过，他想干事业的急切之心由此可见一斑。所以在公山不狃叛乱时，派人邀请孔子去治理费这个地方，孔子就很想去试试自己的才能。他对弟子说：“我还是去费吧。当年周文王武王在丰镐之间称王的时候，地方也不过百里。费这地方虽小，大概也差不多可以了吧。”他的弟子子路不高兴了，叫孔子不要去。孔子一向对子路很器重，就听从了。但还有些不甘心，说：“公山不狃叫我去，难道是一句空话吗？如果能用我，我可以把周文王武王之道在费地兴起来。”心下很有些踌躇。

不过这年孔子终于出仕了。鲁定公任命孔子为中都宰，过了一年，孔子把中都这个地方治理得蒸蒸日上。四方小县都开始效法中都的做法。由于这项政绩，孔子官开始越做越大，由中都宰升为小司空，旋即又升为大司寇。

鲁定公十年的春天，鲁国和齐国讲和。夏天，齐国大夫黎钽对齐景公说：“鲁国重用孔丘，这对齐国可不是什么好事。孔丘这人很有才能，鲁国强大必然对齐国有威胁。”于是齐国邀请鲁国在夹谷相会。想在会上显示力量，压服鲁国，使鲁国无条件成为自己的附庸。鲁定公决定去。孔子这时以大司寇身份兼摄相礼一职，对鲁定公说：“我听说有文事时必有武备，有武事时必有文备。古时诸侯出国境，必带兵前往。这次也不应例外。”鲁定公答应了。齐国在会上果然气焰嚣张。开始齐国的官员假惺惺地提出奏四方之乐，刀枪剑戟，旍旄羽袯鼓噪而至，以图在混乱中劫持鲁君。孔子一见，立即登上临时筑成的盟坛土阶，眼睛直视景公，一甩袖子怒斥道：“我们两国国君在此作友好会盟，夷狄音乐，到这里来干什么？请管事的快快斥退。”齐景公有些惭愧，就挥手把他们斥退。过一会儿，齐国官员又提出奏宫中之乐。这回是一伙倡优侏儒喧呼而戏。孔子又登上土阶，说：“这些人惑乱诸侯，应该诛杀。”兵士一拥而上，将倡优一伙斩手断足。齐景公忐忑不安，自知失理，回去后对随从人员说：“这是寡人之过啊。人家孔子引导他的国君遵循古人礼义，你们却引导我学夷狄的陋俗，这是为什么呢？”有个官员说：“君子有过错则备礼为谢。如果大王对这事耿耿于怀，请备份礼物去谢过吧。”于是齐景公把以前侵占鲁国的郓、汶阳、龟阴三地归还给鲁国，当作谢过的礼物。孔子的名气更大了。

鲁定公十三年夏天，孔子对定公说：“臣子不应该私藏甲兵，大夫不应该有太大的城池。我建议大王拆毁季孙氏、孟孙氏、叔孙氏三家的城堡。”孔子当时说这话正投合鲁定公心意。因为鲁国从前几代君主开始，权力已经被季、孟、叔三家掌握。三家号称三桓。是鲁国先君桓公的 3 个儿子的后裔。孔子对三桓擅权、三桓之权又被家臣垄断很不满意，认为违反“忠君尊王”之道。他感到出路只有一条，那就是强公室，抑三桓，贬家臣。鲁定公也早就为自己无权苦恼，两人一拍即合。拆毁三家城堡这时正碰上好时机。因为三城平时被三桓的家臣盘踞，三桓也对此不满。加上以前阳虎据费反叛季孙氏，侯犯据郈反叛叔孙氏，使他们都很狼狈。孔子便趁机建议把他们家臣据以叛乱的三城拆毁。三家立刻同意。于是第一步比较顺利，拆了叔孙氏的郈都，第二步拆季孙氏的费都时，却遭到费的长官公山不狃的强烈反对，并先发制人地以费邑兵力袭击曲阜，幸赖孔子指挥曲阜兵力反击，大败公山不狃，使他逃奔齐国，终于拆毁了费都。第三步拆毁成邑时，却遇上了麻烦。成邑长官公敛处父一贯忠于孟孙氏，从无叛意。他看出拆成对孟孙氏不利，就对孟孙氏说：“拆了成邑，齐国人很容易入鲁国。况且成邑是孟孙氏的保障。没有成邑，就等于没有孟孙氏啊！”孟孙氏一听有理，就暗中支持公敛处父全力反抗，抵制拆城。孟孙氏的态度也使季孙氏、叔孙氏醒悟过来，感到原来孔子主张拆三城是为了削弱三桓，加强公室，也都改变态度，支持公敛处父。鲁定公本来就没掌握多少兵马，三桓不合作，他是没有力量进攻公敛处父的。拆毁三城的计划就这样失败了。这次失败使孔子和三桓的关系陡然紧张起来。这时又出现了另外一件事。

原来齐国听说孔子当了司寇，国家治理得越来越好，都感到恐惧，竞相说："孔子掌管国政，鲁国必定成为霸主，那样的话，我国最靠近他，最可能被他先吞并。不如把以前侵占他的地还给他，表示和好。"黎钼说："还是先试着败坏他的国政吧。如果不行，再还地给他。那也不算晚呀！"于是挑选齐国美貌少女80人，都穿着精美的绣衣，能歌善舞，坐着华丽的马车送到鲁国。在曲阜城南边表演舞蹈。季桓子偷偷跑去看了三次，决定收下。然后和鲁定公天天观舞听乐，不理朝政。子路对孔子说："看样子，老师可以走了。"孔子还是犹豫，还是有幻想，希望季桓子悔悟过来。所以对子路说："鲁国即将举行郊祭，如果仍将祭祀用的烤肉按礼送我一份，那么我还可以留下来。"结果，孔子参加陪祭后回到家中，又没见送来祭肉，于是忍无可忍，加上以前拆毁三城失败造成的不愉快，只好匆匆弃官离开鲁国。这年是鲁定公十四年，孔子56岁。季桓子对孔子还是比较尊敬的。听到孔子走了，喟然叹道："夫子是因为妇人的原因而怪罪我呀！"

凤兮凤兮

卫国是周武王的弟弟姬封始建的国家。姬封和鲁国的始祖姬旦是兄弟。在中原诸国中，卫国当时还是比较富庶的。孔子又久闻卫灵公是个贤君，广招贤才，非常迫切。卫灵公据说也是个传奇人物。当年他母亲怀孕时，梦见卫国始祖对她说要把卫国交给她儿子，并给她儿子取名叫姬元。他母亲把这个梦告诉丈夫卫襄公，襄公大惊，说："此真是天意啊！"最后果真立姬元为太子。本来卫灵公的母亲身份低，是不配有这样的好事的。

孔子在卫国，住在子路妻子的哥哥颜浊邹家里。颜浊邹是卫国的贤大夫，就把孔子推荐给卫灵公。卫灵公也早闻孔子大名，立即召见，问孔子："你在鲁国得多少俸禄呀？"孔子说："奉粟六万。"卫灵公说："我也给你六万。"孔子到卫国不久，就有人在卫灵公面前说孔子的坏话。孔子在卫国待了 10 个月，也没见卫灵公请他治理国家，觉得没多大意思，也就怏怏地离开卫国，准备到其他国家去碰碰运气。

下一站准备去陈国。路过匡这个地方，颜回为孔子驾车，举着马鞭子往前一指，说："当年我到匡的时候，是从这个城缺口进的。"匡地方的人听到了这句话，再看看孔子，以为是阳虎来了。因为阳虎曾经欺负过匡人。匡人一看，正是报仇的好机会，立刻发兵围住孔子一伙。一连围了 5 天，孔子最宠爱的弟子颜回后来赶到。孔子说："我还以为你死了呢！"心下大是欣慰。颜回说："夫子在，我哪里敢死呢。"匡人逼迫孔子一伙越来越急，弟子们都很害怕。孔子说："天如果要灭亡文武大道，我就不知道要怎么样了。天如果不想灭亡文武大道，匡人能把我怎么样呢？"后来通过复杂的解释，说孔子不是阳虎，只不过和阳虎长得像而已。才总算解了围。

但是经过这个变故，陈国没去成，又无可奈何返回卫国。卫灵公乐呵呵地到郊外来迎接，说："我虽然不是个贤主，但是夫子也不应该说走就走呀！"孔子本来一肚子不高兴，看到卫灵公这么懂礼貌，觉得还不错，就又在卫国住了下来。

卫灵公的夫人南子，是个有名的美人。她也早闻孔子大名，想见他一面。就派人对孔子说："四方的君子愿意来卫辅佐我们国君的，一定要来拜访我们的国君夫人。我们夫人想见见你。"孔子本来不想去，后来想既然这是卫国的礼节，他不应该例外，就去了。南子坐在帷幕里面，孔子恭敬地稽首，南子也在帷中回拜。孔子只看见帷幕中有个窈窕的身影，行动时身上玉珮叮当，发出清脆的响声。孔子说："我以前不曾按礼节来拜望，现在算是补偿吧。"两人的见面还算愉快。可是子路听说这件事，不高兴了。子路是个鲁莽的人，当初曾经看不起孔子，还侮辱他。后来发现孔子确实了不起，才请求做他的弟子。但子路脾气一点没变，觉得孔子见南子不对头，马上指出，毫不留情。孔子只好发誓说没有别的意思。过了一个月，卫灵公一伙出宫，自己和夫人同坐一辆车，还让宦官雍集也坐在他们旁边，却让孔子坐另外一辆车跟在他们后面，招摇过市。孔子大觉耻辱，说："我从来没见过好德像好色一样的人。”意指卫灵公好色胜过好德。于是再次离开卫国。这年，鲁定公死了。

孔子一行路过曹国，在宋国都城外大树下歇息，同时演习礼节。宋国权臣司马桓魋听说孔子来了，大怒，立刻发兵想去杀孔子。因为司马桓魋刚做了一个石椁，花了3年时间才完工，孔子觉得浪费民力，看不惯，就骂了司马桓魋一句，所以遭此忌恨。孔子幸好风闻司马桓魋要来杀他，赶快化装逃跑。临走时自我安慰道：“上天已经降下厚德在我身上，小小的司马桓魋能把我怎么样。”这句话后来倒成了名言，成了一些人大言自壮的有效话头。

他奔向郑国，郑国不接待他，弄得很狼狈，和弟子们也失散了，孤孤单单一个人站在郑都东门下。郑国的人看着好笑，就对孔子另一个得意门生子贡说：“东门有一个人，额头像尧帝，肩膀像子产，但从腰以下还短禹三寸，累累似丧家之犬。”子贡后来找到孔子，把这句话复述了一遍。孔子欣然笑道：“说我像丧家之犬。确实不错！确实不错！”其实这句话引发了自己久不得志、明主难遇的悲伤之情。

最后到了陈国，住在陈国贤大夫司城贞子家，也通过他向陈湣公推荐获得了一个职位，但仍是有名无实。住了一年，吴王夫差攻打陈国，夺取了陈国3个城邑才罢兵。楚国这时又围攻陈国附近的蔡国。吴兵来救蔡，最后把蔡国民众迁往吴国境内。同年，吴兵又败越兵于会稽。陈国周围一片乱糟糟的景象。

有群老鹰掉在陈国宫廷院内死了。它们身上都插着箭。箭头是石头磨成的。箭身长一尺八寸。陈湣公看到这事，摸不着头脑，想起孔子在陈国，就派人去问他。孔子说：“这群鹰来的地方可远了，那些箭是北方肃慎国射的。当年武王克商，征服了九夷百蛮，叫他们各以其地所有的财贿来贺。肃慎国贡进的是石箭头的长箭，也是长一尺八寸。先王想显示他的美德，把这些箭赐给大姬，也就是陈国始祖的妻子。她应该把这些箭带到陈国来了。”陈湣公赶忙打开内府，果然发现了这些箭。于是对孔子的博学嗟叹不止。

孔子在陈国住了4年，碰上晋楚争霸，交替伐陈。吴国也想出出风头，于是发兵击陈，想把陈国变为自己的附庸国。陈国处在三强国的夹攻中，风雨飘摇。孔子觉得再待下去会有生命危险，况且陈国国君也不给他实权，实在是太失望了。流落异乡，抱负不展，使他慨叹不已，唱道："回去吧回去吧！我们家乡的学子们狂放，常常轻率下笔著书，我应该去教教他们啦！"所以在陈呆了4年，孔子终于决定回家乡了。

路过蒲地时，碰上蒲地正好发生叛乱。看见孔子一伙车马过来，蒲地兵士马上围上去，拦住孔子去路。正在难办的时候，孔子的弟子公良孺忍无可忍，冲了出来，对蒲兵说："当年我和夫子在匡地遇难，今天又在这里遇难，这难道是命吗？二次遇难，我宁可战斗而死了。"说着挥戈就上前攻蒲人。公良孺身材高大，一看就知勇力非凡，蒲人都有些胆怯，公良孺手下的人也一拥而上，意欲死战的样子，蒲人纷纷后退，但是围还是不能解。最后蒲人对孔子说："如果你答应我们不去卫国，我们就放你走。"孔子答应了，并歃血为盟。孔子脱身后，却仍旧命令向卫国走去。子贡不解了，说："夫子难道要违背盟誓吗？"孔子笑笑说："刚才是他们逼迫我盟誓的，这种盟誓神是不会理睬的。"

卫灵公听说孔子又回来了，很高兴，又跑到郊外去迎接。安顿下来之后，卫灵公问道："蒲可以攻打吗？"孔子说："可以。"卫灵公说："我的臣下都以为不可。蒲位于我国的西面，若晋楚向东进攻，它还可以阻挡一阵子。我们去攻打它，大概不可以吧。"孔子说："蒲地的男子都不愿随叛乱者到别国去，妇女也有守土不离的想法。我们要伐它，只不过对付几个人罢了，根本不费劲。"卫灵公觉得很对，但终于还是没听从。孔子叹息道："如果有用我的人，不出几年就能使国家富强，可惜没人用我啊！"这时候晋国的佛肸在中牟举行叛乱，派人请孔子去帮助治理。孔子又想去。子路劝道："我曾听夫子说过，如果一个人做恶事，君子不应该走入他统治的区域。现在佛肸在中牟叛乱，你还想去，为什么？"孔子被问住了，他烦躁地说：

“但是你要知道，本身坚硬的东西，再磨也磨不薄；白的东西，再染也染不黑。我难道是瓠瓜吗，怎么能天天挂在那里不能吃呢？”

在闲着的时候，孔子只能击磬消遣，有个背着草筐的老农听到磬声，仔细玩味了一会儿，说：“有心人啊！他的磬声中透露出坚贞的信念，不过也只是这些罢了，还能有别的作用吗？”

孔子既然在卫国无所作为，就想渡河到西边去见赵简子。赵简子在晋国的地位和季桓子在鲁国的地位差不多，权力很大。孔子想看他有无可能帮助自己实现治国主张。在滔滔的黄河边，孔子正准备叫弟子去找船渡河。子路跑过来对孔子说：“赵简子杀了窦鸣犊、舜华两个贤士。夫子还是不要去晋国了吧。”孔子呆立半晌，望着这条长河，在河滩上前走了几步，对着滚滚流水长呼道：“真美呀大河之水，洋洋无极。我孔丘不能渡过你，这是天命啊！这是天命啊！”声音苍凉而无奈。子贡急走几步上前：“这是为什么？晋国不就在河对岸吗？难道我们真要回去吗？”孔子缓缓答道：“窦鸣犊、舜华是晋国的贤大夫，赵简子当年未得志时，靠这两个人才能参与政治，现在他得志了，却把他们杀害。我听说，剖胎杀幼小的生命则麒麟不出现；竭泽而渔则蛟龙不调和阴阳之气，适时降雨；把巢推翻使卵摔碎则凤凰不飞翔。为什么？君子痛惜伤其同类啊。鸟兽连这些不义之行都懂，何况我孔丘啊！”于是回车，在陬乡这个地方歇息时，做了一首琴曲，取名《陬操》，表示自己梦想再次破灭的哀痛。又返回卫国，住在贤大夫蘧伯玉家。

有一天，卫灵公问孔子怎么排兵打仗。孔子最痛恨人与人之间砍砍杀杀了，这和他重礼义行仁政的思想大相径庭。于是回答说：“祭祀等礼法之事我曾听说过，军旅打仗之事我没去学它。”卫灵公很不高兴，第二天见孔子的时候，有些心不在焉。他被孔子的絮絮叨叨搞烦了，就抬头望着天空，意味深长地说：“你听见了大雁的叫声吗？秋天来了，连它们都知道返回故乡啊！”孔子默然不语，他知道卫灵公的意思。于是立即辞别卫灵公，再次到陈国去。

鲁哀公三年的秋天，鲁国季桓子病了，他坐着辇车环视鲁都，看着这个古老国家的高大城墙在夕阳下显出一丝衰败之色，不禁喟然叹道："当年这个国家差点要振兴强大起来，因为我得罪了孔子，弄成现在这个样子。"他挣起病体，回顾他的嗣子季康子说："如果我死了，你就是鲁国政权的执掌人了。到时你一定要把孔子召回来。"过了几天，季桓子死了，季康子代立。办完丧事之后，就想遵照父亲嘱咐，派人去请仲尼回国。公之鱼劝道："当年先君用孔子，没有善始善终，被诸侯嘲笑。现在又想用他，恐怕又不会善始善终，那将再次遭到诸侯嘲笑。还不如不召他回来。"季康子说："那么召谁回来呢？"公之鱼说："还是召冉求吧。"于是派人去召冉求。冉求将出发的时候，孔子把他叫来，叮嘱道："鲁国叫你去，不是将小用你，将大用你啊。"冉求拜别老师，回头将走。孔子突然显得有些兴奋，唱道："回去吧，回去吧。我们家乡的人狂放，常常轻率下笔作文，虽然看上去很漂亮，但是不知剪裁，我应该回去教教他们呀。"子赣在旁，知道老师的心思，就追上去，对冉求说："如果在鲁国得到大用，一定要劝说季康子请老师回去。"

第二年，孔子为避陈地兵祸，迁徙到蔡国去。蔡国受到楚国威胁，正准备举国迁往吴地。蔡昭公不愿意，但他们盟国吴国说，如果不迁，将不对蔡国实行保护。于是只好屈从。孔子发觉蔡国也非久留之地，就率徒向叶城出发。叶城是楚国新筑的大城，楚国攻打蔡国时，把蔡国难民全部迁到这里。叶城的驻守长官是楚国一位大夫，名叫诸梁，但人们都叫他叶公，成语"叶公好龙"就是说他的。由于路上兵荒马乱，孔子一行非常辛苦，甚至连饭都没得吃，好不容易到了叶地，叶公和孔子讨论了一些政治问题，孔子又发表了一通为政的目标在于使远者来近者附之类的言论。叶公听得很高兴。后来叶公问子路，孔子到底是什么样的人，子路回答不出来。孔子听说了，笑道："由啊，你为什么不说'他这个人啊，学习不知道疲倦，教人不知道厌倦，发愤忘食，乐道忘忧，不知道年纪已经一天天老起来了。'"

离开叶地，孔子又向蔡国方向回去。路过汝水的时候，找不到渡口，无可奈何之际，发现河滩远处有两个老人在耕地，形象颇为不俗。孔子知道非一般农夫，肯定是隐居的贤者，就叫子路去问渡口在哪里。两个老人一个叫长沮，一个叫桀溺，确实不是等闲之辈，他们是看不惯这个乱七八糟的世道才来这里隐居的。长沮对子路说："那个坐在车上的人是谁？"子路说："是我们的老师孔丘。"长沮说："就是那个鲁国的孔丘吗？"子路说："是的。"长沮冷笑一声："鲁国孔丘是个聪明人，他应该知道渡口在哪里，还问我们干什么？"桀溺插话问："你是什么人？"子路说："我叫仲由。"桀溺说："你说是孔子的弟子，是吗？"子路点头。桀溺哈哈大笑："你是跟错了人了。你看这天下，哪一块土地不是乱七八糟，还跑来跑去干什么呢？你与其跟着一个只知道躲避昏君、追求所谓贤君的人，还不如跟着我们，干脆逃避这黑暗的世道。"桀溺边说边继续锄草。子路看看问不到什么，只好回来告诉孔子。孔子面露伤心之色："谁能理解我的心啊！谁能理解我的心啊！"他长叹一声："你们哪里知道，鸟兽和人不同，人是万物之灵，难道可以和鸟兽住在一块儿吗？天下总有有道的君主，我不会改变自己的理想。"

第二天，遇上了乱兵，孔子师徒赶快逃跑。跑了很长一段路，惊魂稍定，点点人数，发现子路不见了。子路也到处在找孔子，他看见不远处有个老人在慢慢走路，肩上扛着一把锄头，嘴里悠闲地唱着小曲。就追上去问道："你看见孔夫子了吗？"老人斜了子路一眼："什么夫子。夫子都是有大德大能的人。孔丘这家伙四体不勤，五谷不分，也能称什么夫子吗？"子路大怒，正想发脾气，但看这老人说话有理有据，并非信口开河的轻薄之辈，就忍下火气，本想再问一问，但老人卸下锄头自顾锄草，不愿理他，只好作罢。后来他找到孔子，把这事一说，孔子说："这又是一个隐居的人了。这句话很不凡哪！我们去见见他。说不定能听到更好的见解呢。"但是他们再去的时候，再也找不到那位老人了。

吴国和楚国是死对头。自从吴国攻破楚国国都，侮辱了楚国先君平王的陵墓之后，楚国一直引以为耻。但是吴国日渐强大，楚国想报仇，暂时还找不到机会。这年吴国又气势汹汹攻打陈国。陈国是楚的附庸，楚昭王就亲自率兵去救，军队驻扎在城父这个地方。听说孔子在陈国蔡国之间流离，情况很窘迫，就想派人去把他接来，孔子的名字他是早就如雷贯耳了。孔子在各国不得意，对楚国抱有很大希望，楚国是那时最大的国家，如果能在楚国按照自己的政治理想干一番，其影响将比在陈蔡之类蕞尔小国大得多，天下将翕然从风。况且楚昭王是位贤君，孔子深信这位聪明睿智的君王将会重用他，他多么希望立刻跟着楚昭王的使者往楚国而去啊！

也许命运偏偏要和孔子开玩笑。他一生中多次谈命，虽然偶尔夸口匡蒲等地的人不能加害于他是天命，但更多的是他屡次遇到的不顺心的事实。齐国被离间，黄河不得渡，弟子患恶疾都让他感到命运无奈。这次接近楚国，满以为可以辅佐明君，一伸大志，哪知道最终又交臂而失了呢。

楚昭王驻军城父，十月秋高气爽的时候，突然病倒。这时有大片大片的红色云团像鸟一样从远方飞来，在楚军上空飘荡，太阳被这些云团包围，显得异样鲜红。昭王有些心神不宁，就问主管神祇的官员。官员说："这是有鬼物作祟，对大王将有不利。但可以想办法禳除它，只要找一个臣僚做替身，即可消灾弭祸。"左右的将相都爱戴昭王，请求以自身代替昭王。昭王环顾四周，说："将相，是寡人的左右手。如果移祸给他们，这不是仁者的行为。况且我自己有罪，上天只该惩罚我自己，让我的将相代替我，上天是不会同意的。"于是严禁一切祭祀活动。后来经过占卜，发现是黄河神作祟。大夫们请昭王祈祷黄河消灾。楚昭王说："从我们先王受封楚国开始，祭祀的河神只是国土内的长江和汉水。黄河不在我国境内，它有什么理由降罪于我呢？"也不答应。这件事传到在陈国的孔子耳朵内，他非常感动："楚昭王已经理解天道了。当年被吴兵赶得四处逃亡，最终还是复国称王，这是天报答他呀。"想见到昭王的心愈加迫切了。

但是昭王的病越来越重了。孔子没想到可能已经见不到他了。使者还在路上，孔子又不可能越过遍布的战场自己跑去见他。而且楚王派兵接他的消息传遍中原，引起了陈蔡两国当权者的恐慌。这些只知守着祖宗微薄家业毫无进取心的小国大夫们商量道:“孔子是个很有才能的贤士，他所提出的见解几乎都刺中了诸侯国的弊端。这几年他都在陈蔡一带转悠，我们这些人的所作所为他早就看不惯了。如果他到了强大的楚国，我们还有活路吗?”于是立刻发兵围困孔子。孔子师徒在荒郊野外，走又走不了，粮食很快吃光了，跟从的人也病倒了几个，大家都一筹莫展。孔子拿出琴来，悠悠地弹了一曲，听的人都悲伤不已。只有子路火冒三丈，大踏步冲过来，对孔子大声叫道:“君子难道也有穷困的时候吗?”他是第一次对孔子这么大声说话，路上的困苦使他对理想产生了怀疑。

孔子歇了琴声，凝视着子路悲愤的脸庞，缓缓而坚定地说道:“君子当然也有穷困的时候。只不过君子穷困时还能坚守节操，小人穷困则到处为非作歹罢了。”

子路被孔子坚定的语气和不动声色的表情感动了。他似乎想哭出声来。是呀，小人一穷困则为非作歹。作为以前性格暴烈、略无羁绊的他来说，是有亲身体会的。他为自己的不礼貌深深羞愧。但是他心里知道，他刚才之所以发火，并非因为自己，更主要是为了孔子。像孔子这么博学深邃的贤良长者竟然也要遭受如此的苦难，他实在是心里难过啊!

子贡在一旁也脸上变了色，他恭敬地来到孔子身边，欲有所言。孔子说:“赐，你认为我很有学识吗?”子贡惊讶地说:“当然啦。难道不是这样吗?”孔子笑笑:“不是的。我的意思是说，我并非靠多学才有见识。也就是说，有见识的人不一定要读很多书。你看这天下，都可以说是从一开始至万物，从万物又归于一。天下同归而殊途，一致而百虑。知道了一，就可以推衍出万物啊!否则你读再多的书，不知道概而括之，思而汇之，总而领之，又有什么用呢?我的理想，大概也是从中得来的吧。”

孔子也知道众弟子心里都不痛快，于是对子路说:“诗里面说‘我们不是野牛不是老虎，为什么只能在旷野终生流浪。’我的理想难道不对吗。我们何至于也像野牛和猛虎一样流离失所呢?”子路想了想，说:“也许我们还没做到‘仁’吧?所以人家都不信任我们。但也可能我们没做到‘智’，所以人家围困我们不使通行。”孔子摇摇头：“是这样吗？由啊，如果做到了仁智，别人就一定会信任他吗？伯夷叔齐可算是仁了，却最终饿死在首阳山上。比干可算是智了，却被纣王挖了心肝。你的理解还不够啊。”

子贡在一旁插话道：“夫子，你所持的理想太伟大了，所以天下都容不了它。夫子，你还是稍微降低一点理想要求，这样或许就行得通了。”孔子面露失望之色：“赐，你知道，好的农夫或许耕种不错，收割能力不一定强；好的匠人或许能做特别精巧的东西，但是否合大家的意可就难说了。我的理想也是这样，由于太大而不能为人所容。如果你不坚持理想而只希望投合世人，那么赐，你的愿望不会很难实现了。可是你同时也失去了更多东西啊！”

一直悄悄坐在旁边聆听的颜回突然开口了。这位孔子最喜欢的弟子平常最为沉默，每次孔子和他说话，他都只像个傻子似的听，开始孔子还以为他智力甚差，但后来发现他一旦开口，就比其他弟子高明多了，于是总慨叹颜回真了不起。连一向狂气的子贡都认为自己比颜回差了十倍。

颜回说：“夫子的理想太大，所以天下不能相容。但是，理想是个人内心修养的问题，夫子能有这种理想，那是夫子的骄傲。不容有什么关系？正因不容，夫子的伟大和不可比拟才光耀一世，彪炳千古。理想道德修养不够好，是我们自己的耻辱。现在，理想道德修养已达到纯美，而不被世人理解，不被当权者所用，那是当权者的耻辱，他们的浅陋使他们不能理解这种高尚的东西。不容有什么关系？这才更衬托出君子的伟大和不可比拟！”

孔子欣然笑了。他惊喜地看着颜回，说：“如果你是个财主，我可真要帮你理理财呢。治国不也和理财一样吗。发挥作用不在于所做的事大小，关键是不能屈己意以求人容用啊！”

孔子终于等来了昭王的使者，但告诉他的不是什么好消息，而是昭王病重终于不治、死于军中的噩耗。孔子面对着楚国使者，黯然无言，他的心可比在黄河边被迫回头时难过多了。等了这么久，却还是一场空，这是天命啊。他想，贤良的昭王已殁，去楚国还有什么意思呢。算了，还是回去吧。楚国使者也不怎么有兴趣请他去楚国了。鲁哀公七年，孔子再次向卫国出发。

几次三番地折腾，孔子有些心灰意懒。弟子们看着老师不说话，心情都很沉重。子路想让老师高兴一点，就问：“夫子，你为什么这么沉默呢，平时你可不是这样的呀。”孔子说：“我现在想通了，多说话没有意义。我不想再说了。”子路说：“很多道理不说出来，大家怎么知道呢？”孔子说：“你看头顶上的天，它可是一句话不说的，然而四季照样更替，万物照样生长。多说有什么意义呢。这世上许许多多的道理都只能靠自己默默体会的呀！”

突然前边传来一阵歌声：“凤凰啊凤凰，为什么你的德行日渐衰退了。过去的事已经不可挽回，将来的事还可以自己决定。算了吧算了吧！别枉费心机了。今天的当权者没有贤良的了。”孔子一听，急忙爬下车，想跟那个唱歌的狂人说说话。但是那个狂人走得很快，一下子就不见了。

返 鲁

孔子再次来到卫国的时候，卫国已换了一位国君。新君卫出公跃跃欲试，很想干一番事业。因为他自己觉得被立为君是很侥幸的，地位不稳固，亟须贤人辅佐。当年卫灵公太子蒯聩逃亡，卫灵公很生气，想立小儿子郢为太子。郢不愿意。卫灵公死后，南子想立郢，郢说：“太子蒯聩的儿子辄不是在国内吗？我不够资格当国君。”坚决推辞。南子没有办法，只好立辄，这就是卫出公。

子路对孔子说：“如果卫君请你掌政，你上任后第一件事是干什么？”孔子说：“正理百事的名分。”子路疑心孔子讥刺卫出公名分不正，不当立，说：“这样吗？你真是好幻想，不务实际啊。名分怎么正呀？”孔子微有些责备：“你太不守规矩了。名不正则言不顺，言不顺则事不成，事不成则礼乐不兴，礼乐不兴则刑罚不适中，这样民众将忧忧惶惶，不知干什么是对干什么是错。君子做事要有明确的道理，绝不能苟且从事。”其实孔子对卫出公的名分倒没看法，既然他是灵公夫人所立，就是符合礼法的。他只是对子路忽视基本原则有些生气。况且卫出公还没派人请他呢。这天卫国大夫孔文子倒先来了。一进来就问孔子行兵布阵之事，孔子很不高兴。他觉得卫国君臣上下真没多大改变，出仕的想法又减弱了几分。正巧鲁国派使者来请他回国，他立刻决定回乡，为他无时不在想念，但不好意思返回的祖国好好效力。

原来冉求回鲁国后，马上被季康子委以重任。正巧几年后，鲁国和齐国打仗，鲁国大败齐兵，冉求在这次战役中立了大功。季康子说："你打仗的本事是学来的，还是生下来就有的？"冉求说："孔子教我的呀。"季康子惊讶地说："孔子还会打仗？这可没听说过，他到底是怎样的一个人呀！"冉求说："他是一个没有对手的大贤人。如果用他，全国都会沾光，国君的名气也会大增，在鬼神面前他也丝毫不差。不过他是不喜欢砍砍杀杀的，我这样打了胜仗，即使为此加官晋爵，他也会很轻蔑。"季康子说："我想把他请来，怎样？"冉求说："当然很好啦。但愿不要老听信小人谗言不重用他就好了。"

孔文子听说孔子要走，赶快来阻拦。孔子坚决要离开，他坐上马车，望着日渐远去的卫国城阙，叹道："鸟能够选择好树栖息，树难道能选择好的鸟吗？卫国终究不是良木啊！"

孔子在外过了14年，终于回乡了。这年是鲁哀公十一年。但是孔子多少有些想错了。季康子根本没多大兴趣用孔子。他问孔子："怎么才能搞好国家？"孔子说："为政关键在于一个正字。上下尊卑秩序正了，国家没有搞不好的。"季康子看孔子还是老一套，不大高兴。但又不能发作，只好不理他，把他搁起来，不打算授他官职。孔子知道鲁国最终不能用他，也就打消幻想，退居在家，专心著书了。

这时候中原各国征战越来越厉害，所谓天下共主的周天子也更加有名无实了。孔子认为这是国家动乱的根源，非常难过，他决定把散乱的周室礼乐材料好好搜集起来编成一书，让人们读了能知上下礼仪。又把有名的《易》这部书中隐晦的道理解释出来，写成短文，附在书后。另外还给《书》做了传解，附在每篇的前面。在整理过程中他深痛材料散失太厉害。比如对礼的缺失，他说："夏代的礼我是能说说的。但是从夏的后嗣杞国那里得不到什么有用的东西。殷代的礼我也能谈谈，从殷的后嗣宋国那里也找不到有价值的材料。如果杞宋两国的材料充足，我就能把礼谈得很好了。"他纵观商代和夏代礼仪制度的兴废，了解了它们之间的继承性，说："从这里可以看出百年之后的变化。因为他们一个重文采一个重实质。周代可就不同啦。它借鉴了前面二朝的特点，能文能质，内容齐备充实。我向往周代文化。"

孔子还整理了他很精通的古乐。他曾说："自从我回到鲁国之后，鲁国的雅乐和颂乐才渐渐有了次序。"他对鲁国乐师说："乐这东西很有奥妙，让人回味无穷。刚演奏的时候，众音齐盛，然而显得庞杂无序，再接着就应该纯正和谐一些，音节也应逐渐鲜明，最后条理严密。这才是乐的最高境界。"

古代有留传下来的诗歌3000多篇，孔子把那些不好的和重复的删掉，选了305篇编成一集，就是《诗》。上自契、后稷，中述殷周之盛，到周幽王周厉王时候为止。孔子认为天下就像一个家庭一样，首先要做到和睦。在家庭中，和睦首先从夫妇开始。夫妇有别，也就是夫妇各守本分，才能不乱。而在一国中，国君和皇后就像一对家庭中的夫妇。他们关系好地位不乱则可为天下表率，臣下效之，尊卑有序，国家则安定。所以，孔子把《关雎》这篇刊为《诗》的第一篇。

孔子以《诗》《书》《礼》《乐》传教，学生一共有3000余人。最好的有72人。在孔子门下，按照德行尺度来说：颜渊、闵子骞、冉伯牛、仲弓是最好的；治国才能最强的有冉求、季路；口辞辩给，能应对四方的有宰我和子贡。文学方面子游、子夏最优秀。他曾经评价他的学生说："子张才气过人，可惜喜欢文过饰非。曾参稍嫌鲁钝，高柴有些愚直，子路脾气太躁，办事鲁莽。颜回过于聪明，恐为非福。子贡喜欢做生意，但很有见识，猜什么一猜就中。”

孔子经常教导学生要做到四点：文、行、忠、信。要摒弃四点：任性、专断、固执、自负。要谨慎三点：齐、战、疾。孔子教导学生在学习中要勤于思考，学生有疑难他从不立刻回答，叫学生自己尽量解决。实在不行，他才稍加点拨。他说：“如果不这样，你对问题哪能思考得那么仔细而有深度呢？我告诉你，因为你自己没好好想过，恐怕过一会儿就忘记了。”

在不同的场合，对待不同的人，孔子都特别温和。对于乡里的人，他的表现就像一个不善言谈的老农。在宗庙等庄严场合，他言辞稳重。如果听到国君召唤，不等马车完全备好立刻就走。

孔子还重视养生之道。他认为人的生命不应当随意浪费，是上天赐给的，应该发挥上天赋予自己而应当发挥的作用。但是他对天命的无常有时特别不理解。在早年孔子经受的一次重大打击是爱徒冉耕的早亡。他患了麻风病，奄奄待毙。孔子赶去看他，冉耕把房门闩上，不让孔子进去，因为怕传染给老师。孔子从窗口握住冉耕的手，悲愤莫名，潸然涕下，叫道：“这难道是天命吗？像这样贤德的人竟然会患这样的恶疾。这难道是天命吗？”

对于腐败的鱼肉，孔子不动筷。席子没摆正，不坐。他还能充分理解别人，比如坐在服丧的人身边吃饭，他几乎不敢吃饱。因为他觉得自己津津有味地品尝美食对于邻桌因丧亲而不思食的人来说是多么残酷啊。他曾对学生说：“我的道用一个字可以概括，就是‘恕’字。”学生问：“什么叫恕。”他说：“己所不欲，勿施于人。”这其实是一种极高层次的修养啊。自己所不想的，不要强加在别人身上。不但人，其实对整个宇宙万物来说又何尝不该如此？宇宙间再没有比它更大的人生哲理了。如果每个人都能做到这点，世界将是友爱的世界。如果一个人能做到这点，哪里还有什么忧愁和烦恼呢？

孔子不但教导学生好好学习，他自己更是身体力行。任何人比他强一点，他都虚心受教。他一生有很多老师：老子、蘧伯玉、晏婴、老莱子……不胜枚举。别人看见孔子博学无双，猜想没人能当他的老师，不知他的知识是谁教的。其实“圣人无常师”，他到处求学，只不过没有固定的老师罢了。

孔子时常鞭策自己不能放松学问和道德的培养。他说：“品德不善，学问不修，听见好的不能学，自己错了不肯改，是我心里最怕的。”他自己有错，别人指出，马上改正，毫无愠怒之色。他的弟子子游当了武城地方的长官，请孔子去参观，孔子看到这个小邑一派平和景色，家家户户还响起弹琴唱歌声。孔子心里挺高兴，笑着对子游说：“杀鸡用得着牛刀吗？武城这小地方，也值得用礼乐教化吗？”子游答道：“我曾经听夫子说过，‘君子懂礼教则知道爱人，小人懂礼教则容易安分守己’。武城虽然小，但恐怕也应该这样教导吧。”孔子对左右弟子说：“你们听到没有，子游的话很对。我刚才是开玩笑罢了。”孔子还特别高兴别人能看出他的缺点，他认为这是一个人修养越来越高的表现。“君子的错误，就像天上太阳出现蚀缺一样，人家都能看到，错误一改正，就如同日食过去了一样，大家照旧仰慕他。”

孔子就是这样严于律己，勤学深思。弟子们都对他五体投地。子贡曾说过：“夫子的文采彰明，我还勉强能看得到，而夫子一谈到天道和命运，哲理特别深奥，我简直摸不到门了。”聪明如颜回，也叹道：“越看越高，越钻越坚，看似在前面，忽然就到后面去了。夫子就是这样伟大而不可捉摸。大了以学问道德教诲我们，似乎有魔力，想不跟从也不行了。但是即使竭尽我的才力，也别想赶上他。想找到他勤思好学的道路，也不知怎么找。”孔子乡里的人们都说：“孔子真伟大啊！似乎样样都懂。”孔子听了这话，谦虚地说：“我能有什么本事呢。拿六艺来说吧，我是掌握了射箭还是掌握了驾车呢。如果硬要说我掌握了一样，那也许只能驾驾车吧。”

获　麟

孔子回到鲁国的第二年，就经历了一场大痛，他的爱子伯鱼患病死了。晚年丧子，白发送黑发，这是多么不幸的事。还好，这年他的孙子子思出世了，给他带来一丝安慰。子思后来也像孔子一样，广收门徒，宣传孔子的思想，其再传弟子孟轲还效法孔子，四处游说诸侯，弘扬儒家的思想。

鲁哀公十四年的春天，鲁国国君和贵族大夫们带兵出外，到大野这个地方打猎。叔孙氏手下一个叫钼商的人抓到了一头怪兽，这种兽很像鹿，但是比鹿大了许多，身上披满鳞片，两个角竖在头顶上，蹄子像狼蹄，屁股后还拖着一条牛尾巴。不像是中原有的动物。鲁哀公一伙都围上来观看，不知道这动物叫什么名字，觉得形状怪异，颇为不祥。就把管理林木的官叫来，命他把这怪兽牵走，任意处置。

孔子听说了这事，赶快驾车到那里去看。然而，他一看见那头怪兽，立刻心里一沉，随即呆若木鸡。他悲哀地对着怪兽说："为什么你现在出来呀！为什么你现在出来呀！"回过头去，老泪纵横，抬起衣袖，边擦眼睛边说："这是麒麟啊！本来应该在天下大治时出来，现在天下荒乱，它出来得真不是时候啊！我没前途了！"

自从见到麒麟之后，孔子几乎彻底垮了。连一直在编订的《春秋》也终于停手了。《春秋》是鲁国的国史，因材料散乱，孔子重新修订，从鲁国先君隐公元年开始。因为鲁隐公是较仁慈但结局悲惨的君主，由于不忍心夺弟弟的君位，反而被奸臣杀害，鲁国从此便埋下了内乱的种子。结束于鲁哀公十四年春获麟时为止。麒麟是传说中的祥兽，如果世有贤君，会自己出来献瑞，但现在世道大乱，麒麟出来本不合时宜，而且还落在钼商这类低贱之人手里，鲁哀公一伙还视它为不祥之物。可见周室衰败，天道降异，已到了不可挽回的地步了。周室必将为他姓代替，孔子深感绝望。在修订《春秋》时，他特别注意遣字造句，表面看来只是叙事，实际已暗寓褒贬。以鲁国史事为主，尊崇周室，称周王为天王，其余各诸侯以公侯伯子男王等爵位称之，对一些诸侯僭越称公称王表示不满。比如提到楚王，因楚始封是子府，故称楚子。许国始封是男爵，故称许男。晋文公称霸，召集诸侯在河阳会盟，竟然派使者叫周王也来参加。周弱晋强，周王不敢不去。孔子却为他遮羞，说"天王狩于河阳"，把周王被迫赴会说成是打猎。现在麒麟不适时而出，他觉得再编《春秋》已没有多大意义了。天下不可能恢复到周初时王室强公室弱、公室强大夫弱的局面了。由于《春秋》这部书到获麟截止，所以后世把《春秋》又称为《麟经》。把孔子编《春秋》暗寓褒贬的手法称为春秋笔法。麒麟出现在后世成为一些统治者自以为已修德政的表现。汉晋时的史书多次提到获得麒麟，皇帝大喜，认为自己是有德之君，天下太平。

正当孔子还沉浸在伤心中的时候，又一个打击不期而至。他最挚爱的弟子颜回死了。年仅 41 岁。

颜回比孔子小 30 岁，体质素来孱弱，家境贫寒，好学多思。后来鲁哀公问孔子，他的学生中谁最好学，孔子说："颜回。他好学，他不把对此人此事的怒气，迁移到别人别事上去。他一次犯了过错，绝不会再犯。可惜短命死了。现在再也没听到过好学的人了。"当颜回死的消息传来时，孔子悲痛欲绝，捶胸叹息："唉！天亡我啊！天亡我啊！"号啕大哭。他的妻子儿子前几年死时，他也没这么悲痛过。他待人，一向以学问、道德和品格为标准，绝不因亲属关系而有所偏私。弟子们都劝他："老师哭得太哀痛了，保重身体要紧。"孔子说："是哭得太哀痛了吗？我不为这样的人哀痛，还为怎样的人哀痛呢？"

两件事接踵而至，孔子更加丧失了以前"知其不可为而为之"的进取之心。当初见麟时，他已隐约觉得天暗示自己将亡了。他叹道："没有人知道我呀！"子贡问："为什么说没人知道你呢？"孔子说："我不得志，但也不抱怨天，也不抱怨别人。我了解人世的情况，心志也和天相通，知道我的也许只有天罢。"

孔子终身不失自己的节操和理想。这年夏天，齐国发生内乱，国卿陈恒杀死齐简公，立简公弟骜为齐平公，自己为相专政。这件弑君犯上的事激起了孔子的极大愤慨。他如临大典，一本正经地洗发沐身去见鲁哀公，对哀公说："齐国的陈恒把君主杀了，请出兵讨伐他。"哀公说："你去告诉三桓吧，这事我管不了啊。"孔子这个年迈老人，像个天真的小孩子碰了钉子那样，退了出来，自言自语地嘟囔着："因为我愧居大夫之位，遇到这样大事，敢不来报告吗？”孔子果真跑去报告三桓。三桓不答应出兵讨伐。孔子一面退出，一面又自言自语地说：“因为我忝居大夫之位，遇到这样大事，敢不来报告吗？”这幕戏剧性事件，就这样不了了之。

孔子说：“不降低自己的志向，不污辱自身节操，伯夷叔齐才能做到啊！柳下惠少连屈身仕污朝，降志辱身矣。虞仲、夷逸隐居起来，但每有言论往往合乎法度。”由此他评价自己：“我就不像他们那样专趋一途，无论什么环境，我都能够适应。不必进亦不必退，唯义所在而已。”

鲁哀公十五年，孔子已 72 岁了。这时卫国发生了大乱。孔子的两个弟子正好在卫国做官，是卫当权者孔文子的家臣，他们就是子路和子羔。孔文子死后，其子孔悝继续执政。这年冬天，被逐在外的卫太子蒯聩伙同其姐姐发动政变，把卫出公逐出，并劫持孔悝逼他立誓拥蒯聩为君。孔子深知自己两个弟子的脾气，忐忑不安地预言：“唉！子羔可能会安全回来，子路则一定要死了。”过了几天，子羔回来，报知子路死状。孔子正在吃饭，当听说子路被乱刀砍成肉泥之后，号啕大哭，把桌上一碗肉圆全部倒掉，叫道：“天杀我呀！天杀我呀！”从此再也不吃肉羹。

本来子路可以逃出卫国的。但他是个耿直的人，对孔子的教导总要身体力行。平时疾恶如仇，因为身体强壮有力，好路见不平，拔刀相助。孔子曾欣慰地说：“没有颜回，我的弟子们不会团结；没有子路，我则有时会遭到别人侮辱。”因为子路孔武有力，他在孔子旁边，谁也不敢欺负孔子。但孔子早就预言子路的性格对自身不利，他指出：“像子路这样平时在我身边也大大咧咧，将来恐怕不得好死啊！”

正因为子路有力知义，所以一听到主人孔悝被劫，马上赶去。路上碰见子羔向他奔来，气喘吁吁地说：“门已关了。”子路说：“我过去看看再说。”子羔劝道：“别去送死了，快走吧。”子路说：“求利而逃难，不是君子所为。我平时得人家的俸禄，一定要救人家。”于是跑进去，对蒯聩说：“你何必要抓孔悝呢。即使杀了他，他手下会放过你吗？”蒯聩不听。子路想放火烧房子，使蒯聩放了孔悝。蒯聩急了，命令部下去攻子路，用戈把子路的帽子缨带砍断，帽子落地。这位忠实的孔门弟子，临危不忘老师教导说：“君子临死时，不能不戴帽子。”立即把帽子戴好，缨带结上，然后被打死。他的死是对孔子这位 72 岁老人的最后的沉重打击。

第二年，孔子去世。葬在曲阜城北约一里路的泗水旁边。鲁哀公很伤心，在祭文中写道：“苍天不善，不把这位大贤留下有惠我国，使我一个人孤单地处在君位上。茕茕无依，悲痛莫名。呜呼哀哉！尼父，不要太苦自己了。”子贡听后说：“鲁哀公恐怕不能死在鲁国了。夫子曾说过：‘不守礼节则昏乱，不正名分则必犯过失。’夫子生前不予任用，死后假惺惺表示可惜，不符合礼。祭文中自称‘余一人’，僭越天子礼法。必遭后报。”果然，在这之后第二年，季康子死了，鲁哀公想趁机发难，攻灭三桓，夺回失去的权力，却反被三桓击败，逃亡，死在外面。

许多弟子为孔子服丧 3 年，又相对哭泣尽哀，然后相别而去。独有子贡一人留下，在墓旁筑了茅舍继续守丧，共守了 6 年才离开老师坟墓。有些弟子和鲁国人因为追念孔子，把家搬到墓旁住下的百余人家，于是把这里叫作“孔里”。后来又把孔子的住房和讲堂以及弟子宿舍，改为孔庙，用以纪念孔子并收藏孔子衣冠琴车书等生前用物。

司马迁在写完《孔子世家》后很感慨地说：“我读孔子的书，能想见他的为人。到鲁国去，参观孔子庙堂、车服、礼器，见诸生按时在这里习礼。我心里无比感动，舍不得离开。天下的君主，乃至于贤人，多得不可胜数。但只是当时风光一阵子，死了以后则销声匿迹了。而孔子一介布衣，传十多代，学者都以他为楷模。从天子以及王侯，凡是学习六艺的，都以孔子的说法为标准。孔子真算是大圣人。”

（史杰鹏）

主要参考文献

《论语》《诸子集成本论语正义》，中华书局版。

《史记·孔子世家》，中华书局点校本。

《史记·仲尼弟子列传》，中华书局点校本。

《春秋左氏传》《十三经注疏本》，中华书局版。

《春秋公羊传》《十三经注疏本》，中华书局版。

《大戴礼记》，中华书局解诂本。

《孔子评传》，匡亚明著，齐鲁书社版。

《孔子》，井上靖著，光明日报出版社版。

命世之才　百代之师
——亚圣孟子

舜亦人，吾亦人也，
有为者亦若是。

孔子死后 107 年，孟子诞生了。

比起孔子活动的春秋时代，孟子生活在一个更为动荡、混乱与凶险的时代。

一个武士喋血、处士横仪、豪杰辈出的时代；一个刀与剑、血与火、眼泪与狂笑、希望与绝望的时代。这就是以“攻伐为贤”的战国时代。“开疆拓土”与“霸业一统”都写在这个时代猩红的旗帜上。

公元前 386 年，位于山东的强大的齐国，被宰臣田氏所篡夺，孟子的诞生，是在田氏篡齐后的 14 年，即公元前 372 年。历史选择了孟子作为这段动荡岁月的见证人与批判者。

孟母三迁

孟子，名轲，字子舆，是春秋时鲁桓公分化出来的三大家族（孟孙氏、叔孙氏、季孙氏）之一的孟孙氏的后代。这三大新兴贵族，以世卿身份长期左右着鲁国政治。季孙氏权力最大，世袭丞相职，叔孙氏世袭司寇职，孟孙氏世袭司空职——掌管全国土地兼管工程建设。孟子先祖的谱系是庆父（仲孙）—孟穆伯—孟文伯—孟献子—孟庄子—孺子秩—孟僖子—孟懿子—孟武伯—孟敬子—孟孙激。孟子的先辈不知什么时候从鲁国搬到了邹国居住。

孟子 3 岁的时候，父亲孟孙激就因家境贫寒而劳累过度致死。所以，教育孟子的重担就全都落到了孟母身上。孟母娘家姓仉（zh ā ng），系鲁国的名门之一。她自幼聪慧过人，又受过良好的教育，故而知书达礼，颇晓诗文。孟孙激死后，孟母就带着孟子居住在邹马鞍山西麓之凫村。凫村不远，东有沂水和四基山、马鞍山，南有泗水支流，往北可达鲁国国都曲阜，倒也是块山环水抱、钟灵毓秀之宝地。不过，离孟子家不远处有一大片墓地。平常出殡、送葬的人都从他家门口经过，一路上吹吹打打、哭哭啼啼，每逢扫墓季节，前来祭奠的人更是络绎不绝，显得极为热闹。孩子们最善于模仿，见大人如何，他们便如法炮制。孟子住在这么一个环境中，耳濡目染的无非是殡葬、筑埋以及吊祭活动，所以他一会儿假装孝子贤孙，哭哭啼啼，一会儿装着吹鼓手的样子。和左邻右舍的孩子们嬉戏时，玩得最多的也是殡葬那套玩意儿。

孟母看到儿子这种样子，心里非常难过。她也暗暗地责备自己平日管束不严，但又想，小孩最容易受到环境的影响，在凫村这种偏僻的地方，接触到的无非是些殡葬筑埋的粗人，哪里谈得上学习什么好的东西呢，还是搬家吧。不久，孟母从凫村迁到了庙户营（今山东邹县城西北三华里处）来居住。庙户营是座很大的集镇，来往的人很多，镇上杂货店、茶馆、饭庄、陶器店、榨油坊，应有尽有。孟子住家的西邻是打铁的，东邻是杀猪的。才搬去没多久，孟母又觉得不对劲。孟子不但没有一个安静的学习环境，而且经常为集镇的热闹景象所吸引，溜出家门逛街去了。尤其是那些蝇头为利的商贾和小贩，他们那种论斤计两的做生意方式，以及沿街吆三喝四的叫卖声，最能吸引小孟轲的注意和兴趣。日子一长，买卖人的声音腔调、姿势动作，孟子已经学得惟妙惟肖了。母亲看在眼里，痛在心里，于是到处打听，准备再次搬家。最后，在城东的学宫对面，找到了一间房子，就立刻搬了进去。学宫里面书声琅琅，附近进进出出全是些循规蹈矩的读书人，这可把小孟轲深深吸引住了。他经常到学宫门前张望，有时还看到老师带领学生演习周礼。孟子十分羡慕，也跟着学习礼仪，在行为上模仿那些人的规矩。不久，孟子就进入这所学宫学习礼、乐、射、御、书、数六艺。

有一天，孟子从学宫里放学回家，母亲坐在织机前织布，问起他最近学习的情形。孟子漫不经心地应道："马马虎虎。"孟母心里一沉，脸色陡变，顺手抄起剪刀，"噌噌噌"将织机的经线剪断，麻线纷纷垂落，几个月的工夫毁于一旦。孟子被吓蒙了，他清楚，母亲和自己的生活、学习费用，全来自母亲织麻换来的一点小钱。但他仍然没有明白为什么母亲要对自己生这么大的气。他低声问母亲为什么这么做。孟母噙着眼泪，长叹一声："儿啊，你可知道，为娘这样辛辛苦苦是为了什么？"

"为了我们的生活，"孟子低着头，嗫嚅道："还有孩儿的前程。"

"是啊。可是你不专心读书，就像断了的经线一样，还能派上什么用场呢。我的辛苦，岂不白费了吗？儿啊，你伤透了为娘的心了。"

从此，小孟轲在学宫里的学业蒸蒸日上，深受老师们的钟爱和同学们的拥戴。他 8 岁入学宫，到这时已经精通六艺了，尤长于《诗》《书》和《论语》，还射得一手好箭。此时的孟母，深感孟门有幸，满怀着儿成可待的喜悦。

问道兴教

为了加深对儒学的理解，在学宫师友们的鼓励下，孟子决定离开学宫，访求名师，增长见闻。而鲁国理所当然地成为他游学的首选目标。鲁国离邹国不远，又是孟子先祖故国，更重要的是，“周礼尽在鲁矣”，鲁国是儒学的发祥地，是孟子所深深敬爱的孔老夫子生息的地方。游学而到鲁国，就如游泳而至江海，采玉而至蓝田。孟子要让自己真正浸染在儒家的文化空气里。

到达鲁国之后，孟子首先参观了曲阜各处的名胜古迹：周公庙、鲁桓公大庙一带殿堂嵯峨，飞檐斗拱，金碧辉煌；少昊陵一带树掩殿陵，蓊蓊郁郁；颜母庄陋巷故址，飞甍翘檐，碧色参差；城东南的尼丘山是孔子的出生地，层峦耸翠，起伏逶迤。他尤其要去曲阜城北泗水岸边的孔子葬地——孔里，追怀他衷心敬爱的这位儒学先圣。

游览之后是寻师访友，经过长时间走街串巷、登堂入室的寻访，孟子对儒家思想及其派系，比起在学宫里从书本上学到的知识而言，有着更加深入、细致的认识。

他了解到，孔子殁后，儒家分成了各种流派，有子张之儒，有子思之儒，有颜氏之儒，有漆雕氏之儒，有仲良氏之儒等。而这些分派最早起源于孔门弟子子夏和子游等在学说传承上和曾子一派的对立。曾子重视孔子学说中人文精神的忠恕诚信之德，而子夏、子游他们则着重形式的礼仪及实际的政务。曾子的学问传给了孔子之孙孔伋，即子思。孟子经过推敲，认为曾子学派为儒家的正宗，因而决定学习曾子这一派系。然而，孟子访鲁时，不仅子思早已作古，连其子上业已没世，只有拜子思的门人为师，受业于子思的门人。年轻、聪颖而又满怀求知热忱的孟子，在鲁国国都定居下来，专心致志跟随子思的几位门人悉心求学。

孟子在鲁国求学期间，曾子、子思一派的儒学观点深刻地影响着这位成长中的年轻人。这从孟子晚年著述的《孟子》中可以见出。比如，曾子重视孝道，认为“慎终追远，民德归厚矣”，孟子主张厚葬久丧；曾子主张“吾日三省吾身”，孟子重视自我修养；子思说“不诚无物”，孟子声称“万物皆备于我矣”；曾子说“仁以己任”，“临大节而不可夺也”，孟子以天下为己任，他说过“威武不能屈”；子思的“中道”观、“诚”的思想及五行相生学说，也深深影响了孟子。

孟子的思想飞速地走向成熟，他对经典微言大义的阐发，他滔滔不绝的辩才，他高远的志向，连他的几位老师都自叹弗如。许多青年子弟都表示要拜孟子为老师，孟子的老师们也不再把他当作自己的学生看待，而是与他共同切磋，共振儒学道统。至于孟子，他对孔子最为敬仰，他不希求高官厚禄，只是一心想振兴儒学以匡时弊、行王道。他深惧尧、舜、禹、汤、文、武、周公、孔子之道即将湮灭，曾感慨地说：“从尧、舜到汤，经历了五百多年，像禹、皋陶那些人，便是亲身看见尧舜之道而知‘道’的；像汤，便是只听到尧舜之道而知‘道’的。从汤到文王，又有五百多年，像伊尹、莱朱那些人，便是亲自看见而知‘道’的；像文王便只是听到而知‘道’的。从文王到孔子，又有五百多年，像太公望、散宜生那些人，便是亲自看见而知‘道’的；像孔子，便只是听到而知‘道’的。从孔子一直到今天，一百多年了，离开圣人的年代还不远，距离圣人的家乡这样的近，然而已经没有亲见而知道圣人之‘道’的人了，以后恐怕连传闻而得知圣人之‘道’的人都没有了！”孟子想要实现孔子未竟的仁政理想，他要一身承担孔子未完成的道统使命，游学期间的日日夜夜，他热切地、赤诚地学习、冥思、钻研，自信已能对孔子的学说有所传承和发扬了。

孟子的声名在鲁国各处传开了，甚至连鲁君也听说了这位邹国来的年轻人。但他认为这不过是一位初生牛犊不怕虎的毛头小伙子罢了，因此对他置之不理。

孟子却想大干一番事业了。既然在鲁国得不到任用的机会，他自然而然地想到归返故国，一来看望母亲，二来也想为祖国做点事情。

这日宴坐饯行，老师们问起孟子：“子舆，此番学成归国，意欲何为啊？”孟子朗声应道；“除以德服天下外，君子有三乐。父母俱存，兄弟无故，一乐也；仰不愧于天，俯不怍于人，二乐也；得天下英才而教育之，三乐也。弟子此次返国，欲效法孔老夫子兴杏坛，办教育，以先知觉后知；为天下广育治统英才，以行各位恩师及夫子之道。”

“子舆为教，以何为本？”其中一人间道。

“明人伦。必须兴办‘庠’、‘序’、‘学’、‘校’来教育人民。众所周知，‘庠’是教养之意，‘校’是教导之意，‘序’是陈列之意，即陈列实物以便实施实物教育。地方学校，夏代叫‘校’，商代叫‘序’，周代叫‘庠’；至于大学，三代都叫‘学’。目的无非是明人伦，阐明并教导人们人与人间的各种必然关系及相关的各种行为准则。人伦明于上，小民亲于下。”

“这些关系及相关行为准则，具体而言，指的是什么呢？”又有人问道。

“父子、君臣、夫妇、长幼、朋友五种关系是人与人的基本关系。人之所以为人，吃饱了，穿暖了，住得安逸了，如果没有教育，也和禽兽无异。圣人忧于此，便让契做司徒之官，教以人伦——父子有亲，君臣有义，夫妇有别，长幼有序，朋友有信。尧曾说：‘督促他们，纠正他们，帮助他们，使他们各得其所，然后加以提携和教诲。’人伦明而万民安，万民安而家国兴，王道荡荡，我辈之愿也。”

众位老师感叹不已。

人爽车轻，不到半日时辰，孟子已返回故土，看看已望得见学宫高大的门楣了。孟子心潮澎湃，桑梓一别，忽忽多年，如今宛然在目，却是旧日情状。人事如何？

孟子行前给母亲捎了信。孟母早已倚在门前，翘首而待，街上站满了围观的乡邻。

孟子劈眼望见，忙令车夫停车。自己没等马车停稳，就跳下车来跑到母亲跟前，“扑通”一声伏地跪拜：“不孝儿孟轲拜见母亲。”孟母搀起孟子。四目对视，眼泪止不住地流了下来。母亲老了。

第二天，邹国国君就派使者前来，举孟子为士。孟子的贤名国君早有耳闻，这次孟子回国，也是国君召请的结果。

孟子愉快地接受了邹国国君的征召。对他而言，这只是小试牛刀而已，他的理想是“布衣卿相”，辅佐仁君“一匡天下”，哪儿在乎一个“士”职？但孟子毕竟没有展露过自己的经天纬地之才，再说，“士”的主要责任是向君王进谏，为国家建设出计献策，也是一种有职守有言责的职务。因此，孟子接受征召之后，倒也很重视这一“士”职，经常进宫与邹君商讨治统大计。

然而，孟子用力更多的却是兴办教育。他清楚地知道，振兴儒学道统非一人一时之力能完成，必须向社会广泛宣传，未成气候，而达到这一目的最快捷的办法便是广收门徒、兴办私学。孔子如果不是广收门徒，育成弟子三千，英才七十二，他的思想哪能到现在还有这么深远的现实影响呢。虽说孔子之儒到如今分裂为各家流派，各道其儒，但毕竟仍然传承着孔子的儒学思想啊。况且，自己奉为正统的儒学，也是通过曾参、子思及子思的各位门人也即自己的各位老师传承下来的。还有，实现“仁政”、“王道”，平治天下，需要各色文武人才，兴办学校，得天下英才教育之，方能够供应国家的人才需求。

主意已定，孟子就到处活动，寻求各方面的支持。他首先取得了邹君的大力支持，赠黄金五十镒以资办学。缙绅乡老也纷纷解囊，并表示要把自己的子弟送来入学。

新的学校坐落在因利渠傍，背依山阜，真个是造化所钟，神秀所孕。门前碧水清浅，搴裳可涉，户外清风徐徐，鸟鸣成韵。

慕名而来就学于孟子的青年子弟接踵于道，络绎不绝。他们中间有各国人等，而以邹、鲁、齐人居多；很多人是寒门子弟，但也不乏膏粱公子、冠盖王孙。到孟子开始游说旅行之前，先后至邹就学于孟子的各国青年达数百人之多，均为一时才俊、名播天下，后世被封谥、配享于孟庙者凡 18 人。他们是：

乐正克：复姓乐正，名克，鲁人，曾为鲁臣，孟子评其为："善人也，信人也。"学古之道，为属辞比事之儒，优于天下，封利国侯。

万章：齐人，博学好问，与孟子多有辩难，封博兴伯。

公孙丑：齐人，洁净精微之儒，有政事之才，封寿光伯。

陈臻：齐人，封蓬莱伯。

公都子：楚人后裔，孟子称公都子学业好，封平阳伯。

陈代：封沂水伯。

屋庐子：复姓屋庐，名连，疑为魏人，曾著书言彭聃之法，封奉符伯。

高子：齐人，曾学《诗》于孟子，通声乐，年长于孟子，封泗水伯。

孟仲子：邹人，孟子从昆弟，亦游学于鲁，后学于孟子，著书论《诗》，毛氏取以为说，封新泰伯。

充虞：出自周克官人之后，以官命氏，封昌乐伯。

徐辟：徐偃王之后，封仙源伯。

彭更：封雷泽伯。

咸丘蒙：出自鲁大夫食邑咸丘，齐之隐士，封须城伯。

桃应：封胶水伯。

季孙子：鲁季孙氏之后，封丰阳伯。

子叔疑：鲁叔孙氏之后，封承阳伯。

浩生不害：齐人，复姓浩生，名不害，兼治儒墨，封东阳伯。

盆成括：复姓盆成，尝学于孟子，问道未达而去，后仕于齐，被杀，孟子以其小有才而未闻大道预知其必死，封莱阳伯。

此外，孟门还有陈良、滕更、孟季子、周霄等人，均为出类拔萃、满腹经纶的才俊之士。

不管是谁，只要投到自己的门下，成为自己的门生，孟子都一视同仁地对他们进行教育。孔子讲："自行束脩以上，吾未尝无诲焉。"对孔子这种"有教无类"的教育原则，孟子是深深赞许的。他尤其欣赏孔子"因材施教"的教学方法。孟子认为，人的资质是各不相同的，他所能达到的精神境界也不一样。

不但人的智力有高低深浅之别，孟子同时认识到，不同的人资质也各不相同，有的人长于此而短于彼，有的人却短于此而长于彼。因此，必须针对教育对象不同而变通教学方法。他说："君子教育的方式有五种：有像及时的雨水那样灌溉万物的，有成全品德的，有培养才能的，有解答疑问的，还有以流风余韵为后人所私自学习的。"孟子当年游学于鲁，对鲁地潜移默化的教育方式是深有体会的。

其实，孟子还有一种教学方法，只是较少采用而已。这就是"不教而教"，或称"不屑教"。

滕更是滕定公之弟，平日锦衣玉食，花天酒地，闻得孟子贤名，于是自滕至邹，就学于孟门。既是来游学，总得学点什么吧。于是他也时不时向孟子请教些问题，可是孟子总是冷冷不答。学生公都子很奇怪，问孟子说："滕更作为国君的弟弟而乐于就学于夫子，夫子是不是应该待他客气点？有问而不答，似乎有悖于为师之道，您这样做是为什么呢？"孟子解释说："倚仗着自己的势位而来发问，倚仗着自己贤能而来发问，倚仗着自己年纪大而来发问，倚仗着自己有功劳而来发问，倚仗着自己是老交情而来发问，都是我所不回答的。现在滕更仗着自己是国君之弟，又认为自己贤能，请教的时候，礼数不周，言语生硬，在这5条中占了2条，我为什么要回答他呢？"

徐辟、季孙子、子叔疑等贵族出身的子弟，都没少碰过类似的钉子。

学校的主要课程是两种"六艺"，一种是《诗》《书》《礼》《乐》《易》《春秋》，以书面讲授为主；一种是礼、乐、射、御、书、数，以实践操作为主。孟子的教学目标，是要培养智勇兼备的文武全才。然而人既然禀性不均，学生们各有长短也是理所当然。譬如，公孙丑、徐辟善于射御，高子、孟仲子善诗，万章、公都子长于论辩。

孟子甚至也不反对学生们钻研儒学之外的其他学说，虽然他本人是力辟九流十家的。他把孔子"攻乎异端，斯害也已"这句话理解为：只有钻研、了解异端邪说，才能知己知彼，切中要害，反戈一击；为害之烈，才能归于平息。因此，他的门人浩生不害兼治儒墨，屋庐子甚至著书言彭聃之法。

但无论做什么事，孟子都强调一点，这就是思考的重要性。他痛心人们不用自己的头脑思考问题，以至“天下之言不归杨，则归墨”。他强调，心这种器官是天特意给我们人类的，其职即在思考。能够做到勤于思考、培养善性的人便成了君子，反之便是小人。

一次，乐正子问孟子：“夫子，《尚书》中讲，周武王伐纣，杀人盈野，以致死者的血把捣米用的长木槌都漂流起来了，这种说法符合史实吗？”

孟子断然答道：“尽信《书》，那还不如没有《书》，我对于《尚书·武成》这一篇，所取的不过两三页而已。仁人无敌于天下，以至仁伐至不仁，兵不血刃即可取得胜利，哪里会有这么多战死者呢？”

稷下岁月

孟子在漫长的教学生涯中度过了不惑之年，居邹办学的这十多年来，可以称得上桃李满园，硕果累累了。可是，他总觉得失落了什么，尤其是夜深人静、妻儿酣睡之际，他时不时感到一阵虚空凄凉袭上心头。他想起有一天公孙丑问自己，老师假若做了齐国的卿相，有机会实现自己的主张，从此小可以成霸业，大则可以成王业，你会不会动心呢。他随口答道，我已过了不惑之年了，还动个什么心呢？现在想来，当时的这种回答不完全能代表自己的思想。虽说自己对于功名利禄毫不动心，可是，如果能够实现自己的仁政理想，王道天下，自己又何乐而不为呢。这十多年来，天下发生了巨大的变化，秦用商鞅进行变法，富国强兵；楚魏用吴起，战胜弱敌；齐用孙膑、田忌之徒，而诸侯东面朝齐；苏秦、张仪纵横天下，播摇唇舌，天下无不以攻伐为贤。就在前些日子，有消息传来，秦兵大破魏军，斩首八万，逼魏割河西地与秦。对此，孟子深感痛心，多少百姓暴尸荒野，白骨无收，多少家庭妻离子散，流离失所啊。想到这，孟子感到自己有责任挺身而出，为民请命，游说各国君主布仁政、行王道，结束这种残酷、丑恶的相互攻杀的局面。

随着办学的成功，孟子在各国的声誉也如日中天。各国权贵也纷纷用金帛等礼物来与孟子结交。孟子暗暗下了决心，一旦时机成熟，马上“驾车出游”。

机会终于来了。周显王四十年，孟子 44 岁，齐威王于首都临淄成立了稷下学宫，招天下文学游说之士。“稷下学宫”是特地为了延揽天下豪杰、学者而建的大宅第。凡前来投奔的豪杰、俊彦，都在那儿受到丰厚的礼遇。这些“稷下学士”是由国家供养的智者。“稷下学宫”延揽到的著名学者数不胜数，其中即包括邹珩、淳于髡、慎到、环渊、田骈、荀况、邹奭、宋骈、尹文、接舆等。

孟子及其门人的庞大车队，轰隆轰隆地驶离邹国，浩浩荡荡地向这里走来。

孟子凭轼而望，青山隐隐，白水悠悠，齐鲁大地沉静而辽阔。

此行前景如何？孟子心里也没底儿。孟子虽然自信能察言观色，灵活应变，他还是坚持了自己的一贯做法，知而后动，所以，他从齐国籍的学生、交往的卿士、各国权贵以及邹君等人那儿搜集了种种有关齐威王以及齐相邹忌、将军田忌、孙膑诸人的背景资料。当然，对齐国的历史，孟子心里是了如指掌的。

齐国最早是由姜姓建立的。其先祖即是辅佐周文王、周武王东征西讨、灭亡殷商的姜太公姜尚。周朝的统治确立之后，姜尚以功封齐，遂以传国。后来，周室衰微，天下四分五裂，同时，其他民族纷纷崛起，势力极为猖獗。北方少数民族犬戎甚至攻破周都，周王室迫不得已，只好东迁洛邑，各诸侯国也分别坐大，不再听从周王室的号令。当此之时，齐桓公首先挺身而出，先击败了北方的异族，随即又攻伐由南往北扩张势力的楚国，使得周朝册封的各国诸侯得以安定下来。

齐桓公之所以能“尊王攘夷”，称霸诸侯，主要是由于贤相管仲的辅佐。孔子就称赞他说：“没有管仲，我们大概还像野人那样披散着头发，打着赤膊吧。”

到了战国初年，齐国的新兴力量田氏驱逐了最后一个姜姓国君齐康公，将其流放到海岛上。不久，田和称诸侯，但仍沿用了齐的国号。而孟子现在将要面对的那位齐威王即是田和之孙因齐。他原来是一酒色之徒，日日轻歌曼舞，醉生梦死，不视国事。以至好端端一个大国，给他整得内外交困、民怨沸腾，还连连遭受诸侯的攻伐。威王元年，三晋因齐丧而伐灵丘；六年，鲁伐齐，入阳关；晋伐齐，至博陵；七年，卫伐齐，取薛陵；九年，赵伐齐，取甄。一连串的丧师失地，使他幡然醒悟，决心洗心革面，整顿内政，设“稷下学宫”以广收天下豪杰，重振国威。用他的话来说，这叫“不鸣则已，一鸣惊人”。

既然齐威王礼贤下士，虚心纳谏，他的周围也就出现了邹忌、淳于髡等贤臣。著名军事家孙膑也得到了重用，孙膑也知恩图报，整日操练军兵，加强武备。加上“稷下学宫”的设立，网罗了一大批各国的知识分子，在出谋献策、扬威造势方面，发挥了重要作用。

齐威王把这些有才能的人看作镇国之宝。一次，齐威王与魏惠王会猎。魏惠王扬扬得意地问齐国有何珍宝，威王回答说没有。他很诧异说：“敝国既小且穷，尚有珍珠十枚，其径寸余，光泽可以照亮前后十二辆车。齐国是东方大国。岂会无镇国之宝！”威王笑了笑说：“大王以明珠为镇国之宝，寡人以贤才为镇国之宝。我的大臣檀子守南城，楚国就不敢来犯，泗上十二诸侯都来齐国朝拜；肦子守高唐，赵人就不敢东入黄河捕鱼；黔夫镇守徐州，政治清明，燕、赵百姓迁来居住者有七千余户；我派种首稽查盗贼，就出现道不拾遗、夜不闭户的太平景象。我的这些镇国瑰宝光照千里，哪像你的仅照亮前后十二辆车呢！”

孟子师徒数百人来到了这样的国度。临淄到底不愧为东方第一大城：道路整齐，屋舍鳞次栉比，街上人如潮涌，摩肩接踵，加上时值盛夏，人们决袂如云，挥汗如雨。做买卖的，要戏法的，唱小曲的……三教九流各色人等，应有尽有。

学生们赞叹不已。孟子也心下称奇，临淄之富，齐国之强，果真名不虚传。

因为太过拥挤，孟子的几十辆车被迫停下。并且，已经有了许多围观的群众。

正在犯难之时，只见一队卫兵屏退人群，向孟子师徒走来。为首一位管事模样的人对孟子深深一揖，朗声说道:“面前这位，一定是远道来的孟子吧。”孟子也深深一揖。只听那人说:“我是稷下学宫的应接人员，请诸位随我来。”

孟子师徒在学宫中很快就安顿下来。闲来无事，孟子便和乐正克对弈，从用完午饭开始，一直弈到红日西斜。孟子似乎兴致不减，手中攥满一把棋子，似乎是要再来一盘。乐正克望了望孟子，试探着问:“夫子，天色已晚，是不是改天再弈？”孟子叹了口气:“也罢。”

收棋的时候，乐正克忍不住问:“夫子既然安顿停当，为什么不进宫去见齐王呢？这难道不是我们此行的目的吗？”

孟子笑了笑说:“你只知其一，不知其二。要在齐国大行仁政王道，确实应该取得威王的支持。但你难道没有听说‘不为其臣不见君’这样的话吗？齐王如果真能尊贤重士，就应该马上派人来约见我。”

一直在旁边观棋不语的屋庐子插嘴道:“夫子，我也有一个疑问，不知当讲不当讲。”

孟子说:“知无不言，言无不尽。讲！”

屋庐子说:“任国的季子和齐国卿相储子都曾以金帛结交于夫子。老师一到任国，马上去拜访了季子；到齐都，却不拜访储子，是因为储子只是卿相，地位比季子低的缘故吧？”

孟子说:“不是。《尚书》中说过，‘享献之礼可贵的是仪节，如果仪节不够，礼物虽多，只能叫作没有享献，因为享献人的心意并没有用在这上面。’这是因为他没有完成那享献的缘故。”

屋庐子恍然大悟：“当日季子国政在身，不能够亲自去邹拜访夫子，储子担任齐国卿相，相比之下，可谓清闲，他却只派了手下人送礼给夫子，当日他应该亲自拜访才是啊。”

齐国宫廷内，邹忌、田忌、孙膑、淳于髡、储子、庄暴等文武百官肃列朝班，齐威王正在升殿议事。

威王 50 来岁，已在位 20 余年，虽然近年的励精图治使他更具威严，然而，早年纵情声色依然在他脸上留下了痕迹，他的脸色略显憔悴。

朝班中的储子说：“邹国孟子已抵临淄，现在学宫下榻。”

威王一愣：“是那位以孔子传人自居，广收门徒，名扬海内的孟夫子吗？”

“正是。”

威王问：“孟子来齐，是喜是忧？”

邹忌出班：“孟子来齐，实为国君洪福齐天，可喜可贺啊。”

威王皱了皱眉：“邹相国，此话怎讲？”

邹忌说：“据臣所知，孟子法先儒，敬孔子，不过欲以仁义为本，行王道于天下。此番来齐，不过是希望我主重用他和他的弟子而已。孟子是当今数一数二的贤人，我主如能以礼待之，当坐收渔利。”

“请相国明示。”

“以礼待之，更显得我主是位思贤若渴的明君，天下豪杰、士人当奔走相告，竞相赴齐，此其一；孟子博学多闻，于各国形势、天下大事明察秋毫，洞若观火，可资质询，此其二；孟子此番来齐，门人众多，其中不乏韬略才俊，我主正好量才录用，此其三。有此三利，何乐而不为？”

威王绽开了笑脸：“寡人明日即见之。”

第二天一早，威王就派人到学宫客栈敦请孟子。孟子欣喜异常，马上带着公孙丑、万章、乐正克、公都子等人，驱车前往宫廷。

威王以礼乐相迎。

在司礼官的导引下，孟子一行稳步走向威王。孟子长揖：“邹人孟轲及弟子公孙丑、万章、乐正克、公都子拜见君王。”

威王起身，降阶相迎：“夫子快快请坐。夫子一路劳顿，寡人不知，有失远迎，寡人无地自容。”

孟子又拜：“区区邹乡老儒，何劳君王挂怀。”

威王说：“夫子贤名，敝国三尺小童亦知，寡人常恨不得相见请教，不料今日得遂心愿。”

“不敢不敢。”

“寡人常闻，夫子教学，以仁义为本，寡人不敏，未知仁义者何，还望夫子开示。”

孟子应道：“先圣孔子有言，仁者人也。仁人合而言之，即为仁人，仁人即道。”

威王迷惑不解。

孟子觉察到自己的说法太抽象，于是改口说：“譬如现在有人突然看到一个小孩子要跌到井里去了，任何人都会有惊骇恻隐之心。这种心情的产生，不是为了要来和这小孩的爹娘攀交情，不是为着要在乡里朋友中间博取名誉，也不是厌恶那小孩的哭声。这种恻隐之心就是仁的萌芽。恻隐之心就是悯人之心，爱人之心。君王如果以这种爱人之心治理国家，他就是一位仁君。

“杀一个无罪的人，是不仁；不是自己所有，却去取了过来，是不义。仁是人类最安适的住宅，义是人类最正确的道路。居住于仁，行走于义，仁人的工作便齐全了；把最安适的住宅空着不去住，把最正确的道路舍弃不去走，那就太可悲了。

“有自然爵位，有社会爵位。仁义忠信，好善不倦，这是自然爵位；公卿大夫，这是社会爵位。古人修养他的自然爵位，于是社会爵位随着来了。今人修养他的自然爵位，来追求社会爵位；已经得到了社会爵位，便放弃他的自然爵位，这太糊涂了，结果连社会爵位也会丧失。”

齐廷君臣听得目瞪口呆。齐威王心里暗暗叫好，好个舌辩之士！齐威王又问："仁义的实质内容是什么呢？"

孟子说："仁的主要内容是侍奉父母；侍奉父母要求子女对父母当善尽孝道；子女善尽孝道就是亲亲。义的主要内容是顺从兄长；顺从兄长，就是子弟当善尽悌道；善尽悌道，就是敬长。敬长引申言之，就是在社会上当敬齿、敬德、敬位。敬齿，乃是尊敬比我年长的人；敬德，乃是尊敬有德的贤人；敬位，乃是尊敬在上位的人。如在下位者对上位者内无恭敬之心，外无尊敬之礼，就会混乱了在上位者与在下位者之间的伦理秩序。"

齐威王不断颔首微笑："夫子之言，大得我心啊。有德有位者乃为圣尊至贵，天子为天下之父母，国君为一国之父母，如此看来，天下没有比天子更尊贵的了，一国没有比国君更尊贵的了。"

孟子断然说道："民为贵，社稷次之，君为轻。"

齐廷文武尽皆失色，威王气得胡须抖动了几下，说不出话来。

储子向孟子跨进了几步，拉住了他的衣袖，低声对孟子说："您怎么可以这么对君王说话呢，快赔罪吧。"

孟子一甩衣袖，储子几乎跌倒。

威王沉着脸："民贵君轻，此话怎讲？"大有"有说则生，无说则死"的架势。

孟子说："大家有句口头话，都说，'天下国家。'可见天下的基础是国，国的基础是家，而家的基础则是人。《尚书·太誓》中也说过，'百姓的眼睛就是天的眼睛，百姓的耳朵就是天的耳朵。'所以得到百姓的欢心便做天子，得到天子的欢心便做诸侯，得到诸侯的欢心便做大夫。诸侯危害国家，那就改立。牺牲既已肥壮，祭品又已洁净，也依一定时候致祭，但是还遭受旱灾水灾，那就改立土谷之神。"

威王依然沉着脸："早闻先生大才，今日一见，果然名不虚传，听君一席话，胜读十年书啊。先生初来乍到，今日又出言滔滔，未免劳累，先生先回去歇息去吧，改日再仔细请教。"

会见实际上是不欢而散。

齐威王到底也是一位有识见的君王，虽然他不同意孟子的观点，但仍然命令悉心照料孟子师徒，不得怠慢，还赐给了孟子师徒数十辆马车。

此后，齐威王又数次召见孟子，询问治国方略，孟子都一一作答。威王也往往表示赞赏，但一旦孟子要求威王拿出实施仁政的具体方略，威王总是躲躲闪闪，不作正面答复。

两人心里都很清楚，他们在相互争取。孟子希望能通过威王实施仁政与王道理想。威王也明白，孟子是难得的治国之材，他希望争取孟子辅佐自己称霸诸侯。但他们谁也奈何不了谁。

孟子感到齐威王是不打算接受他的仁政主张了。自己不过是齐威王的一件装饰品而已。以前滴酒不沾的孟子，来齐之后，也喝起了闷酒。而且总是自酌自饮。

聊可自慰的是，来齐后倒交了几个朋友，比如淳于髡、蚳（chí）蛙、匡章等。与将军匡章的交往，还有一段曲折的经历呢。

一次储子设宴，孟子也受到了邀请。储子没有因为昔日孟子拒访、又在宫中当众受辱而减少了对孟子的尊敬，反而更为敬佩。盛情难却，加上孟子对储子深感歉意，也就答应赴宴。

宴席之间，觥筹交错，大家喝得兴高采烈，于是高谈阔论起来。孟子却发现其中一位鹰眼、膀阔腰圆的将军在一旁喝闷酒，除了储子偶尔跟他说几句话之外，几乎没有任何人与他交谈，他也似乎不打算跟别人讲话。

孟子走过去，与这人攀谈起来。互通姓名之后，方知这人便是为齐人所不齿的“不孝之子”匡章。

孟子深深一揖：“久仰匡将军大名，今日得见，三生有幸。”

刚才闹嚷嚷的宴席霎时风止波息，宾客们的视线“唰”地投向了孟子与匡章。

匡章离席起身，涨红着脸。

孟子说：“将军之事，在下已略有所闻。齐人以将军为大不孝，我以将军为大孝之人。如蒙不弃，稍时请到下处一叙。”

众宾愕然。

孟子很快就与匡章结成了好友。

齐人为此议论纷纷，有人据此断定，孟子得不到威王重用，他是想破罐子破摔了。孟子的学生们也不理解他的做法，于是有一天，公都子跑去问孟子：

“夫子，全齐国人都说匡章不孝，您却同他来往，而且相当敬重他，请问这是什么缘故呢？”

孟子说：“世俗所谓不孝者五：四肢懒惰，不管父母的生活，一不孝；好下棋喝酒，不管父母的生活，二不孝；好钱财，偏爱妻室儿女，不管父母的生活，三不孝；放纵耳目的欲望，使父母因此受耻辱，四不孝；逞勇好斗，危及父母，五不孝。章子在这5项中有1项吗？章子之母启得罪其夫，其夫杀之，埋于马槽之下，章子责其父不善，因此父子关系僵化，父子遂不得相见。以善相责，这是朋友相处之道；父子之间以善相责，是最伤感情的。章子难道不想有夫妻母子的团聚吗？只因得罪其父，不能和他亲近，因此把妻室逐出，将儿子驱至远方，终身不要他们侍养。他这样设想，不如此，那罪过更大了。

“还有，章子之父死后，齐人都责备章子没有更葬其母。他哪里是不愿更葬，实是不愿以不待父教而更葬其母来欺骗他死去的父亲啊。这就是章子的为人。如说章子不孝，我不知世上何处更有孝子在！”

孟子对匡章的这些评论很快传遍了临淄，传遍了齐国。齐人对匡章的看法随之一变。

匡章实际是个难得的将才。孟子从他的言谈中，觉得他颇有韬略，准备适时向威王举荐匡章。

这年，秦以甘茂为帅，假道韩、魏而攻齐。秦军轻取韩之宜阳，随即挥师东进，情势万分危急。将军田忌、军事家孙膑以及匡章等大小将领纷纷请战，威王对任谁为主将，一时举棋不定。孟子闻说，立即前往力荐匡章。匡章、孟子同时立下军令状，如若不克秦军，甘愿受罚。此前不久，田忌、孙膑用计大败魏军于陵，魏将庞涓自杀，太子申被俘。陵之役，田忌、孙膑功勋盖世，威名日重，此番伐秦，威王委实不愿田忌、孙膑再立奇功，现在孟子极力保荐匡章，他非常高兴，当即授印，任匡章为主帅，西去抗秦。

战事结果，不出孟子所料，匡章大胜而还。

因举荐匡章有功，孟子被威王任为齐国客卿。匡章也赢得了威王与齐人的信任。

即使被任为客卿，孟子还是高兴不起来。因为威王虽仍旧时常宣他进宫，但总谈一些不着边际、不切实际的话。每见一次威王，自己经纶世务的满腔豪情就要减弱一分。

孟子开始杜门不出了。

一日，淳于髡来访，寒暄之后，淳于髡问："男女授受不亲，这是礼制吗？"

孟子说："是礼制。"

髡说："那么，假若嫂嫂掉进水里，你会用手去拉她吗？"

孟子说："见嫂嫂掉在水里不去拉她，这简直是豺狼。男女之间不亲手递接，这是正常的礼制；嫂嫂掉在水里，弟援之以手，这是变通的办法。"

髡说："既如此，现在天下的人都掉到水里了，您不去救援，又是什么缘故呢？"

孟子冷笑着说："万民处于水深火热之中，需援之以道，阁下莫非要我以手来救援万民吗？"

孟子担任卿相之后，有了正式的俸禄，于是派人把母亲和妻儿接到了临淄。孟子本想让母亲晚年过上舒适的日子。谁知天有不测风云，人有旦夕祸福，孟母来齐数日之后，身染沉疴，不几日，竟然下世。

孟子痛不欲生，身前身后，名利如何，富贵如何，真如浮云千朵。

数日之间，齐廷文武，多来吊唁，威王也派了使者，赐给许多金帛，以为归葬之费。

当年父亲去世、孟子年纪尚幼，更因家境贫寒，所以只得草草埋葬。

对此孟子一直是耿耿于怀。这次母亲去世，自己再也没有机会孝养母亲，以尽人子之道了。所以，孟子准备厚葬母亲。

孟子对监理棺椁制造工作的学生充虞千叮万嘱，一定要选取上好的木材，做工务必精细。棺厚七寸，椁厚与之相称，棺椁之上，绘以龙凤，披以锦绣。

孟子既为齐国三卿之一，也就用了卿大夫之礼祭祀母亲。灵堂之上，依次排开五鼎，分盛羊、豕、肤（切肉）、鱼、腊等祭物。祭奠之时，孟子三跪九拜，以头抢地，“梆梆”有声。

孟孙氏祖墓在鲁，因此，孟子克定吉日，尽发临淄车马，率领数百弟子，一路灵幡齐天，纸钱满地，车马缓行，哀乐频作，归葬孟母于鲁之先茔。

居鲁期间，鲁平公欲使乐正克治理国政，并准备拜访孟子，孟子得知，高兴得夜不成眠。他历年在齐廷宣传的仁政如今竟要在鲁国实行，这对他是个多大的喜事啊。可是，当平公要出门拜访孟子时，幸臣臧仓谏阻说，主君屈尊而过庶人，必因其贤，贤者动静合礼，而孟子办母丧，其讲究远过先前之办父丧，这怎么算是贤者？平公遂止。孟子闻说，感叹说，我不能与鲁侯遇合，实系天命，臧氏之子怎能使我不遇于鲁侯！

3 年丧期已届，孟子驱车返齐，却听说由于邹忌与田忌不和，齐国政局动荡不安。稷下先生纷纷离去，学宫也渐趋式微。

孟子闻说，反而松了一口气。居齐数年，虽然威王对自己优礼有加，但从来也没有真正重用他的意思。孟子觉得自己被威王看成了一个能言善辩的食客，心中非常懊丧，早有去志。只是一则因为自己被威王拜为客卿，为时不久，不忍遽去；二则老母居齐，不便随己辗转东西。如今老母已逝，齐国政局不稳，自己正好去齐它适。但自己行前，无论如何，是要向威王说明一下的。

主意已定，孟子当下率领弟子，浩浩荡荡地回返临淄。到达临淄客栈之后，孟子让弟子们在客栈等候，自己与公孙丑、万章、公都子、乐正克等人驱车直奔齐廷，向威王提出辞呈。

威王大为愕然："寡人无德，何处开罪于先生，还望明示。"

孟子说："轲闻之，居位者必谋其政，谋政必济其民，如此衣帛食肉，方能无愧于方寸之心。今轲居齐数年，蒙国君错爱，使居三卿之列，轲也碌碌，殚精竭智，而无益于人民社稷，愧对通国之父老黎民。轲之罪也大矣。"

威王颤声说道："夫子何苦自抑如此，寡人不敏，亦自知其罪。寡人知夫子久矣，而不能用，此后必当改过。"

孟子说："轲亦闻之，道不同不相与谋。勉强为之，必有后殃。君王美意，微臣心领。轲心决矣。"

威王苦笑："先生凤凰美资，自当择良木而栖。今日一别，不知何日得见！"

孟子去意已决。威王见苦留不住，遂令侍卫取百镒黄金相赠。

孟轲却正色道："大丈夫无功不受禄，况无名之金。轲之盘费，尚绰绰有余。轲如见爱于君王，还请收回成命。"言罢自行告退。

威王再也没能见到孟子，数年之后，他就因政局动荡而心力交瘁，黯然去世。

布　道

在东方几国之中，齐、魏算是屈指可数的大国。孟子在齐受挫，便打算奔赴魏国，因为他听说，梁惠王也在以重金纳聘天下贤士，致力于富国强兵。

魏国也曾盛极一时，只是到了梁惠王时，对外用兵往往不利，以至丧师失地。齐魏桂陵、马陵之役，魏军均告败北，魏国大将庞涓自杀，太子申被俘；楚将柱国昭阳攻魏，大破魏师于襄陵，得八邑。尤其令惠王气闷的是来自西边的侮辱。初有商鞅伐魏，计俘公子卯，大破魏军，惠王为避秦患，由安邑东迁国都于大梁，自己也被外国使臣改称梁惠王；继此，又有秦将白起攻魏，俘其将龙贾，斩首八万，迫献西河之地七百里于秦。当然，惠王也不是全无业绩，比如说，他也曾会诸侯于逢泽，率诸侯朝拜周天子。但毕竟是辱过于荣，瑜掩于瑕。年迈的惠王清楚，自己再不思振奋，招贤纳士，富国强兵，那就国亡有日了。

孟子满怀希望，带领众弟子往大梁进发。

行不多久，忽见迎面驶来一辆马车，车后一人，头戴方巾，面色黧黑却又气度不凡。

孟子忙命车队缓行，以免冲撞客人。

忽然，这人大叫起来："孟夫子，孟夫子，哪一位是孟夫子？"

孟子深感诧异，忙命公孙丑驱车向前。孟子深深一揖："在下便是，敢问先生大名？"

"敝人姓宋名牼（kēng），宋国人氏。"

孟子一下子明白过来。就是那位四处奔走，上说下教，力倡寡欲、忍辱、禁攻寝兵的著名学者宋牼。听说他也去过稷下，自己一向服膺其人其学，只是未曾谋面。想到这，孟子说："原来是宋先生，心仪已久，今日得见，先生何来何往？"

宋牼皱了皱眉，说："我刚从魏国而来，此番至齐，主要是去拜访老友尹文。我听说秦楚两国交兵，打算约请尹文去谒见楚王，请他罢兵。我已请梁惠王遣使入楚、秦，此番也想请齐威王遣使入楚、秦，劝双方罢兵。如楚王不听，我又打算去谒见秦王，向他进言。我想在两个国王中，总会有所遇合。"

孟子说："您将怎样去进言呢？"

宋牼说："我打算陈述交兵对双方不利的道理。"

孟子说："先生的志向甚好，可是先生的提法不行。先生用利来向秦王楚王进言，秦王楚王因为有利而停止军事行动，这就将使军队的官兵乐于喜悦利。做臣属的怀抱着利的观念来服侍君主，做儿子的怀抱着利的观念来服侍父亲，做弟弟的怀抱着利的观念来服侍哥哥，这就会使君臣、父子、兄弟之间都完全去掉仁义，怀抱着利的观念来互相对待，如此而国家不灭亡的，绝无仅有！”

“依夫子之见……”

“以仁义说之。如秦王楚王因仁义而停止军事行动，这就会使军队的官兵乐于喜悦仁义。君臣、父子、兄弟之间都去掉利的观念，怀抱着仁义来互相对待，如此则国家不以德政王道统一天下的，绝无仅有。为什么一定要以‘利’说之呢？”

“是吗？”宋牼似乎恍然大悟，“谨受教。不才自当勉力行之。”

“敢问夫子何往？”宋牼问。

“听说梁惠王招贤纳士，轲欲往见。先生适从魏来，敢请赐教。”

“岂敢。不过依愚之见，夫子此去大梁，恐难有作为。”

“此话怎讲？”

“梁王急欲报仇雪恨，收复失地。恐与夫子意见相左。”

孟子心下一沉，宋牼说的恐是实情。

“敝国公子偃攻袭其君剔成，迫其奔齐，偃已自立为宋君，这件事，夫子听说过吗？”

“还没有听谁说起过。”

“宋偃即位后，宣称要实行仁政，夫子不妨前往一试。”

“哦，”孟子一听到“仁政”二字，眼睛一亮：“此话当真？”

“千真万确，我的事情办完后，我也想去看看呢。”

孟子大喜，叫道：“原路折回，改赴彭城。”

一行人别过宋牼，又马不停蹄地赶到宋都彭城。宋王偃听说孟子师徒到来，不禁大喜过望，连忙接风洗尘。同时给他们安排最好的馆舍下榻。

回馆舍的路上，万章问道：“宋乃小国，今宋王欲行仁政，此事如引起齐楚两大国的厌恶而出兵攻宋，为宋之计，将如何应付？”

孟子说：“汤居亳地，与葛国为邻，葛伯非常放肆，不守礼法，也不祭祀鬼神，且经常滥杀无辜。汤的征伐，便从葛国开始。凡十一征而所向无敌。东面而征，则西夷怨；南面而征，则北狄怨，他们说：‘为什么不先打我们这里？’百姓望之，犹久旱之盼甘霖也。汤师所至，商贾不惊，农耕不避，诛暴君，慰百姓，如及时雨从天而降，人民大悦。《书》云：‘等待我们的王，王来了我们不再受罪。’又说：‘攸国不服，周王便东征讨伐，来安定那里的男男女女，他们将漂亮的丝织品束之成捆，盛于箩筐，请求与周王见面，作大周国的臣民。’这说的是周初东征攸国的情况。攸之官吏以锦帛迎接周之军官，攸之百姓则箪食壶浆迎接周之士卒，可见周王出师，旨在诛暴君，拯万民。不行仁政则已，如行仁政，天下之民皆举首而望之，要拥护他作君王。齐、楚虽大，有何畏哉！”

回到馆舍，孟子忽然记起了一件事，问彭更：“那宋牼怎么知道是我们的车队呢，我们又没有打什么旗号。”

彭更答道：“马车数十乘，从者数百人，传食于诸侯，当今之世，除了夫子，还会有谁呢？”

孟子觉出了其中的讽刺意味，说道：“非其道，则一箧饭也不可以受于人；如其道，则舜受尧之天下，也不为过分。”

晚上，宋大夫戴不胜来访。两人自然谈到宋王推行仁政的问题。戴不胜向孟子介绍说，宋王年轻，有贪于酒色的毛病。并说，国内有一位叫薛居州的善士，我想让薛居州居于王所，使王知向善。

孟子哈哈大笑。他首先给戴不胜讲了一个故事：有一位楚国大夫，想让他的孩子学习齐国话。他首先请了一位齐国老师来楚教授，可是总也学不会，他于是每日鞭打孩子，但仍没达到目的。后来，他把孩子送到齐都临淄庄岳那一带地方学习齐国话，几年之后，他的孩子操着一口流利的齐语，连楚国话也忘了。

孟子接着指出，如在王之住所者，其老少尊卑全如薛居州一样，王则找不出一个可与之为恶之人；反之，则王找不出一个可以与之为善之人。一个薛居州是无从引王向善的。

孟子劝他多荐贤士给宋王。

在宋国住了几个月之后，孟子发现，虽然宋王热心仁政，但实权实际上操纵在大夫戴盈之手里。他虽然口头上也拥护仁政，但实际却未见行动。于是，孟子亲自造访戴府，向他建议减去十分之一之赋税，并蠲免关卡税和商品税。戴盈之脸现难色，他告诉孟子，目前尚不能完全照办，预备先减轻一些，到来年再照孟子的建议去做。孟子打了个比喻说：假如有个人每天偷邻人 1 只鸡，有人告诉他："这不是正派人的行为。"他便说："好，那我就少偷一些，每月 1 只，到明年再洗手不干。"现在你戴盈之既知实行重赋苛税是不合理的事，就应当马上停止，为什么要等到来年呢？

孟子渐萌去意。

这期间，滕世子来访，倒给孟子留下了愉快的印象。世子身材高大，面色白净，谦恭有礼。他此番是奉父王之命，出使楚国，途经彭城，听说孟子居此，便赶忙前来拜见。孟子给他讲了些人性本善及尧舜治国的道理。世子听得津津有味。

世子从楚国回来，又来看孟子。孟子以为他对自己上次所讲的道理有所不解。就对他说："世子怀疑我的话吗？天下的道理只有一个，这就是仁道。齐之勇臣成瞷对齐景公说：'他是个男子汉，我也是个男子汉，我为什么怕他呢？'不要自馁，也不要自暴自弃。颜渊说：'舜是什么样的人，我也是个什么样的人，有作为的人都会像他那样。'要向有作为的人学习。公明仪说：'文王是吾师，周公也是应该信赖效法的。'滕国虽小，但取长补短大约也有方圆 50 里左右，还可以治理成一个好国家的。"

滕世子深深跪拜："夫子一言，弟子终身受用不尽，当时时温习，不敢或忘。"

孟子决心返邹。宋王苦苦挽留无效，乃馈赠孟子黄金七十镒以资盘费。

途经薛城，城主靖郭君田婴亲迎孟子师徒于城外，并赠金五十镒，孟子欣然笑纳。

田婴是齐威王的儿子，齐宣王的弟弟，战国四公子之一孟尝君田文的父亲，薛城是他的封邑。

歇息的时候，陈臻问道：“前日在齐国，齐王赠金百镒，您不接受；在宋国，宋君赠金七十镒您受了；今在薛，薛君赠金五十镒，您也受了。在受与不受二者之间，老师一定有一个错误。”

孟子说：“都对。宋君赠金是我要远游，他送我一些盘费；薛君赠金是听说路上有危险，让我买点武器自卫。至于齐君，没有什么理由却要送我一些钱，这等于贿赂收买我。哪有君子可以拿钱收买的呢？”

临近邹都，却发现一片荒凉、破败景象，一打听，原来是邹鲁刚发生过一场激烈冲突，鲁军长驱直入，攻入邹国王宫，邹世子战死，大小臣僚多有死伤。兵临城下，邹君只好与鲁军签订了屈辱的和约。

孟子见过邹君。邹君紧紧拉住孟子的手，声泪俱下。

孟子叹了一口气：“唉，微臣只想痛失先慈，悲莫大矣，不想更有国丧。”

邹君说：“对这次事变，寡人只有一件事不能明白，我的臣属战死了33个，其中还包括我的长子，可是那些刁民，却没有一个肯冒死一战。杀了他们吧，杀不了那么多；不杀吧，他们瞪着两眼看着长官被杀却不去营救，实在可恨。您说，应该怎样对付这伙刁民呢？”

孟子冷冷一笑：“不是刁民，是子民。”

见邹君愕然，孟子又接着说：“当灾荒年岁，您的子民，年老体弱的暴尸于山沟荒野，年轻力壮的流离失所。您的谷仓中堆满了粮食，库房里装满了财宝，而对于百姓的饥馑流离，您的臣属谁也不来报告。这就是居上位者弃其子民，实际上是在残害自己啊。曾子曾经说过：‘戒之戒之。你怎样去对待人家，人家也将怎样回报你。’如今，您的子民得到报复的机会了，您不要苛责他们吧！您如果实行仁政，您的百姓就会爱护他的上级，情愿为他们的长官牺牲了。”

邹君红了脸：“寡人当痛改前非，夫子督之。”

孟子带领学生，仍旧搬到因利渠旁的学宫住下。旧地重游，孟子感慨良多。

数月下来，除了教习六艺，师生们倒也无事。忽然有一天，有一儒生模样的中年人来访。

原来他是滕世子的老师然友。寒暄之后，然友开口说道：“敝人至此，实有一事相扰。”

孟子说：“先生见外了，请慢慢道来。”

“敝国不幸而有国丧，世子新近嗣位，命我到夫子处询问相关事宜，然后再办丧事。”

孟子说：“这很好啊。父母的丧事，本应自动尽力竭心的。曾子说：‘生，事之以礼；死，葬之以礼，祭之以礼，可谓孝矣。’诸侯的丧礼，我虽未学过，但也听说过。应实行 3 年的丧礼，穿着粗布缉边的孝服，吃着稀粥，自天子以至庶民，夏、商、周三代都是这样。”

然友回国复命，太子便决定行 3 年的丧礼，却遭到了滕国的官吏的反对，他们的理由是，滕国及其宗主国鲁国的先祖都没有这样做过，祖宗成规不能改变。

世子又派然友到邹国问孟子。然友转达太子的意思说：“本想守丧 3 年，却遭到通国反对，为之奈何？”

孟子说：“这是不可以他求的。在上位的有什么爱好，在下位的必嗜爱更甚。君子之德为风，小人之德为草。风向哪边吹，草往哪边倒。这事完全取决于世子。”

于是世子居于丧庐中五月，不曾颁布任何命令和禁令。朝中百官及家族长辈们，都夸赞世子知礼。举行葬礼的时候，四方的人都来观礼。世子容色悲凄，哭泣哀痛，使来吊丧的人都非常满意。

时隔不久，滕文公（即继位后的世子）又派然友赴邹敦请孟子。孟子十分高兴地接受了邀请。

孟子师徒又踏上了游历的行程。快近滕国国都之时，就听说滕君一心想实行仁政，所以楚国农学家许行，宋国的儒者陈良之徒陈相及其弟子都纷纷前来，可见滕君贤名，已声振遐迩。

孟子一行受到了隆重的接待。滕文公甚至亲自洒扫门庭，邀孟子入宫。他首先询问孟子介于齐楚两大国间的滕国自处之道，是事齐好，还是事楚好。

孟子说："这个问题不是我的能力所能解决的。唯有一策可以自保：把护城河挖深，把城墙加固，与民共同防守。只要人民不怕牺牲，宁死不走，那就有办法了。"

"即便这样，仍不能免除祸害，那该怎么办呢？"

"有两种选择，或走或守。从前周太王居于邠地，屡遭狄人侵凌，太王以皮裘、丝绸、犬马、珠玉侍奉他们，均不能免除祸害，于是太王带领百姓离开邠地，越过梁山，定居于岐山之下。也有人认为，祖宗基业不可抛弃，于是宁死不去，您可以在二者中选取一种方法。"

"现在齐人准备加固薛地的城池，薛城近滕，我国当如何应之？"

"当努力推行仁政。周太王为善德而其子孙中出现了文王、武王。能行仁政，后世子孙必有成为王者。君子创业垂统，就是为了世代相传。至于能不能成功呢，那还得靠天命。"

滕文公说："夫子金言，寡人谨记，寡人之有夫子，则吾道不穷矣。"

孟子师徒数百人居滕，衣来伸手，饭来张口，且备受礼遇，但对滕这样的小国而言，也是一个不小的负担。由此，弃儒学而改学农学的陈相、许行前来与孟子辩论，他认为，贤君当与民并耕而食，否则，是损害人民来奉养自己，不能视为贤君。又主张，物品应当等价，如此规定，方可使国中无伪，童叟无欺。孟子一一驳斥了陈相、许行的言论。

滕文公有意实行井田制，于是使其臣毕战谒见孟子，询问有关井田制的问题。孟子指出，行仁政，一定要从划分整理田界开始。井田经界必须划分得准确无误，否则，就会弊端百出。孟子建议：农村采用九分抽一的助法，城市采用十分抽一的贡法；公卿以下的官吏一定有供祭祀的圭田，每家五十亩；如一家中尚有剩余之劳动力，则再给每一劳动力二十五亩。井田制的具体作法是：每一井田有九百亩，当中一百亩为公田，其余八百亩，每家百亩，作为私田，八家共耕公田。耕好公田之后，再耕种自己之私田。每一井田的各家，平日出入，互相友爱；防御盗贼，互相帮助；一有疾病，互相照顾，那么百姓之间便亲爱和睦了。

仁政学说在滕国扎下了根，不到一年，滕国大治，四方贤士辐辏而至。孟子看到自己的仁政初步取得了成果，心里分外舒畅。目的既已达到，他也就产生了去滕它适的想法。毕竟滕国是一块弹丸之地，对胸怀匡扶天下之志的孟子来讲，是难有大的作为的。

金秋八月，滕文公三步一挽，五步一留，将孟子师徒一直送到了城郊十里长亭。正值秋收时节，放眼四望，到处都是一片金黄，农民们挥汗如雨，正在奋力割麦。

滕文公热泪盈眶："夫子待我，恩重如山，此次远行，不知何日再得教诲。冀夫子再示以一言半语。"

孟子大为感动："天下之人皆如君王，则吾道不孤矣。辄有一言相赠，不敢教诲。"

"寡人恭听夫子金言。"

"治国之道，当务之急，在于民事。民无恒产，必无恒心，故当制民之产，兴利除弊。设庠序学校以教之。如此则国运时新。"

滕文公神色庄重："谨受教。前行即是他国国境，寡人不便远送，请夫子缓行。"

走了好大一会儿路，孟子一回头，还看见原野尽头，滕文公等在风中默立。

孟子的眼眶湿润起来。

何必言利

孟子此行的目的地便是大梁。当年如果不是宋牼相劝，他已经在大梁待了多年了。虽然他觉得宋牼的话有一定道理，但他确实不想放弃劝说魏这一大国实施仁政的机会。一种莫名其妙的自信占据了他的心灵。

梁惠王在孟子抵达大梁的第二天便约见了孟子。孟子一进宫，惠王便降阶相迎，笑着问：

“孟老先生不远千里来到敝国，想必会给我国带来很大利益吧。”

孟子隐隐有些不快，回答说：“君王何必一开口定要说到利益呢。安邦治国之道，仁义而已。王说：‘何以利吾国？’大夫说，‘何以利吾家？’士庶人说，‘何以利吾身？’这样，上上下下互相追逐私利，国家便会发生危险了。”

“这么严重吗？”梁惠王一副不以为然的表情。

孟子侃侃而谈：“万乘之国，弑其君者，必千乘之家；千乘之国，弑其君者，必百乘之家。万乘之国中，大夫拥有兵车一千辆；千乘之国中，大夫拥有兵车一百辆；这些大夫的产业不能不说是很多的了。但是，如果轻公义，重私利，则大夫不把他的国君的产业夺去，是不会满足的。”

“哎呀。”梁惠王不禁大惊失色，“这如何得了！”

“我只听说，从没有讲‘仁’的人却遗弃他的父母，也没有讲‘义’的人却对他的君主怠慢。王必行仁义，何必多忧！”

梁惠王惊魂甫定，颔首道：“夫子所言极是，仁义而已，何必言利。”

孟子微微一笑：“大丈夫言必行，行必果，口称仁义，还请多行仁政。”

梁惠王仿佛受了委屈，说：“寡人治理国家也可说做到了尽心竭力。河内地方如遭饥荒，我便把一部分人民迁到河东，同时，把河东一部分粮食运到河内；如河东受饥，我也照此办理。其他各国人君没有像我这样替人民打算的。可是，邻国的百姓并不因此减少，我国的百姓也不因此增多，这就是我行仁政的结果。”

孟子说：“君王喜欢战争，我就用战争作比吧。战鼓咚咚，兵刃相接。败兵丢盔弃甲逃跑，或逃五十步而后止，或逃百步而后止。逃五十步的竟耻笑逃百步者贪生怕死，君王以为如何？”

梁惠王说：“断断不可。这又有什么分别呢？”

“君王既明此理，还指望人口比邻国多么？”

“这……”

“不违农时，适度渔猎，以时伐木，则谷物、鱼鳖、材木取之不尽，用之不竭，这样便使百姓对养生葬死无有不满。养生葬死无有不满，就是王道的肇端。此外，还需广设学校，教民孝悌。70 岁以上的老人能够衣帛食肉，百姓不饥不寒，这样还不能使天下归服的，我还没有听说过。

“可是现在的情况却不是这样。路有饿殍却不思开仓赈救。老百姓死了，竟然自我开脱说，‘罪在年成不好，而不在我。’请问，这与持刀杀人者说‘非我之罪，罪在兵刃’这种说法有什么不同呢。君王倘能着手政治上的根本改革，而不归罪于荒年饥岁，则天下之民就影响云集、蜂拥而至了。”

梁惠王跟孟子的关系迅速密切起来，他经常邀孟子到宫中论政。惠王虽然已经年迈，却依然雄心勃勃，想富国强兵，所以对孟子十分尊敬，不时请教。孟子不厌其烦，一一作答。

梁王有一处苑囿，冬暖夏凉，风景宜人。一次，孟子侍游。梁王站在池塘旁边，一面欣赏风景，一面顾盼鸟兽，他问孟子，贤者也有这种快乐吗？孟子指出，苑囿鸟兽之乐，唯贤者才能享受，不贤者则无从享受。文王修建台池，百姓踊跃服役，因为建此台池并非只为文王独乐独享，而是开放于人民，人民也可同乐同享；夏桀纵有台池鸟兽，人民唯愿与其同归于尽，何乐之有，明君应与民同乐，梁王深表赞许。

梁王经常向孟子请教仁政之道，使孟子产生了错觉，以为自己的夙愿就要在梁王身上实现了。可是有一天，梁王问孟子说，魏国东败于齐，南辱于楚，西丧于秦，他深以为耻，想替战死者报仇雪恨，如何做才能达成此项志愿。孟子虽然以“仁者无敌”这样的道理答复了他，但内心却感到了极度的失望，他与梁惠王的基本立场无法协调。

第二年秋天，梁惠王病死，梁襄王即位。孟子又产生了新的希望，可见过襄王之后，他感到万分沮丧。总体印象是，望之不似人君，就而近之，不见其威严。

“吾道孤矣！”

55 岁那年，孟子离魏，二度适齐。威王已死，其子辟疆即位而为齐宣王。此时的孟子，鬓落繁霜，心如止水。

孟子先拜访了老友匡章、淳于髡、蚳蛙等人，又在宣王约请之下，面见宣王。

不出所料，宣王一见孟子，就问起了春秋霸主齐桓公、晋文公的业绩。孟子表示，孔子之徒没有说过，故不得而知，自己只知以德统一天下之道。雄心勃勃的宣王，意在九合诸侯，一匡天下，于是问孟子，人君当有何德方能一匡天下。孟子指出，保民而王；宣王有恻隐之心，即为仁者之心，仁而能王，王者之心在于推恩及人；王与不王，非能与不能，在为与不为。

宾主的初次见面是令人愉快的。几天之后，宣王依威王旧例，拜孟子为客卿。

此后，孟子与齐宣王多次论政，竭力论明自己的仁政主张，如论交接邻国之道，论“贵戚之卿”与“异姓之卿”，论“与民同乐”，论“君臣关系”，论“尚贤”，论是否“毁明堂”等。但宣王对待孟子的态度与其父威王如出一辙，同样是不即不离。在他们看来，孟子的学说太过迂腐，太不切实际。

孟子来齐后的第二年，滕文公逝世，孟子十分伤感，嗟叹不已：“吾道孤矣！”

孟子面见宣王，要求派自己到滕国吊丧。宣王一口应承，并派大夫王驩为副使同行。

王驩是盖邑邑宰，也是宣王的宠臣。一向飞扬跋扈，不可一世。有一次，齐大夫公行子丧子，王驩往吊。他一进门，便有人上前寒暄致意。他坐定了，又有人走近他的座次去说话。只有孟子不理他。他大为不悦，对别人说：“各位大夫都同我说话，只有孟子不同我交谈，这是对我的简慢。”孟子知道后，便说："依礼，在朝廷中，不跨过位次来交谈，也不越过石阶来作揖；我依礼而行，王驩却以为我简慢了他，实乃可怪之至。"

有了这种过节，孟子对他更为轻视。故这次出吊，虽然两人每天相见，一同来回于齐滕两国之间，孟子却从来不曾和他一道认真讨论过公事，往往三言两语，便无话可说。

随行的公孙丑问道："齐卿之位，不算太小，齐滕之路，不算太近，但您往返一趟，却不曾和王驩谈过公事，是什么缘故呢？"孟子答道："他既然一个人独断专行，我还说什么呢？"

客卿是一种专给外国人的职位，平常虽也可以参加朝议，但没有什么实权。孟子落得个清闲，常常与老友匡章、蚳蛙来往，还交了景丑、平陆邑宰孔距心等新友。

齐宣王四年，北方的燕国发生了变乱。国王子哙年事已高，决定把王位让给实力派人物相国子之，并且把俸禄在三百万以上的官吏全部撤换，由子之另行任命。太子平起兵反对，结果被子之镇压下去。燕国政局动荡不安。齐宣王认为有机可乘，决定出兵伐燕。

齐大夫沈同以个人身份问孟子说："燕国可以讨伐吗？"

孟子答道："可以。燕王子哙不能任意把燕国让与别人；相国子之也不能就此从子哙那里接受燕国。譬如有一个人，你很喜欢他，便不向王请示而自作主张把你的俸禄、职位都让给他，而他也无王之任命，便擅自从你那里接受了俸禄与职位，这样可以吗？子哙、子之私相授受的事与这个例子有何分别呢？"

齐宣王六年，齐派将军匡章领兵十万，进军伐燕，大获全胜，子哙、子之均被杀。宣王非常高兴，希望借此吞并燕国，于是向孟子询问此举的可行性。孟子坚决反对，并力劝宣王送还俘虏，归还燕国重器，尽早撤兵。宣王一意孤行，吞并了燕国。结果，燕人群起反抗，并立太子平为君，列国诸侯也合谋救燕。在联军的合力攻击下，齐军大败而还。宣王闻报，仰天长叹；"我没有颜面见孟夫子啊。"

这次事件过去之后，有人认为齐之伐燕是由孟子之劝说。孟子一口否认。他说，燕国的确可伐，但倘沈同当时问谁可伐燕，我必答只有天吏才可伐燕。例如：今有杀人者。如有人问此人是否可杀，则将答说可以；如再问谁可杀他，则将答说典狱官可以杀他。今以齐伐燕，是以暴伐暴，我为什么要劝说伐燕呢?

孟子觉得，自己与宣王之间的距离越来越大，决定弃职离齐归乡。宣王屡次请他入朝，他都称病不见。最后，他向齐王递交了一份辞呈。宣王怀着内疚到孟子家中造访，孟子深为感动，但他心灰意懒，去意已决。

宣王说："昔者愿见夫子而不得，既得夫子而到朝，寡人甚善；不想今日夫子弃寡人而归，有此一别，不知何日得见。"

孟子叹了口气："轲之所愿，正如君王之心，奈何！奈何……"

宣王通过大臣时子转告孟子师徒，如愿居齐，当赐以美宅，食以万钟之粟。孟子拒绝了。

淳于髡知道孟子准备去齐，立即赶来挽留说："重名誉功业者济世救民，轻名誉功业者独善其身。夫子居齐国三卿之一，上辅国君，下济臣民的功业尚未建立，却要离开，仁人君子原来是这样吗？"

孟子说："虞国不用百里奚而亡，秦穆公用之而霸，是为前车之鉴。轲虽不才，齐王如能用之，何止齐国的百姓得到太平，天下的百姓都可得到太平。不能用之，而尸位素餐，非君子之所取。轲之去齐，不得已也。"

马蹄嘚嘚，河水潺潺，孟子师徒悄然离齐，依然是车马数十乘，从者数百人，可是，大家的心情如同这北国灰蒙蒙的天空，抑郁而沉重。

行到临淄西北部的昼邑，天色已晚。孟子吩咐大伙在此寻店过夜。晚饭后，有位想替齐王挽留孟子的人求见。那人恭恭敬敬地坐着同孟子说话，讲了一大堆大道理。孟子听着听着，不胜其烦，再加上心情本来就不甚愉快，又赶了一天路，不知不觉，竟靠在桌子上打起盹来。那人很不高兴地说："为见夫子，在下头天便斋戒沐浴，洁身净心。而今夫子却昏昏欲睡，置之不理，岂不令人寒心，自此不敢再见夫子。"说完，起身便走。孟子叫住他说："先生可知鲁缪公如何对待贤人子思？倘无人在子思身边服侍，便不能使子思安心。今先生既为老朽计，怎么连这点都想不到，不去劝说齐王改变态度，却用空话留我。先生所为，是您与老朽决绝，还是老朽与您决绝呢？"

孟子在昼邑歇了3个晚上才离开，暗中希望齐宣王能派人前来追自己回去。可是，他最后一个幻想也破灭了。

齐鲁大地又一次在晨曦中展现，永远是那样的沉静而肃穆。太阳也照常升起，在车队的前方，青草尽处。孟子想，太阳一定从海洋中升起的吧，那样光洁、明艳。他仿佛看到，众水之上，苍穹之下，一个人，一张慈祥的脸，苍老的声音响起："道不行，乘桴浮于海……"

"知我者，谓我心忧，不知者，谓我何求，悠悠苍天，彼何人哉！"孟子脱口而出。

近旁的充虞问道："夫子似乎有不快乐的样子。但是，从前我听您说：'君子不怨天，不尤人。'"

孟子答道："此一时彼一时，情况不同啦。考察历史而言，五百年必有王者兴，而且还会有命世之才从中出来。从周武王以来到现在，已经七百多年了。论年数，超过了五百年；论时势，现在正该是圣君贤臣出来的时候了。老天不想使天下太平吧！如欲平治天下，当今之世，舍我其谁！我为什么要不高兴呢？我为什么要不高兴呢？"

孟子44岁开始周游列国，历于齐、宋、鲁、滕、魏等国国君，所遇多所不合，62岁时返邹，其晚年生活，据司马迁《史记》载：退而与万章之徒序《诗》《书》，述仲尼之意，作《孟子》7篇。公元前289年，孟子在家乡病逝。多年之后，被封为邹国亚圣公。

（蒋洪生）

主要参考文献

《孟子正义》，（清）焦循，上海书店1980年版。

《孟子集注》,（宋）朱熹，上海古籍出版社 1987 年版。
《史记 · 孟子荀卿列传》，中华书局版。
《阙里志》,（明）陈镐修，山东友谊书社 1989 年版。
《重纂三志》,（清）孟广均，山东友谊书社 1989 年版。
《孟子传》，曲春礼，山东友谊书社 1992 版。
《孟子传》，曹尧德，花山文艺 1992 年版。
《孟子译注》，杨伯峻，中华书局 1962 年版。
《孟子思想评析与探源》，翟廷晋，上海社科 1992 年版。

先秦最后的儒者

——荀子

绕树三匝，
无枝可依。

故乡风云

在荀子的记忆中，似乎压根儿就没有过什么童年。对他而言，童年是风，是月亮的阴影，是檐草上的露珠，晃一晃就飞了，抖一抖就落了。仿佛转眼之间，自己已经长大成人。

荀子已经15岁了。15岁生日的那天，卧病多年的父亲挣扎着从床上坐起，仔仔细细地为儿子束发。他的手微微颤抖，束一会儿，就要休息一会儿。

荀子感觉着父亲手掌的温暖和手掌摩擦头皮沙沙的响声，心里一阵酸楚。

“况儿，况儿……”父亲似乎感觉到了这点。他说话很艰难，说完之后，就是一阵剧烈的咳嗽。

荀子的母亲赶忙轻轻地捶打着丈夫瘦削的肩背，痛心地说：“还是不要起来的好，况儿么，我来为他束发吧。”

父亲略带责备地看了她一眼，她慌忙低下了头。她本来也出身于书香门第，并不是不懂女子不得参与这类仪式的规矩。只因她太心疼夫君了，才说了这违礼的话。

父亲回过头来，缓缓说道：“天、地、人三才，唯人为中。8岁毁齿，始有识知，十有三年，始入小学，见小节，践小义。十五阴阳备，故十五谓之成童，其意坚，其志明。况儿，古制十五应入大学，学经术，只是这年头兵荒马乱，为父无能，这些年可委屈你们母子俩了。”

荀子的母亲张了张嘴，刚想说什么，父亲摇了摇手，她就一声不响了。

父亲本为政府基层书吏，只因身体不好，工作又相当繁重，他应接不暇，致被辞退。被辞退之后，他又气又急，就病卧在床。这样一来，荀子一家更形清贫，生活来源，几乎全靠母亲做工所得，还有母亲娘家的一点救济。荀子在学宫学习之余，也常常帮着母亲干这干那，勉强度日。

荀子望了望父亲，又望了望母亲，泪水不禁夺眶而出。双亲刚过不惑之年，头发已然花白，尤其是父亲，对于父亲的状况，他想都不敢去想。

歇了半晌，父亲的脸上露出了微笑：“况儿，听说你在学宫里成绩不错，我听你母亲说，学宫里的老师很夸奖你呢。”

“是啊，大家都说，况儿六艺俱通，尤精于《诗》《礼》《易》《春秋》呢。”荀子的母亲兴奋地说。

“孩儿怎敢。孩儿以为，唯孔子之学为学问正道，故孩儿不遗余力，虽勉求之，以图追蹑先师，显扬圣学。不过，孔子儒学精深至极，孩儿尚在径庭之外，更遑论登其堂而窥其室了。”

父亲不住颔首：“况儿，我来考考你。《诗经》中讲：‘如切如磋，如琢如磨。’这句诗怎么讲呢？”

荀子朗声背诵起《论语》原文："子贡曰：'贫而无谄，富而无骄，何如？'子曰：'可也。未若贫而乐、富而好礼者也。'子贡曰：'《诗》云：'如切如磋，如琢如磨。'其斯之谓与？'……"

父亲打断了他："且慢，我问的是你的理解，不是子贡的理解。"

荀子红了红脸："父亲教训的是。此节讲的是人当乐道好礼，励志精进，精益求精……"

"唔，不错。人之于文学亦如玉之于琢磨。楚人卞和之璧，原为井旁之石，经卞和之鬼斧神工，遂成天子重宝。孔门高足子贡、子路，原来也都是卑贱之子，被文学，服礼义，而为天下名士。况儿，'瞻彼中林，其叶蓁蓁。'虽师范在前，小子何敢让之。孔子讲'后生可畏'，此之谓也。勉之，勉之。"

荀子点了点头："孩儿谨记。"

柴门"吱呀"一声开了，进来了一位身着紧身窄袖胡服的魁梧汉子，一只手提着一串猪肉，背上还背着一袋什么东西。

"舅舅！"荀子高兴地跑上前去，"舅舅，您也来了！"

那人爽朗地大笑："况儿束发吉日，舅舅怎能不来？这袋粮食，权作吉礼。"

"是子云吧，唉，又让你破费了……"父亲的脸上露出了一丝苦笑。

"贤兄，贤兄——"那个被称为子云的人有些焦灼，声音也提高了许多。

"嗯，况儿，把你舅舅手上的东西接过来，快谢过舅父。"

荀子麻利地收拾停当，深深一鞠："多谢舅父。"

荀子的母亲递过茶水，问道："今天有什么新闻吗？"子云是王宫的侍卫长，消息颇为灵通。

他端过茶水，一饮而尽，咂了咂嘴说："怎么没有，我主已攻破中山国，中山国主亡命齐国，其臣下虽有据守，而国亡无日矣。"

"哦，有这等好事？"

“不错”，子云应道，“中山国君一向恃齐、魏之强援而轻赵，今齐使章子，魏使公孙喜，韩使暴鸢，共攻楚方城，虽取唐昧，而无暇北顾，齐燕之间又有权之战，此乃千载难逢之良机。当取不取，反受其咎。我主此番破灭中山，得除心腹之患，无非天意。”

“可喜可贺，可喜可贺呀，且拿酒来，待我与子云痛饮一回！”

荀子静静地谛听着父亲与舅父的对话。

这次破灭中山国的赵武灵王，是荀子一向心仪的一位英雄。当然，赵武灵王的父亲赵肃侯也是一位英雄，当年苏秦从燕来赵，对肃侯进行联盟合纵的游说时就讲过:“当今之时，华山以东之各国，莫如赵强。赵地方两千里，军队数十万，战车千乘，骑马万匹，粟支十年；西有常山，南有黄河，漳水；东有清河，北有燕国，秦国在天下最畏惧害怕的莫过于赵国。”赵国国势如此之盛，以至当肃侯死时，秦、楚、燕、齐、魏五国各出锐师万人会葬。出殡之日，倾盖如云，哀绖似雪，兵杖樯立，哭声风起。由此可见肃侯威名之重。然而，在荀子看来，赵武灵王的业绩更甚于乃父，因而更当得起“英雄”的称号。

赵武灵王最突出的业绩便是他实行“胡服骑射”的军事改革。

当时中原各国的军服，都是宽袍长袖，骑马拉弦颇为不便，而赵国宿敌林胡、楼烦等民族却身着紧身窄袖的胡服。这种装饰，轻巧简便，往来奔突驰骋，无所挂碍。于是，赵武灵王决意以胡服骑射教习百姓。

此举在朝中激起了激烈的斗争。

大臣肥义、楼缓支持赵武灵王进行改革。针对赵王对“胡服骑射”犹豫不决的顾虑心态，肥义劝他说:“疑事无功，疑行无名。大王既然有超世之想，那就不必顾虑天下的议论。大凡谈论至高德行的人，绝不会和俗论相合；大凡要想建立大功的人，绝不能和众人谋划。古时舜以舞动干戈感化三苗之心，大禹能够赤身进入裸人国，这并不是放纵情欲贪图享乐，而是想利用这办法宣传仁德，建立功业。”

于是赵武灵王除去汉装，束皮带，用带钩，着皮靴，穿上了紧身窄袖的胡服。但他非常清楚，此举必定会遭到保守派的激烈反对。而保守派的领袖，无疑是平日与自己多有闲隙的叔父公子成。

公子成已称病不朝多日了。

赵武灵王亲自到公子成家中去拜会他，耐心地向他解释说："衣服便事而用，礼法便事而行。圣人入国观国，入乡察乡，以便顺应风俗，据事物实情制定礼法，所以福国利民。乡情不同，则风习有异；事情不一，礼法有变。我国东有河、薄、洛之水，与齐、中山共之，而我国无船舶备用。自常山以至代郡、上党之间，东为燕国、东胡之边，西为楼烦、秦、韩之境，而我国无有骑射之备。故寡人聚船舶以备战，求水手以守河、薄水；变服骑射，以使防守与燕、东胡、楼烦、秦、韩接壤之边。以前简主不塞晋阳，直至上党，襄主兼并成狄，占领代郡，以攘诸胡，众所周知。中山为赵之世仇，曾负强齐之援，侵略我土，俘虏我民。并引水围困京师，非社稷之神灵保佑，京师几乎失守。先王愤之，而其仇迄今未报。今如胡服骑射，近可固守上党，远可报中山之仇。而叔父顺从中原世俗，忘国之辱，这断断不是寡人所愿见到的。"

公子成终于换下了汉装。

可是，赵文、赵造等一班贵族守旧人物，仍然极力反对，认为传统服饰为礼制所定，圣人不易民以教，智者不变俗而动。赵武灵王一一加以驳斥，对赵燕等顽固分子，则以刑律惧之。

胡服骑射之后，赵国国力蒸蒸日上。

赵武灵王即位时（公元前 326 年），荀子还没有出生呢，荀子出生的那年（公元前 313 年），已经是赵武灵王十二年了。伴随荀子童年成长的，除了空气中浓重的药味、炉膛里跳动的火苗和贫困之外，就是这位雄才大略的赵武灵王的光辉业绩了。荀子觉得，除了征战骑射之外，这位国王还有许多有意思的思想。舅舅经常眉飞色舞地谈到这位国王，荀子由此了解到。赵武灵王认为：有学问的人，能按照自己的所学来改变言行，通达礼法之变，能随时而化；有主见的人不追随他人，能创新的人不模仿古人；治理百姓不必统一其道，要想使国家富强也不必模仿古人；圣与俗流，贤与变俱。这些思想深深吸引着荀子，他觉得自己与赵武灵王的心灵达成了某种默契，有时他觉得纳闷，赵武灵王怎么与自己说了同样的话。长久以来，他就感到自己的思想触角已牢牢地缠住了赵武灵王的手。这使他欣喜，又让他苦恼。

由此，荀子也认为：“变”为天地之道。天地相配相合，万物就能生存；阴阳之气相互交接，变化就能产生。列星相随旋转，日月交替照耀，四季周而复始，万物各得其和而生，各得其养以成。天地变，人世亦变，故应以今论古；欲观千岁，则数今日。要考察圣王治国原则，就应考察那些明白清楚的东西，这就是后王实行的治国原则；后王为天下之君，舍后王而称颂上古之君，这就如同舍己之君而事人之君。

荀子以为，赵武灵王就是当今之世所应当效法的后王。

可是，对赵武灵王所从事的大小战争，荀子抱着一种矛盾的心理，一方面觉得统一天下禁暴除害不能避免用兵，另一方面又觉得应以仁为本，以礼治国，而兵者凶器，实为仁礼之大害。这个问题和其他问题一起，不时萦绕在荀子的心头，挥之不去。有时荀子大为伤心，自己长时间地冥思苦想，却关河远隔，不得其解。

附近却找不到合适的老师请教。

捷报频传，赵军复攻中山，攘地北至燕、代，西至云中、九原。同时大败林胡、楼烦，使其黯然北迁，赵武灵王威势之炽，如日中天。不久，赵武灵王为了摆脱日理万机的繁扰，以便专事武功，让位给幼子王子何，即赵惠文王，肥义为相，他自称“主父”，即太上王。退位之后。“主父”深入秦地，了解地形，谋划伐秦，秦人大惧。

舅父与父亲相交不薄，又是姻亲，因此，舅父常来看望荀子一家。父亲身体情况好的话，也会叫荀子斟上一小杯酒，但更多的时候，是舅父守着一壶浊酒，自饮自斟。他觉得这样才痛快。三杯下肚，他的话就多起来了。话题嘛，也无非是宫廷、争战、赵武灵王。荀子多次见到舅父一谈到赵武灵王，就滔滔不绝、眉飞色舞的样子。可是这一次，他眉头紧锁，似有忧意。

两个男人低声而急速地交谈着，语音含混而激动。荀子努力捕捉他们的声音，了解到了事情的大意：

“主父”的长子因不得嗣位，心怀不满，正在到处招兵买马，相信不久即生变乱；“主父”的叔父公子成当年虽然接受了胡服骑射，但实际上并不心服，迫于压力而已。并且，他尤其不满赵武灵王对其亲信赵燕等的威逼。近些日子，公子成也有蠢蠢欲动的倾向；更有甚者，说客李兑不知受谁指使，竟跑去劝说肥义交出相位，肥义理所当然地拒绝了，但指不定就会发生什么乱子。

荀子明白了，他所崇敬的赵武灵王，目前处在非常不利的境况之中。他感到愤怒，但这又有什么用呢。他沉入了冥想之中。

“况儿，况儿。”忽然，荀子听到父亲和舅父在呼唤自己。

“父亲。舅父。”荀子移过身子。

“况儿，你现在多大了。”父亲拉住了他的手。

“快十六了。”

“是呀，十六就是成人了。你想过成人之后有什么打算吗？”

“孩儿有志于孔门圣学，欲光大之。”

“如此甚好。只是有一点，赵国虽称中原，亦为文化之乡，礼仪之邦，毕竟偏居一隅，少有良师，孩儿如再贪恋故乡，淹留不去，学问恐怕难有进展。为父及你舅父之计，不如去国，多从良师，多加益友，锲而不舍，必可大成。”

“这……”荀子实在觉得这件事来得太突然了。

“还有一点，”舅父子云开口说道：“想必刚才你也听说一二。依我之见，赵国不日即有变乱，此种环境，实在不利学习。唯去国方为上策，一可全身避祸，二可精进学业，三可砥砺识见。何乐而不为？”

是呀，何乐而不为。可是，荀子想到了贫困中的父母，他的心焰一下子黯淡下去了。他缓缓地摇了摇头。

舅父微微一笑："我们都考虑过了，你父母的生活费用，全包在你舅父身上了。再说，你要在外面混得好，也可接济家里啊。"

荀子泪如泉涌："感谢舅父大恩大德，况儿没齿不忘。"

舅父摇了摇头："真是个傻孩子。"

稷下岁月

荀子游学的目的地，无疑是齐国的稷下学宫。齐湣王继承其先王桓公田午、齐威王、齐宣王的传统，在稷下兴立学宫，以优厚待遇广延天下英才豪俊。经过湣王多年经营，学宫规模大大扩展，稷下学士竟达数万人。淳于髡、慎到、接子、田骈、邹衍、邹奭……一时风流汇聚，精彩纷呈，学术极为繁荣。

即使像荀子这样的一个无名小卒，也受到了稷下学宫们的优厚礼遇。他不仅住进了漂亮的馆舍，甚至还有了一辆马车。进入临淄城后，荀子贪婪地观看齐国国都城郭之美，人物之盛，财物之富。荀子觉得，自己像一个未经世事的乡下孩子，来到繁华的城市，一时间还有些手足无措。

稷下学宫施行的是一种开放的学术政策，因此，各种学派如儒、法、道、名、阴阳等在稷下得以自由而充分的发展。虽然荀子志于儒学，可他却常常被其他各家的学说所深深吸引，认为这些学说也并非完全不可取。并且，荀子以为，要真正捍卫儒家，也必须知己知彼，全面了解各家各派的观点，才能针锋相对，有的放矢，加以辩驳。因此，荀子不计各门各派，多方学习，然后以儒家思想整合之。

来到稷下之后，荀子就紧张地研读稷下各位先生的著作。一来是学习、论辩的需要；二来他想通过阅读，寻找适合自己的老师。荀子有自己严格的择师标准。他认为，除去具有广博的知识之外，做老师的条件尚有 4 个：

尊严而且庄重，可以做老师；年长而且有威信，可以做老师；谈论和解说有条有理且不违反礼义，可以做老师；能理解精微的道理又能清楚地讲述出来，可以做老师。拿这些标准去衡量当时的稷下先生，荀子发现：赵人慎到，齐人田骈、接子，楚人环渊，他们都研究黄帝、老子有关道德方面的学说，他们的思想对自己虽不无裨益，但其基本思想却与自己信奉的儒学思想相抵牾；齐人邹衍所著洋洋十万余言之《终始》《大圣》，荀子也一口气读完，发现邹衍确实深入地观察了天地阴阳的发展变化过程，但记述了各种怪异迂曲的变幻，虽然富于雄辩，毕竟是高谈阔论，不合常理；邹奭是齐国诸邹子之一，较多地吸收了邹衍的学术思想来撰写文章，他的文章写得完善却难于实行。考察的结果，荀子发现，只有淳于髡才是最适合自己的老师。

当时齐人有谚流传说："谈天衍，雕龙奭，炙毂过髡。"意思是说，善于谈天说地的是邹衍，善于修饰文章的是邹奭，能言善辩，智慧无穷的是淳于髡。对淳于髡的为人行事，他的光辉业绩，荀子几乎是耳熟能详了：淳于髡仕齐为齐大夫，滑稽多辩，数使诸侯，未尝屈辱。当年齐威王初即位，沉湎不治，委政卿大夫，左右莫敢谏。髡以大鸟隐喻，威王乃朝县令长，赏一人，烹一人，奋兵而出，威震诸侯。又谏威王罢长夜宴饮。后至梁，惠王连语三日三夜，无倦，欲以卿相位待之，谢辞。此后返回齐都，主持稷下学宫，以至今日。

淳于髡博闻强记，学无所主。他对于国君的讽谏和劝说，都以他素所仰慕的齐相晏婴的方式进行，但更注重于领受意旨和察言观色。他的思想是一种综合性的思想，从不专注于某门某派，而是把诸家学说熔为一炉，以成一家之言。当然，淳于髡也有他的中心思想，这就是"大一统"思想。他在说齐相邹忌时曾经说过："大车不校正，不能担负经常的载重任务；琴瑟不调整，不能形成协调的五音。"淳于髡不信天，不信神，嘲笑迷信者。凡此种种，都是荀子所深深赞许的。

荀子决定登门求见淳于髡。但这位德高望重的长者是否愿意与自己见面，荀子实在把握不准。

递过名刺之后，荀子在廊下静候。不大会儿，有人匆匆出来："有请荀先生。"

荀子如释重负，整整衣冠，提裳而进。

一位满头银发的老人迎上前来，荀子急忙抢上前去，伏地便拜："弟子荀况叩见老师。"

老人呵呵一笑："这么说，先生要做老朽弟子。老朽不才，承先生看重。只是折杀老朽，先生快快请起。请问先生想学些什么？"

荀子直言相告："弟子不敏，先生凡有所教，弟子无敢不学，然弟子欲以儒学为本。"

"原来如此。"淳于髡微微一笑，"老朽早年有个老友孟子，向为鸿儒，数与老朽辩难，老朽甘拜下风，不想孟夫子已故去多年了。不然，老朽当与足下引荐一二。可惜，可惜。"

荀子再拜："孟夫子人品学问，弟子一向膺服。只是……"

淳于髡挥了挥手："但讲无妨。"

"弟子大胆，弟子愚见，孟夫子于国家，于孔门圣学实在建树无多。粗略地效法先王，并不知晓先王的根本纲领，但是却装出很有才能、很有志向、知识广博的样子。社会上那些无知的儒生叽叽喳喳不知子思、孟子之失，广而传之，受而学之。认为是孔子和仲弓的学说而被人们所推崇。此为子思、孟子之过。且孟子倡性善之说，殊为失当，人性本恶……"

淳于髡大怒："大胆狂徒，怎敢肆意污蔑老朽故友。"

荀子大惊失色，急忙伏地跪拜，不敢则一声。半晌，才喃喃地说："弟子知罪。"

没想到淳于髡将他扶起："足下请起。适才足下所言，老朽也实有同感。孟子之学，可称完美，而实际无所用，故孟子居鲁而鲁国削，两次仕齐，而于齐无所贡献。当年孟子去齐，老朽代为挽留，责其以功业未建而去，未为真儒。足下今日之言，更为鞭辟入里。不过，适才足下目无尊长，言辞激烈，无乃太过。念你初生牛犊，在所难免，故而放过。日后还得心存恭敬才是。”

“老师教训，弟子铭刻在心。”荀子深深鞠了一躬，心里却很高兴。

光阴荏苒，转眼数年过去，淳于髡与荀子师生之间的感情日益增进。淳于髡也非常看重这位才思敏捷、志存高远的青年弟子。他们常常评骘诸子得失、各国形势。淳于髡深邃的目光、丰富的经验、睿智的谈吐让荀子倾服。他努力汲取老师的思想，学习老师看问题的方法。荀子总觉老师胸有瀚海，而自己得到的仅仅是瀚海一勺。他希望老师能够长久地留存人间，这样，自己就会从老师那儿学到更多的东西。

只是，淳于髡在无可挽回地走向衰老。白发已开始掉落，虽然头脑依然充满智慧，却不太能够连贯地表达出来了。早年的戏谑、滑稽也已消失，淳于髡变得更加慈祥、和蔼，但时不时也要耍小脾气。他的记忆力也日渐衰退，经常叫不出来访朋友的名字。有时焦急地呼唤荀况，却想不起要对他说些什么。每当这时，荀子就止不住潸然泪下。

这年，有消息传来，赵国公子章发动政变，杀相国肥义，企图夺权。公子成和李兑以平叛为借口，杀公子章，“主父”赵雍被困死沙丘宫中。威名一世的赵武灵王最后竟落个如此下场。

荀子惊呆了。他怎么也不能相信，盖世英雄怎么会死在一批小人手里。他恨不得飞回故国，手刃公子成和李兑以泄愤。

淳于髡听完荀子情绪激愤的一番话后，微微一笑：“事有可为，有不可为，不可强求，英雄气短，黄泉路长……”

次年春天的一个夜晚，淳于髡溘然长逝，其时他的身边，连一个亲人或弟子也没有。

淳于髡一死惊天下，齐湣王待以国丧之礼，亲到稷下淳于髡所居馆舍吊唁，并赐予上等木材，重金聘用能人巧匠制造棺椁，一切丧葬费用，均由国库支付。

荀子虽然资格不及其他弟子老，但因他是淳于髡去世之前所宠爱的弟子，所以也被推为治丧人之一。

荀子什么也不想，他只是觉得，自己的脑袋、心灵像被人掏空似地难受。虽然他早料到有这么一天。实际上，淳于髡活过了多数同代人，孟子、庄周、宋钘、邹忌……但是，荀子仍然觉得，老师死得太早。

出殡那天，临淄城内万人空巷，临淄道路虽称海内第一，却也人满为患。队伍最前，白纸黑字，赫然写着“一代宗师淳于讳髡之灵”几个斗大巨字。空中灵幡飞舞，地上纸钱翻滚，顶马、香亭、功布、祭亭、逍遥车、喜神亭等物事，应有尽有，三千弟子一例披麻戴孝，摔盆柱节，号啕痛哭，一时惊天动地，风云变色。

荀子一滴眼泪也没有掉。

送葬回来，荀子就病倒了，不断地昏迷、发烧、呓语。如此挨了一个月，病体才得康复。

荀子决定为老师守丧3年。这期间，他除了闭门读书之外，很少外出活动。

荀子逐渐形成了自己的思想体系。他认为，要取得政治上的成功，就必须“礼”、“法”兼施，就是说，既“隆礼”，又“重法”。“礼”就是“贵贱有等，长幼有差，贫富轻重各得其所。”他又认为：“人无礼则不生，事无礼则不成，国家无礼则不宁。”至于“法”，包括赏、罚两个方面，即赏善罚恶。礼为纲，法为目。以礼统法，纲举目张；以法辅礼，目显纲尊。

丧服除去之后，荀子加强了与稷下学者们的交往，这时的荀子，早已不是10年前寄居稷下的名不见经传的毛头小伙子了。他的思想更显明净、集中，情绪也更加冷静。因此，在与稷下先生们的定期辩难中，荀子总能胸有成竹，轻松取胜。

除了对思孟学派的所谓“醇儒”进行持续而猛烈的批判之外，荀子对当时的诸子学说进行了系统而尖锐的责难。

荀子认为，乘当今天下大乱之时，粉饰邪说，美化奸言，以扰乱天下的人大有人在。用奸诈卑劣的手段使天下混乱，使人们不知是非所在、治乱之因所在的人大有人在。

放纵性情，喜欢任意妄为，行为如同禽兽，这本不符合礼义，亦不可能达到国家的治理。但是持之有故，言之成理，足以欺惑愚众。楚人它嚣、魏人魏牟就是这样的人。

抑制情欲本性，谈话极其深奥，行动离世独立，一心追求以与人不同为高明，这些都不可能使其与大家打成一片，遵守等级名分。但是持之有故，言之成理，足以欺惑愚众。齐人田仲、卫人史鳝就是这样的人。

不知道统一天下，建立治国准则，崇尚实际功用，重视节约而轻视反对等级差别，以至于不能容忍人与人之间有区别，君臣之间有等差。但是持之有故，言之成理，足以欺惑愚众。宋人墨翟、宋钘就是这样的人。

崇尚法制却没有准则，轻视贤智的人，喜欢另搞一套，对上则听从君主的旨意，对下则随从社会上的习俗。整天谈论法律条文，反复加以考察研究，却恍惚没有落脚点，不能够治理国家、确定名分。但是持之有故，言之成理，足以欺惑愚众。赵人慎到、齐人田骈就是这样的人。

不效法先王，不遵从礼义，喜欢钻研怪论，玩弄奇怪的辞藻，十分精细但不合急需，空谈而无实际效用，事倍而功半，不可能作为治理国家的原则。但是能持之有故，言之成理，足以欺惑愚众。宋人惠施、郑人邓析就是这样的人。

不断有人来找荀子辩难，荀子来者不拒，一一奉陪。他觉得，这种面对面的论争，实在是砥砺自己思维，形成系统思想的极好机会。

不想这年乡人来报，父亲病危。等荀子星夜兼程，赶回赵国，父亲已去世多时了。

这给了荀子一个巨大的打击。自己的事业刚刚开始，来不及对父亲克尽子道，父亲就倏尔远行。自己成长过程中的三位老师：赵武灵王、淳于髡以及父亲，而今都魂魄飞扬，托体山阿。人生大恸，莫过于斯了。

荀子在父亲下葬的高地结庐而居，以守 3 年丁忧之制。

寒风猎猎，吹拂着胡地的风烟号角和故国的明月山川，也吹拂着荀子寂寥而脆弱的心灵。整整3个秋冬，荀子都在高岗上静静谛听灵魂的私语，他觉得，自己的心灵变得刚强而温柔。

荀子又回到了齐都临淄。在他居齐离齐的这些年内，政局发生了很大的变化。当年轰动一时的秦、赵、宋联盟和齐、韩、魏联盟随着赵武灵王的死去和齐孟尝君的免职而告瓦解后，齐湣王亲自执政，用祝弗之计，驱逐亲魏大臣周最，用秦大夫吕礼为相，推行联秦政策，湣王十三年，秦穰侯魏冉出使齐国，约齐分称东、西帝，企图联合齐国等五国进攻、瓜分赵国。苏秦自燕之齐，建议湣王去帝号以得到天下的拥戴，陷秦以不义不利之中，以便伺机伐宋。湣王接受了苏秦的建议，由联秦改为联赵，免去坚持联秦政策的韩珉相国之职，并委托苏秦周游列国，齐、赵、燕、韩、魏五国合纵伐秦的局面形成了。

齐湣王十四年，五国联军发动攻秦。迫于压力，秦昭王废去帝号，割地求和，将侵占的温、轵、高平等地归还给魏国，王公、符逾等地归还给赵国。

湣王一面组织攻秦，一面发动了首次攻宋，燕昭王派将军张庳率二万兵士携粮助齐攻宋，结果迫使宋割淮北地与齐国讲和。

湣王十五年，宋国发生了内乱，曾继任为王的太子失败出走，宋王偃复辟，太子党颇有离心，政局动荡不安。趁此机会，湣王发动了二次攻宋，占领了大批宋国领土。

这时，作为淳于髡门下首席弟子，荀子声誉鹊起。经相国公孙成推荐，荀子被聘为稷下学宫祭酒，位列大夫。这时，荀子正当而立之年。

对齐国君臣以权谋、勇力争胜，好大喜功，不修礼义等，荀子是有自己的看法的。因此，趁着答谢公孙成荐举之恩的机会，荀子侃侃而论：

“拥有制伏别人的权势，推行制服别人的原则，天下之民，无所怨恨，商汤与周武王就是这样的人；拥有制伏别人的权势，不采用制服别人的原则，虽有天下，而不得匹夫之乐，夏桀和商纣就是这样的人。如此看来，得制人之权势，不如采用服人之原则。”

相国急忙俯身相就："取问何为服人之原则？"

荀子严肃地说道："君、臣以权势利人，是非分明，贤愚昭著，摒弃私欲，礼义修列，坚决按照公义办事，这就是服人之原则。"

相国嗫嚅着，内心忧虑重重。

"相国还有什么顾虑呢。现在您上得君主之信，下得持国之位，可谓得制人之权。既如此，您为什么不利用这制人之权，行服人之道，举贤荐能，以正朝纲呢？您如果能做到这点，那么通国上下谁还敢为不义之举呢？贤能之士莫不愿意在相国手下做官，好利之民莫不愿意归顺齐国。这样就可以一统天下了。如果相国抛弃了这种种原则，蔽于世俗之见，随波逐流，那么君主的后妃就会作乱于宫廷，奸诈的臣子就作乱于朝廷，贪官污吏就利用职权胡作非为，民众百姓都以贪图私利、互相争夺为能事……"

"有这么严重吗？"相国忍不住插嘴。

"刚才仅讲到内忧，齐国更有严重的外患呢。现在巨楚在前面威胁我们，强燕在后面逼迫我们，劲敌魏国从右边进犯我们，致使西方和魏国接壤的边境如同还没有完全断绝的绳子一样岌岌可危。楚人还拥有襄贲、开阳两地和我们左边边境相临。这样如有一国图谋进攻我们，那么其余三国必定兴兵侵犯。如果这样，那么齐国就必然四分五裂，国家就像借别国的城池一样，定然贻笑于天下。怎么办呢？实行制伏别人的原则和不实行制伏别人的原则，哪一种更可行呢？"

"怎样才是实行制伏别人的原则呢？"相国问道。

"做人民喜欢做的事，避免去做人民所憎恨的事。互相欺诈、争夺、贪图私利，这是人民憎恨的事情，桀、纣喜欢去做，以至国覆身亡；崇尚礼义，讲求谦让、忠诚、守信，这是人民喜欢的事情，汤、武喜欢去做，以至功业万古。凡是取得胜利的人，必然是得到人民拥护的人；凡是得到人民拥护的人，必为得道之人。道就是礼义、辞让、忠信，现在的君主，欲成汤、武之业，却行桀、纣之道；已经拥有数万民众，还要用谎言、欺诈、结党营私去拉拢盟国；已经拥有方圆数百里地的国家，还要用欺诈、侵犯去争夺土地。这样就是抛弃让自己安定强大，争取使自己危险衰弱；损害自己的信用和政事等不足的方面，增多自己的人和地等有余的方面。如此荒谬悖理，还想成汤、武之业，这就如同伏地舔天，抢救上吊的人却拉他的脚一样，这可能吗？君主爱护人民，国家就能安定；喜爱士人，国家就能获得荣耀。这两者都不具备，就会亡国。”

相国耸然动容，对荀子深深一揖：“先生的意思，不才定当转达大王。大王如能改弦易辙，迷途知返，则齐国有幸。如不得意，还望先生海涵。”

湣王非但没有接受相国劝谏，反在赵国支持下，三伐宋国，杀宋王偃，灭了宋国。

灭宋之后，齐廷连日大摆筵席祝捷，邹、鲁之君，泗上诸侯都俯首称臣，盛服列于齐廷。湣王扬扬得意，自以名齐简、襄，功盖威、宣。仿佛自己已成为一统天下、睥睨宇内的万乘之主。

大臣狐援劝说湣王说：“殷商的九鼎被摆在周的朝廷上，它的神社被罩上周的庐棚，它的舞乐被用在人们的游乐中。亡国的音乐不准进入宗庙，灭亡了的国家的神社，不能够见到天日；灭亡了的国家，它的重器被摆放在朝廷上，是要用它们警戒后人。君主当好自为之！可不要让齐国的大吕摆在别国的朝廷，不要让太公盖起的神社被人盖上庐棚，不要让齐国音乐充斥在别人的游乐之中。”

湣王不接受他的劝告，狐援就离开朝廷，在临淄街头游走三日三夜，边走边哭唱：“先离开的，尚可穿布衣；后离开的，遭难满监狱。我马上就要看到百姓仓皇东逃，不知该在哪里立足。”

湣王闻报，勃然大怒，他对狱官说：“国家太平却为它哭丧的，按法令应怎么办？”狱官说：“当斩。”湣王沉着脸：“依法行事。”狱官把刑具摆在国都的东门，不想杀狐援，只想把他吓跑。狐援却跌跌撞撞地去见狱官。狱官大惊失色，对狐援说：“先生您是老糊涂了呢，还是头脑发昏了呢？”狐援说：“足下此言差矣。昔殷有比干，吴有伍员，今齐有狐援。得与此二子同列，狐援之福也！”

狐援终于被斫杀于檀衢。

齐宗室陈举直言相谏，被湣王斫杀于东门。

司马穰苴时为理政大臣，一言不合，也遭刀斧之祸。

稷下学士也纷纷婉言进谏，怎奈湣王自以德配尧舜，功过汤武，根本就听不进逆耳忠言。

稷下学士们的境况也甚为窘困。一来湣王连年征战，民生困顿，国库空虚，无力也不愿支付稷下学宫的庞大开支；二来学宫编制甚巨，人口众多，学宫机制运转不灵；三来湣王刚愎自用、任贤纳谏之风日衰。学士们纷纷去齐。

以“天口骈”名重一时的田骈此时被齐大夫唐子谗毁，湣王不分青红皂白，下令即时诛杀田骈。田骈与其徒属仓皇奔薛。薛之邑主、故齐相孟尝君田文闻说，派人迎于中道。到达之后，每天用膏粱美酒、五味佳肴来侍奉田骈。冬天穿的是轻暖的毛衣与皮裘，夏天穿的是凉爽的絺纻，出门乘坚车，驾良马。孟尝君问他：“田先生生于齐，长于齐，对齐国一定很思念吧。”田骈答道：“我思念唐子。”孟尝君说：“唐子不是说你坏话的那个人吗？先生为什么思念他呢？”田骈说：“我在稷下的时候，吃的是粗米饭，喝的是野菜汤，冬无御寒衣，夏则中暑伤。自从唐子诽谤我之后，我逃离故土，投靠君门，吃的是米饭肉食，穿的是轻暖衣裘，乘的是坚车良马，我因此思念他。”

号称“谈天衍”的邹衍去齐适燕。

慎到、接子相继亡去。

在这种情形下，荀子觉得，再在齐国待下去已毫无意义，说不定还会遭受刀兵之祸。听说楚国设兰台学宫，延揽人才，荀子打定主意，去齐适楚。

绕树三匝

到达郢都兰台学宫之后，楚廷给了他一个不大不小的职务。荀子落得清闲，每天以读书写作为务。

不到一两年，有消息传来。燕、秦、赵、魏、韩五国联合伐齐。齐军与五国联军遇于济西。齐将向子斗志不坚，一触即溃。虽有达子率残兵力战，怎奈给养不继，又无赏金，达子所部蜂拥败退。达子战死。济西之战后，秦、韩回军，魏军趁机攻略宋地，赵军收复河间。唯乐毅统率燕军，大举伐齐。燕军势如破竹，一举攻破临淄，湣王仓皇出奔。乐毅尽收齐室之珠玉财宝、车甲珍器入燕。齐之重器设于燕之宁台，齐钟大吕陈列于燕之元英殿。狐援所言，尽成现实。

齐宣王当年乘燕国内乱出兵燕国，毁其宗庙，迁其重器，并长期占领燕国。对此破国大仇，燕昭王一直耿耿于怀，每饭不忘。此次伐齐，燕军志在必得。

湣王出奔临淄，首至卫国，卫君辟宫舍居之，以臣礼恭奉湣王。但湣王亡国之余，仍不忘自己为大国之主，傲慢无礼，卫君臣甚为反感。湣王被迫奔邹、鲁，邹、鲁不纳。最后湣王逃到莒地。

楚使淖齿救齐，湣王以之为相。淖齿则另有所图，为了能瓜分齐国及其占领国宋国的土地，他在鼓里杀死了湣王。

乐毅率领燕国大军长驱直入，所到之处，望风披靡。连破齐国七十余城，只有莒地、即墨两地没被攻下。齐国田单坚守即墨。

此时燕昭王死，燕惠王即位。田单巧施反间之计，使燕惠王改以骑劫为将。乐毅惧祸，出奔赵国。田单以火牛阵一举击败燕军，并乘胜鼓进，收复齐国七十余城，在废墟上重建齐国都城。

湣王被淖齿杀死以后，其子法章隐名埋姓，在莒地太史敫的家里做佣人。太史敫的女儿，对他的言谈举止感到很奇怪，认为他不是个普通人，很怜爱他，并且经常私下里拿衣服给他穿，拿食物给他吃，并向法章表达情意。后来，法章的身份得以证实。莒地民众和齐国逃之大臣共立法章为齐襄王。襄王即位，把太史敫的女儿立为王后。后来生了太子建。

田单复齐成功之后，襄王返回临淄，又恢复了稷下学宫。虽说“百足之虫，死而不僵”，稷下学宫仍维持旧制，但遭此变乱，馆舍圮坏，众人星散，贤士凋零，学宫元气大伤，境况今非昔比了。

但也有些学者回到了稷下，如田骈、邹衍、鲁仲连等。当年邹衍去齐适燕，颇得燕昭王赏识。燕惠王即位之后，左右进谗，诋毁邹衍。邹衍由此陷身囹圄。盛夏五月，邹衍仰天痛哭，天为之下霜。出狱之后，邹衍便回到稷下。

荀子自然也被召回，仍然做他的祭酒，主持稷下学术活动。可是，要想重现旧日美好时光，荀子感到回天乏术，力不从心。

襄王即位之后，齐国山河破碎，百废待兴。再也无力与秦、赵、魏等国逐鹿中原。可以说，乐毅伐齐是齐国由盛至衰的一个重大转折。而且，襄王也不具有其先王威王、宣王、滑王等的雄心壮志。他如临深渊，如履薄冰，希望能守住先王所留传下来的这份基业，可是，在这个弱肉强食、攻伐为贤的时代里，他的计划无异于痴人说梦。

襄王四年，秦大举伐楚。秦楚两军在鄢地展开决战，白起决西山长谷之水以灌鄢城，楚军主力丧失殆尽。次年，白起攻破郢都，楚顷襄王仓皇出逃，徙都于陈。此役楚国失去了包括郢都在内及云梦以西的全部领土，有生军事力量尽被击溃。楚国自此一蹶不振。

秦楚战后，秦军挥师东进，数围魏都大梁，胁魏安釐王订立城下之盟，魏献南阳之地予秦，秦军方得罢兵。

魏、齐、楚相继衰落之后，赵国势力得以膨胀，目标直指衰齐。襄王四年，赵惠文王遣赵奢攻齐，取麦丘；襄王十年，遣燕周攻齐，取昌城、高唐。

秦国也不甘人后，襄王十四年，秦相穰侯魏冉为扩大其封地陶邑，派兵攻齐，取刚、寿。齐国社稷，岌岌可危。

此时魏人范雎得国人郑安平与秦使者王稽之助，由魏入秦，见秦昭王，极言伐齐之弊。范雎认为：穰侯越韩、魏而伐齐，少出师则不足以伤齐，多出师则有害于秦；齐损而韩、魏坐强，不如远交近攻，联齐以攻韩、魏。秦昭王接受了范雎的意见，拜其为客卿，参谋军机。秦兵遂罢。

一段时间以来，荀子感到自己的心中有一种无名的焦虑。这种焦虑，深沉而空虚，说不清，道不明，似显实隐，欲理还乱。每当这种感受袭来，他就会下意识去抓取些什么，通常是酒壶、酒杯、尊爵，胡乱喝上两口，就一把撂下，怅惘之后，是深深的悲凉。荀子向来自许涵养极深，宠辱不惊，这时却感到莫名的慌乱。

是对襄王不满吗？也许是吧。荀子想，自己数次进言，襄王都和颜悦色，侧耳倾听，也对荀子的治国方略大加赞许。可是襄王却从来没有认真实施过。襄王也许算得上一个好人，但却不是一个好的国王。他犹疑、怯懦，缺乏雄心，在他的身上看不到半点其父其祖的影子，要在他的治下实现自己的理想，用孟老夫子的话来讲，无异于“缘木求鱼”。每每想到这点，荀子总觉心中如堵。他想，遇人不淑、独守空房的青春女子，就是这种心情吧。

再过一年，自己就要迈入知天命之年了。揽镜自照，鬓已星星。

许多人死去或正在死去。这个时代，死去的人太多。冰冷的钢刀切入肌肤，切开头颅，渴饮鲜血。这样的时代我已受够了，荀子想，我要拒绝这个时代的冷酷，创造新的国度。

多日以来，荀子都闭门谢客。这几十年来，他觉得自己的思想野草般疯长。还从来没有得到过很好的梳理。这次，他要回溯、反省，居一统万，去粗存精。

老友邹衍来访，荀子破例接待了他。邹衍学究天人，利口如簧，力倡“五德终始说”，一方面用“五德相生”说明自然时序，一方面用“五德相胜”说明政治兴废。以前荀子也与他激烈辩论过，总认为他的学说闳大不经，华而不实。现在平气想来，邹衍的学说多有合理之处。看来，邹衍遍历诸国，各国君主执帚郊迎，不是毫无理由的。

这次，邹衍又谈到了他的“大九州”构想，荀子更是兴趣盎然。

邹衍谈到，儒者所说的中国，在全天下只是八十一分之一罢了。中国名为赤县神州，内有九州，就是大禹所分的九州，但这种州不能算作州。中国以外像赤县神州的州有 9 个，才是所谓的 9 州。在此有小海环绕着它，人民、禽兽均不能相通，像处在一个特定的区域里面，这就算做一州。像这样的州一共有 9 个，再有大海环绕在它的外面，那才是天地的边际。

送走邹衍之后，荀子觉得，自己的思想日趋明朗。自己多年以来孜孜以求的目标，就是辅佐明君，一匡天下，通于四海。

荀子考察了近世历史后看到，原有众多的诸侯国，现以七国为强。即使是当代，荀子就亲见赵灭中山，齐灭宋，齐、魏灭薛等事实。古语讲，不齐而齐，不直而直，不一而一。统一为大势所趋。

而且，贵为天子，富有天下，名为圣王，统制别人，人莫能制之，这是人情所共有的欲望，不管是赵武灵王、齐滑王，还是秦昭王，无不希望臣使诸侯，鞭笞天下。至于成抑不成，时势使然，非关人力。

只有一统天下，笞捶暴国，才能结束当代这种伏尸千里、流血漂橹、父母妻子离散的悲惨局面。

统一天下，管理万物，养育人民，使整个天下都能得到好处，舟车所达，人迹所至，无不宾服。诸子百家之邪说就会立刻销声匿迹，思想、政治上才会得以统一。

他认为，要兼并诸侯，统一中国，最根本的是争取人心的归顺，即应“以德兼人”，而非“以力兼人”或“以财兼人”。但是，他也不单纯地反对战争，但用兵当以仁义为本。

弟子陈嚣问他说：“先生谈论用兵，常以仁义为本。仁即爱人，义即循理，既然如此，为什么还要用兵呢？凡以用兵为事者，不都是为了争夺吗？”

荀子说：“这就不是你所知道的了。仁即爱人，爱人则厌憎害人者；义为循理，循理则厌憎悖理者。用兵是为了禁暴除害，不是为了争夺。故仁人的军队所驻守的地方就能达到大治，所经过的地方人民就能受到教化，就像及时雨降临，没有人不喜欢的。所以，尧讨伐獾兜，舜讨伐有苗，禹讨伐共工，汤讨伐夏桀，文王讨伐崇国，武王讨伐纣王，此四帝二王皆以仁义之兵通行天下，兵不血刃而远来近服，德泽所流，被于四方。所以《诗》中说：‘淑人君子，其仪不忒，其仪不忒，正是四国。’说的就是这个意思。”

荀子一一考察了七国政治、经济、军事、人口等各方面的情况。齐襄王、楚顷襄王、燕武成王、韩桓惠王、赵孝成王、魏安釐王、秦昭王……这七位君主，究竟谁可纵横天下，操中原之牛耳？齐襄王固然不行；楚顷襄王、魏安釐王屡遭败绩，师丧地削，恐难再有作为；燕王、韩王已即位多年，却少有动作，无有可称之处，大概“非不为也，是不能也”；赵孝成王新立，其志如何，还很难说。

荀子觉得，唯有秦国才有统一中国的实力与魄力。秦国历代君主，无不汲汲于开疆拓土，逐鹿中原。秦昭王自即位以来，内肃朝政，外扬虎威，先后战胜三晋、齐、楚等国，取魏之河东与南阳，楚之黔中与楚都郢。近年虽于阏与、几地败于赵将赵奢、廉颇，而秦虎视六国之锐势，未略减退。相反，秦廷君臣正厉兵秣马，伺机与赵决一雌雄。

荀子决定打破儒者不入秦的不成文惯例，西谒秦主。

主意既定，荀子便面见襄王，托词回乡，襄王也并不坚留。

同行的只有几个学生。

西游强秦

西入秦关，沿途所见的无非是荒芜的田园，破败的屋舍，饥饿的流民，以及触目可见的黄土新坟。荀子痛心疾首。

有时还会碰到倒毙在路旁荒草里的尸体，这时，荀子就会吩咐停车，掩埋好尸体之后，方才上路。

一路上，荀子寡言少语，神色苍茫。

这天，陈嚣摇醒了沉睡的荀子："夫子，夫子，秦国地界到了。"

荀子霍然而起。午后的阳光照耀着一座高大、宏伟的雄关，城垛以下，关门之上，赫然写着"函谷关"3个大字。

关头一人大喝："来者何人？"

荀子朗朗应道："在下赵人荀况，乃一介老儒，烦请放行。"

少时，关门大开，一书吏模样的官员迎上前来："原来是荀老夫子，有失远迎，恕罪，恕罪，夫子莫非要面见我王及相国大人吗？"

"正是。"

"敬请夫子舍传暂歇，待下官换上快马，夫子不日之内，可至京师。"

快马如风，奔驰在秦国的土地上。荀子凭轼而望，田野青秀，屋舍俨然。一路上人来人往，衣冠整齐，揖让有礼。风光顿改，恍如梦中，荀子感慨万千。

抵达咸阳之后，随行官员与城中接待人员略加交涉，荀子一行便住进了一处高大的馆舍。

头几天内，荀子只是随便走了走，了解秦国的民风、政治、经济、教育等情况。几天之后，他才登门谒见应侯范雎，范雎很爽快地接见了他。

宾主见面，少不得寒暄一番。寒暄之后，范雎问荀子："夫子不远千里，自齐入秦，所见必有异于彼者。夫子入秦所见，能略述一二吗？"

荀子说："所见确有异于东方六国。秦国城堡关塞险要，地理形势有利，山林河谷美丽，自然资源丰富，这是客观条件的优势。入秦之后，观其风俗，百姓朴实，音乐不俗，服饰不艳，敬畏官吏，人心驯服，一如古代的人民；到了城镇官府，百吏肃然，无不恭俭诚实，谨慎守信，一如古代的官吏；进入国都，观其士大夫，走出家门就进入公门，走出公门就回到家门，没有做私事的，他们不互相勾结，不搞宗派集团，没有人不晓通达而公正无私，一如古代的士大夫；观其朝廷，退朝前，所有事情都必须处理完毕，安闲得好像无事办理一样，一如古代的朝廷。所以秦国四代强盛，并不是侥幸得到的，而是必然的结果。这就是我看到的。所以说：安闲而又治理得很好，简易而又周全，不烦劳而又有成效，这是国家治理得最好的情况，秦国就类似这样。”

范雎哈哈大笑：“荀夫子所言不虚，所言不虚啊，我王威德，被于天下，可谓功追汤武，名耀日月……”

荀子接过话头：“不错。秦国威震海内，势吞六国，而其忧患数不胜数，常常提心吊胆，害怕东方六国合纵来伐。秦国国政确实治理得不错，但是用王者的功名来衡量，就差得很远了。”

范雎焦急地问：“这是什么原因呢？”

荀子说：“大概是因为没有大儒吧。所以说，完全按照儒者的治国原则去治理国家就可以称王天下，对各种治国原则兼收并蓄就可称霸天下，什么也没有的就会亡国。这也是秦国的弱点。秦国之有儒者，请从况始。”

范雎脸上堆满了不自然的笑容：“先生的意思我已明白了……”

荀子仍在侃侃而谈：“月累不如日积。爱惜每天时间的君主就能称王天下，爱惜每季时间的君主就能称霸天下，平时不努力，等出了漏洞才去补救就很危险，事事荒废就会亡国。财物货宝以大为贵重，政事教化功名则与之相反，能够积累微小的事情的人会很成功。”

范雎说：“先生之言，在下受益匪浅，今日先生且回馆舍歇息，改日当引荐先生，面见我王。”

荀子愕然，随即省悟过来，长袖一挥：“承相国美意，告辞！”

当晚，荀子饭也没吃，早早就躺下了。更声阵阵，长夜漫漫，荀子披衣徘徊，不觉露沾裙衣，东方欲曙。

两天之后，昭王派人宣召荀子入宫。

荀子尚未进入正殿，早见昭王及应侯范雎等降阶相迎。荀子心头一热，连忙抢上前去，行过君臣之礼。

“自齐而秦，山重水恶，其程不以道里相计，先生不辞辛劳，辱至敝邦，寡人之荣，敝邦之幸。先生请。”

“大王请。”

没等荀子坐定，早有侍从奉上美酒佳馔。昭王亲自为荀子满斟一杯：“此为上等清酒，周礼所载。先生请满饮此杯。”

酒过三巡，昭王移身相询：“寡人有一事相问，还望先生不吝赐教。”

“大王明讲。”

“寡人碌碌，无所作为，昧于为君之分。敢问先生，何为君人者之大本？”

荀子朗朗应道：“凡奸邪之人所以兴起，皆因君主不重视、尊崇‘义’的缘故。所谓‘义’，就是用来限制、禁止人们做坏事的。如果君主不重视、遵从‘义’，那么民众就会弃‘义’趋奸。况且，君主为万民之师表，下之和上，如响之应声，影之像形，所以作为君主，不能不谨慎。所谓‘义’，对内可以适宜于人而对外可以适宜于万物，对上可以使君主安定而对下可以使人民协调一致。对内对外、对上对下都适宜恰当，这是‘义’的实际内容。这样，治理天下的关键，‘义’为根本，守信为其次。禹、汤以‘义’为根本而讲求信用使天下安定，桀、纣抛弃‘义’而背离信用使天下大乱。所以作为君主，必须谨慎地实行礼义，讲求忠信，然后才可能使天下安定。这就是君人者之大本。”

“先生金言，寡人已铭记于心。那么，具体而言，君主治理国家的方法是什么呢？”

荀子说：“君主治国，当务大体。君主治理近处不治理远处，治理显明的事不治理昏暗的事，治理主要的事不治理琐碎的事。君主能把近处治理好，远处自然也就得到了治理；君主能把显明的事治理好，昏暗的事自然就会发生变化；君主能治理好主要的事，所有的事也就有了正确的原则。全面过问天下的政事，每天都有空闲，好像可供治理的事不多，像这样，是治理天下的最高水平。君主的职责是：选择一个宰相，公布一个统一的法规，明确一个主要原则，用它们来统率一切，照耀一切，然后坐收其功。”

昭王点了点头：“先生所言，甚得寡人之心。来人，赐荀先生黄金百镒。车驾侍候，送先生下处安歇。”

“且慢！”荀子叫道，“君子无功不受禄，这百镒黄金，在下断断不受。”

“先生过谦。先生怎言无功。先生以善言相进，其功不小。这百镒黄金，请先生万勿推辞！”昭王斩钉截铁，竟是不容分说的架势。

荀子无可奈何地摇了摇头。

北燕南飞，秋风渐起。荀子居秦，不觉已近一年，昭王虽然也多次宣他进宫，议论天下分合大事，可是，一点儿也没有重用他的意思。

荀子逐渐明白，一定是应侯范雎作梗。他发现，范雎虽有治国平乱之才，却容不下才智之士，心胸比较狭窄。有范雎在，自己无论如何也得不到昭王的信任和重用。

荀子渐萌去意。

这年年底，秦国兴兵伐赵。荀子由此踏上了归乡之旅。

同样的黯淡山峦，同样的黄土新坟，饥饿的流民追着马车行乞。荀子把所有能给人的东西几乎都给了人，似乎只有这样，才能减轻心头的沉重。

黍离之悲

荀子又一次回到阔别多年的家乡。舅父子云已去世多年，母亲也已经80多岁了，头发已全然花白，眼睛也看不大清了。听说儿子回来，欢喜得老泪纵横。一个劲儿拉着儿子的手，问这问那。结婚多年的发妻却躲在里屋哭泣。荀子心里隐隐作痛，这么多年，老的老，小的小，全靠发妻一个人勉力撑持。荀子想，这次回乡，就不走了吧。以后就太太平平地过日子，自己欠亲人的也太多了。

可是，天不成人之愿，没过几年，母亲觉得活够了年头，安然去世。荀子悲痛不已。

战事一天也没有停止。赵孝成王五年，秦攻取韩的野王，把韩国上党郡完全与韩本土隔绝，为阻止秦国进攻，韩桓惠王想献出上党郡向秦求和，韩上党郡守靳黈、冯亭不肯降秦，就请赵国发兵取韩的上党郡十七县。赵派了廉颇带领大军驻守长平，秦也派白起、王龁向长平进攻。赵军坚壁清野，秦军久攻不下。

赵孝成王听说荀子回到了赵国，就派人请他进宫议兵。

同时受邀的还有原楚将临武君。当年六国合纵，临武君为联军之大将，派驻赵国。临武君为秦白起手下败军之将，故当年赵使者魏加曾讽刺他为"惊弓之鸟"。

赵王的意思，是让两人当场论兵，自己择优从之。赵王说："请问什么是用兵的要领？"

临武君抢着回答说："上得天时，下得地利，观敌之动而后发。敌人尚未到达，先据有利地势。这就是用兵的要领。"

荀子说："恐非如此。臣闻古之用兵之道，用兵攻战之本，在一民心。士兵和人民不亲近归服，就是汤、武也没有必胜的把握。善于归服民心的人，就是善于用兵的人。所以用兵之要在善于附民。"

临武君说："先生之言差矣。兵家所贵，唯有利之形势；兵家所行者诡诈。善于用兵的人，变化迅速，神秘莫测，敌人不知所出。著名军事家孙武、吴起使用这种方法而无敌于天下。难道用兵必须依靠服民吗？"

荀子说："不是这样。我所讲的是仁人之兵，王者之志。您所重视的是权术计谋和有利形势；您所实行的是攻击夺取、变化欺诈，这些都是诸侯国使用的方法。仁人的军队是不可能被欺诈的，那些可被欺诈的军队，都是些防备松懈，疲弱不堪，君臣上下离心离德的军队。仁人的军队，上下一心，全军同力。臣之于君，下之于上，如同儿子侍奉父亲、弟弟侍奉哥哥；就像用臂保护头、眼睛、胸腹。对这样的军队用欺诈的手段突袭，与先惊动然后再进攻结果都一样。所以说，仁人之兵无敌于天下；至于残暴的君主，谁会帮他去打仗呢？”

孝成王和临武君说：“好！请问称王天下的王者的军队，用的是什么方法？怎样实行才对？”

荀子说：“崇尚礼义，论功行赏，是上策；注重禄位，重视气节，是中策；只看重战功，轻视气节，是下策。这是国家强弱的要略。喜爱武士，爱护人民，政令守信，人民齐心，赏重罚严，器具兵甲坚固适用，用兵谨慎、权力集中，这样的国家就会强盛。相反，国家就衰弱。军队高度团结就能制伏天下，比高度团结次一等的能够打败临近的敌国，至于用雇佣的形式招募兵员、崇尚权势欺诈、崇尚功利的军队，能否打胜仗可就没有定准，时强时弱，时存时亡，互有胜负罢了。这就叫作强盗军队。君子不用这样的军队。”

临武君说：“先生所言甚好。请问王者军队的法令制度是什么样的？”

荀子说：“将帅发出进攻的号令便宁死不退，驾驭战车的人宁死不能丢下马缰，各级官吏宁死不能离开职守，军士宁死不能离开队伍。击鼓则进，鸣金则退。服从命令是第一，建立战功是其次。命令不进攻却进攻，如同不后退却后退一样，罪过相同。不杀年老病弱，不准践踏庄稼，对不战而退的敌人不追拿，对抵抗者决不放过，对投诚的敌人不当俘虏看待。凡诛杀，不是诛杀敌国的百姓，而是诛杀敌国扰乱百姓的人，百姓中有保护乱贼的，视之为乱贼。王者的军队只有讨伐不义而没有攻打，敌军坚守城池不去攻打，敌军负隅顽抗不出击，敌军上下团结一致，就对他们表示庆贺。不毁坏敌人的城池，不屠杀他们的人民，不偷袭，不把军队久留在外，用兵不超过预定时间，所以那些混乱国家的人向往王者的政治措施，不安于本国君主的统治，盼望王者的军队来到他们的国家。”

赵孝成王与临武君完全心悦诚服。

看看又是一年，荀子报效祖国、展露身手的希望又一次成为泡影。荀子明白，赵孝成王仅仅把他看作一位博学硕儒，一个可供随时咨询的政治顾问而已。

荀子再次来到齐国稷下，心中好不凄惶。

齐王建仍循旧例，拜荀子为稷下祭酒，主持学宫工作。

稷下学宫更形凋零，继慎到、接子之后，田骈也已故去。稷下学宫，当年盛况，已一去不返。

荀子作为稷下元老，作为老师，深得齐王建及其母执政君王后的信任。

这时，赵王遣使飞驰临淄，请求救援。原来，赵王中了秦的反间计，听信了赵奢之子赵括的夸夸其谈，起用赵括代替廉颇，指挥长平之役。他一到前线，便大举进攻秦军。白起诈败后退，另遣奇兵截断后路。赵军一直攻到秦军壁垒下，陷入了进退维谷的窘境，只好坚守壁垒，以待后援。赵王此次遣使出齐，就是因为赵国军粮短缺，希望齐国能援之以手。

可是，齐国国母君王后和齐王建拒绝了来使的请求。当时齐国的政策是“事秦谨，与诸侯信”，自守其国，不得参与其他国家的战事。拒绝援赵，也是顺理成章。

谋臣周子劝齐王建援赵，说:“赵之于齐、楚，乃唇亡齿寒之邦。今天赵国灭亡，明天就会波及齐、楚。救赵，能表现齐国的高义，击退秦兵，能显扬齐国的威名。大王如果吝惜粮食而拒绝救赵，这就太不应该了。”

齐王建不听。

故国罹难，荀子心里万分焦急。即时命驾进宫，苦劝齐王，以至泣血，齐王很不耐烦地说:“寡人心意已决，先生请回。”

当年九月，断粮40余天的赵军分兵突围，皆遭失败。最后赵括亲自带兵搏战，被秦军射死。赵军群龙无首，40万人投降秦军，全遭活埋。

噩耗传到临淄，荀子拆散头发，撕裂衣服，跣足大哭。整整三日三夜，荀子体不接席，水米不进，深切哀悼长平之役中惨死的40万故国青年子弟。

次年，秦派五大夫王陵率领大军，直扑赵都邯郸，赵人涕泣相哀，戮力同忧，英勇抗击秦军，秦军久攻不下，死伤惨重。这时范雎起用故人郑安平为将，担任进攻邯郸的主帅。名将白起却一再不赞成昭王和范雎进攻邯郸，因而托病不肯出征。

赵孝成王八年，魏楚救赵。魏安釐王派将军晋鄙率军10万救赵，晋鄙畏惧秦兵，裹足不前。魏信陵君无忌窃得虎符，击杀晋鄙，精选八万兵士，以解邯郸之围。同时，赵平原君赵胜也突围到楚国求救，楚考烈王遣春申君黄歇领兵救赵。秦军在赵军和魏、楚军的内外夹击下大败，秦将王龁狼狈逃窜，郑安平所部二万人降赵。

荀子闻说，恨意少解。

不久，有人在齐王建面前谗毁荀子说，荀子自齐而秦，又去秦归齐，荀子之意，不可不察；长平、邯郸之役，荀子数谏援赵，君王不从，荀子颇有恨意，荀子居齐，恐对君王不利。

齐王建于是命令荀子，限期去齐。

荀子心里很平静，也不觉得有多么意外，他感到最近几年来，对目前居留的国家，自己的感情正在迅速衰退。

下一站是楚国。

停泊于楚

荀子对春申君颇有好感，春申君黄歇曾四处游学，见识广博，擅长舌辩，楚顷襄王任之为左徒。曾只身入秦，播摇唇舌，使昭王放弃伐楚计划；又曾设计，使楚质子熊完从秦国安然脱身。熊完即位后，任黄歇为令尹，总揽国事，权倾朝野。春申君尤为好士，门下有食客三千，其中多有奇聪贤能之士。春申君黄歇与赵平原君赵胜，齐孟尝君田文、魏信陵君无忌一起，时称“四大公子”，皆以招贤纳士，纵横捭阖著名。

经过长途跋涉，荀子终于抵达楚都陈郢。这时，荀子已迈入了耳顺之年。

荀子的到来，受到了春申君的隆重欢迎。春申君特意把荀子接到自己的府第下榻，次晚接风洗尘，席间轻歌曼舞，觥筹交错，彻夜长饮，宾主尽欢。

不久，春申君任荀子为兰陵令。兰陵地处东海，本为鲁地。秦、赵长平相拒之际，春申君攻占鲁徐州地，荀子适楚的前一年，春申君兴兵灭鲁。

荀子十分高兴这一任命。鲁国为孔子故国，圣学源流，自己心仪已久，不想此番得以躬被先师圣德余泽。于是克日赴任。

上任伊始，荀子淘汰官吏，精简政务，强本节用，开源节流，又注意安抚鲁地民心。不到一年，兰陵大治。

公务之余，荀子常常驱车直奔曲阜，参观孔里、孔庙、颜子陋巷、少昊陵等遗迹。荀子觉得，在自己的心灵深处，先师孔子已与自己建立了某种神秘的联系，达成了某种默契。荀子既感到自豪，又甚为忧虑。

有人向春申君游说："商汤凭借亳京兴起，周武王凭借镐京兴起，两地方圆不过百里，却拥有了天下。如今，荀子是天下贤士，您竟把方圆百里的兰陵借助给他，臣下私自认为将对您有所不利，您认为怎么样？"

春申君于是派人辞谢荀子，荀子只好离开兰陵，回到赵国。这次，赵孝成王拜他为上卿，当时处士虞卿亦为上卿。赵人誉之为"双卿"。

过不多久，门客汗明游说春申君说："从前伊尹去夏入殷，殷王统一了天下，夏朝却灭亡了。管仲去鲁入齐，鲁国削弱了，齐国却强盛起来。贤人所在的国家，他的国君没有不尊贵的，国家没有不强盛的。如今荀子为天下贤士，您为什么把他辞谢了呢？"

春申君懊恨不已，当即派人到赵国去请荀子。

荀子写了长信并附赋一首，挖苦了春申君一通，说他黑白颠倒，贤愚不分。世上没有公理可言。

春申君倒也是个大度君子，并不计较荀子的冷嘲热讽。反而再度派人，请荀子复为兰陵令。

荀子大为感动，况且，自己已年逾六旬，纵使一生事业付诸东流，能在先师孔子故地颐养天年，倒也不失为一件美事。

荀子返楚，仍旧当他的兰陵令。

春申君相楚二十二年，诸侯患秦攻伐无已。乃合谋攻秦，楚王仍为纵长，春申君主谋此事。于是，韩、赵、魏、楚、燕五国组织联军，攻打函谷关，秦军开关反攻，联军一触即溃，仓皇败退。楚考烈王以此归咎于春申君，并日益疏远春申君。

为避秦锋芒，楚国自陈迁都寿春。春申君由此就封于吴，仍行相事。

考烈王没有儿子，春申君深以为虑，多方寻求育龄妇女献给他，虽然进献了很多妇女，可是始终没有儿子。

赵人李园带来了他的妹妹李环，李环聪明美貌，能琴善舞，还精于《诗经》。李园想把她献给楚王，又听说楚王没有生子之相，担心她得不到楚王的宠爱。他心生一计，首先到春申君门下做舍人，不久请假回家，故意耽误了限期后再去拜见春申君。春申君询问其因。李园说："齐王遣使聘娶我的妹妹，我跟他的使者喝酒，所以误期。"春申君说："送过聘礼了吗？"李园回答说："没有。"春申君说："可以见见她吗？"李园说："可以。"于是李园将李环献给春申君，不久有孕。李园就同她商量好一个计谋。

李环乘间劝春申君说："楚王宠信您，即使亲兄弟也赶不上。如今您做楚相已二十余年，而大王无子，楚王一旦去世，将改立其兄为王，提拔重用他们所亲近的人，您又怎能长期得宠呢？不仅如此，您执政的时间长，多失礼于王兄，一旦王兄为楚王，祸患恐怕将要临到您身上，怎能保住相国的职位和江东的封地呢？如今妾有孕在身，而别人没有谁知道。我得到您的宠爱时间还不长，如果凭借您的高贵地位，把我献给楚王，楚王一定宠爱我。我如托天之福生下男孩，那么，这就是您的儿子做楚王了，整个楚国都唾手可得。这与您面临无法预测的罪过相比怎样呢？"

春申君深以为然，就把她献给楚王。后来果然生了个男孩，立为太子，李环被立为王后。楚王由此重用李园，李园执掌了朝政。但他害怕春申君把此事泄露出去，于是暗中收养敢死之士，伺机杀春申君灭口。

春申君相楚二十五年，考烈王得了重病。过了十七天，楚王驾崩。李园首先进入皇宫，安排敢死之士，埋伏在宫门之内。春申君后入宫，被扣留在宫门里，敢死之士从两边窜出刺杀春申君后，砍下了他的头，扔到宫门外。

春申君一死，众门客作鸟兽散。李园专权，春申君所任用的官吏，一概罢免。荀子也不例外。

荀子此时七十有七了。此次罢官，对他来说，反而是一种解脱。自己已漂泊太久了，总得有个停泊的港湾，总得有个可供耕耘的园田。乡关何处，岁月如烟，荀子似乎看到，故乡的山峦，阳光忧伤地升起，歌声忧伤地升起，有人在原野的尽头哭泣……

据史书记载："春申君死而荀卿废，因家兰陵。李斯尝为弟子，已而相秦。荀卿嫉浊世之政，亡国乱君相属，不遂大道而营于巫祝，信机祥，鄙儒小拘，如庄周等又猾稽乱俗。于是推儒、墨、道德之行事兴坏，序列著数万言而卒。因葬兰陵。"一如孔子、孟子，荀子也在讲学著述中度过他的一生。荀子弟子，著名者计有：

李斯：河南上蔡人。曾为秦相，后为赵高所忌，被杀。桓宽《盐铁论·毁学》载，李斯相秦，"荀卿为之不食"。

韩非：出身韩国贵族，法家代表。入秦，深得秦王政的重视，后为同学李斯所害，著有《韩非子》。

浮丘伯：从荀子受《诗》，传鲁穆生、白生、申公。

张苍：河南阳武人，历算家。秦时为御史，后归刘邦，任赵，代相，封北平侯。曾从荀子受《左氏春秋》。

荀子卒年，各有异说，或以荀子逾百岁而亡。一般认为，荀子卒于公元前217年左右，享年约98岁。葬兰陵。

（蒋洪生）

主要参考文献

《荀子集解》，（清）王先谦撰，中华书局1988年版。

《古史辨（四）》，罗根泽编，朴社 1934 年版。

《战国策》，（西汉）刘向集录，上海古籍 1978 年版。

《史记》，（西汉）司马迁著，中华书局版。

《吕氏春秋校释》，陈奇猷著，学林出版社 1984 年版。

《荀学论稿》，郭志坤，上海三联书店 1991 年版。

汉儒宗师
——董仲舒

正其谊不谋其利，明其道不计其功。

在中国传统文化中，儒家学说是一个最富生命力的思想体系。数千年来，它深刻地影响着中国社会的发展进程，塑造着中国人特有的性格，传达着独具魅力的社会准则和道德规范。在儒学绵亘千年的发展链条上，儒学大师董仲舒是极其关键的一个环节，不管人们对他抱有多少成见，他在儒学发展史上的重要地位都难以动摇。

大器晚成

今天，我们能够见到的有关董仲舒的最早及最为详尽的记述，是汉景帝后元三年，他被拜为《春秋》经博士，也就是他的经学大师身份得到了皇家的认可。这一年，他 58 岁。

58岁，在今天已是卸任离职的年龄，可他才露尖尖角，真可谓“皓首穷经”了。在其成功的路上，肯定会有着不同寻常的艰辛。然而令人感到吃惊的是，史家们对此一无记录，就连他的弟子司马迁也对此漫不加书。唯一能开启我们想象之窗的是被收录在班固《汉书·董仲舒传》尾的赞语中刘歆的几句话。他说，董仲舒眼见汉承秦代灭儒之后六经离析的惨象，发愤学习，潜心于复兴儒学大业。

董仲舒对自己的要求十分严格，严格得近于残酷。据说，从62岁到65岁长达3年的时间里，他一心扑在儒家经典的研究和讲述工作上。在他住所的外面就是一片面积很大的菜园，可他连一眼也没望过。有时他骑马外出，由于专心于经传的苦思冥想，竟然连坐骑是公是母都不知道。

他经常以《诗经》“夙夜匪解（懈）”和《尚书》“茂哉茂哉”的话自勉，认为只有“强勉学问”，才能具有广博的见闻，具有超人的智慧；只有“勉强行道”，才能养成高尚的品德，做出惊人的成绩，才能从只识一经的儒生中脱颖而出，成为博览群书的“鸿儒”。

经过数载如痴如狂的努力，他终于成为“通五经，能持论，善属文”的大学者。由于精研《公羊春秋》，他成为公羊学大师，名闻天下；由于对《诗经》有着深入而独到的见解，他在与《诗》博士韩婴辩论于武帝面前时，才显得那么挥洒自如；由于深通《礼》经，他才能具有“进退容止，非礼不行”的君子风范。他通习《论语》《孝经》、训诂文字之学，又熟谙阴阳、五行、法、道、名、墨及儒家孟、荀等各家各派，真正成为典型的“鸿儒”。

在“精于述古”、“修学著书”的同时，董仲舒更以极大热情投身于对后学的培养。随着他的声望日益隆盛，越来越多的弟子拜伏于他的门下，以至于他亲身传授都成为不可能。只有靠得道的大弟子传递教诲，许多弟子甚至连他这个师傅的面也难得一见。

在这众多的弟子中，后来成为大夫，拜为郎、谒者、掌故者等国家栋梁之材就有近百人。其中，官至梁相的兰陵褚大，位及长史的吕步舒，身为光禄大夫侍中、东郡太守兼都尉的吾丘寿王，著名史学家司马迁等人还曾得到汉武帝的赞扬和好评。

天啊，天！

由于秦朝的迅速覆亡，使商周时代一度兴盛的天命论重又死灰复燃。天在人们的思想中具有相当高的地位。一般百姓信天，皇帝更信天。

刘邦得病时，吕后请医生来看病。医生说："这种病没什么大不了的，很快就可以治好。"出乎医生的意外，刘邦竟然破口大骂："我出身于布衣平民，手提三尺之剑，居然能成为皇帝，这难道不是天命吗？我的命既然是由上天决定的，即使有扁鹊那么高明的医生，又有什么用呢？你给我滚开。"医生悻悻地走了。而一代帝王却死了。

统治者不仅对天笃信不疑，而且常常把天象的变化与政治的得失联系在一起。他们派专人注意观察天象的变化，并根据观察的结果，来讨论政治问题。

公元前181年发生了一次日食。日食在当时被认为是天象的大变化。吕后见此灾异现象，内心十分忧虑，认为这次日食是上天对她篡汉的严厉谴责。

汉文帝二年（公元前178年）日食再次发生。文帝内心感到十分不安，他怀疑自己做错了什么事，立即下诏书表示忏悔："人主不德，布政不均，天用灾异来警示，来告诫治理的不当。"他向上天做了检查，又亲自向臣民征求意见，希望人们指出他的错误。第二年春天，他又亲自耕种籍田，借此鼓励农业生产。

董仲舒看到最高统治者具有至高无上的权利，不怕人只怕天，而"敬天保民"又是儒家的重要传统，于是便决定借用"天"的威严作为自己学说的最高权威。

他巧妙地把自己的政治主张跟"天"相附会，把许多儒家见解说成是

“天意”、“天理”，并在前人学说的基础上，创造出一整套完备的“天人感应、灾异谴告”神学思想体系和“君权神授”理论。

汉高祖刘邦反秦起义，战胜项羽，建立了新的王朝。国土的统一，经济的迅速发展，国力的日益增强，似乎都在向人们宣告西汉政权安如磐石，统治稳如泰山。然而在平静的水面之下，统治集团内部的争斗一直没有间断过。高祖时代没有一年风平浪静，前后共发生了九次大的分裂中央的活动，其中六次几乎要使江山覆没。景帝时代社会更动荡不安，吴楚七国之乱，虽然很快被镇压下去，但是皇帝的权威始终难以确立，诸侯们每每无视先帝，蔑视时君。淮南厉王刘长公开废除先帝法令，违抗天子诏命，居室建筑敢与皇宫争胜，言谈话语俨然自比皇帝。吴王刘濞，装病20余年，不朝汉帝，也不见汉使，更不拜汉诏。他说，我已做东帝，还有什么可拜的呢?

南方边鄙的百越，北方肆虐的匈奴，自立为王，不仅不服从大汉的统治，而且时常入侵大汉的边地，杀虏大汉的臣民。

处在社会底层的农民，由于身上的赋税徭役负担过于沉重，生活十分艰苦，他们有的流亡为盗，有的卖女为婢，甚至群起反抗。农民与地主之间的阶级矛盾日益激化，火山随时都有可能爆发。

为了维护大汉帝国的统一，反对分裂活动，解决摆在人们面前最为急迫的现实问题，董仲舒把它立论的着眼点首先放在加强王权上。

他认为“天”是最大的神，是百神之君。因为“郊”重于百神之祭，古代按天子的礼仪，也没有比“郊”更重的了。即使父母丧亡，灾荒民饥，甚至战乱都不能忘“郊”，宗庙祭祖之礼虽重，也不能与“郊”相比。“郊”在时间上应先于百神之祭，为表明它的庄严，必须先卜后祭，由帝王亲自完成，不可旁代，更不能废除。秦废“郊”是最大的无礼。

不仅“郊”重于百神之祭，天大于众神，而且天的一切行为都是有目的的：天“高其位”有“尊”的目的；“下其施”有“仁”的目的；“藏其形”有“神”的目的；“见其光”有“明”的目的；“序列星”有“承”的目的；

“近至精”有“刚”的目的；“考阴阳”有“成岁”的目的；“降霜露”有“生杀”的目的。

天的目的不只为表现自己，更为了创造人与万物。天通过日月、风雨、阴阳、寒暑来孕育、生养、成熟万物。父母“为生不能为人，为人者天也”。

而天创万物的目的是为了养人。春天生韭菜，夏天收麦，秋天成黍子，冬天收稻谷，这些都是上天赐予人的。天虽然没有明言，然而他的奉养之意已经明显地表现出来。

天造人养人，其最终目的就是为了以天的意志来治理人与社会。因此，天立“君主”，作为“天”的儿子，代天治理人类社会，所以君主“受命于天而王天下”。

为了进一步说明“君权神（天）授”，他又从名词概念上进行解释。因为在汉人的观念中，文字的形、音、义都是圣人制定的，极具权威性。

他训释“王”字，说上一画代表天，下一画代表地，中间一画代表人，中间一竖代表能够贯通天道、地道和人道的人君。所以被称为“王”的人，必定有贯通三道之才，否则，就没有作“王”的资格。

此外他还用阴阳、五行、三纲、五常来附会和强调君权的神圣。

他认为阳尊而阴卑，君为阳，臣为阴，故君尊而臣卑。土为五行之主，而“土者君之官也”，故君主最高贵。在人伦中有“三纲五常”，而“三纲”之本是“君为臣纲”，“五常”之本为“礼”，礼又是维护尊卑等级的规范。

既然“君权神授”，所以士大夫专权，诸侯割据的行为都是有背天意的，必须加以杜绝。

他又说，按照五行相胜的理论，为木的司农如果作奸，掩蔽了君主的光明，横恣无理，为金的司徒诛伐他，就是天意的表现，因为金胜木。司徒为金，如果他“专权擅势，诛伐无罪，侵伐暴虐，攻战妄取，令不行，禁不止……令君有耻”的话，为火的司马诛伐他，也是理所当然。

建元六年（公元前 135 年）二月，辽东高庙发生火灾，四月皇宫高园偏殿又突发大火。董仲舒便趁此时机大造声势，写成《高庙园灾对》劝汉武帝下最大决心，铲除骄横的诸侯，严厉打击专权自恣的大臣。文中说：

> 定公二年五月，鲁国皇宫南门两观发生的大火，是大臣奢僭过度所致。这场火灾的发生是天借以告诫鲁君僭礼之臣应该除去。见到小的警告，就可以避免以后的灾害，这是天意。可是定公不知反省，所以到哀公三年五月，桓宫，釐宫又发生火灾。两者是一样的，都是在告诫剔除不义之臣。哀公不知反省，所以四年元月亳社再次发生火灾。两观、桓、釐、亳社，都不应当设立，上天把不当设立的烧毁，欲以此告知鲁君，驱逐乱臣而任用圣人。
>
> 按照礼制，高庙不应当设在辽东，高园殿不应当设在陵旁，因此，这两场火灾与鲁灾的实质是完全相同的。这场天灾似劝陛下说："现今之世，承亡秦之弊，又加上重重困难，不用太平至公之人不能治理。应该像我烧灭辽东高庙一般地诛伐亲戚诸侯中最为骄横不正的人才行；像我烧毁高园殿般地诛伐专权自恣的人才行"。作为在外而不正的，即使贵如高庙仍然烧毁，作为在内而不正的，即使贵如高园殿，仍然烧掉，更何况大臣呢？这都是天意呀！

这种说教，深得武帝之意，后来产生了很大作用。

董仲舒的王权思想既强调"以人随君"，又强调"以君随天"，他想对来自民间、知识不高的汉代君主所奉行的独裁政体和神权进行限制，以避免他们私欲的无限扩张。这时他的撒手锏依然是"灾异谴告"、"天人感应"，为达到这一目的，他也颇费一番周折。

董仲舒首先论证"天人相副（类似）"，把天与人化归同类。在《春秋繁露·为人者天》中，他认为：人的形体由天数化成；人的血气由天志化成，所以人有仁爱之心；人的德行由天理化来，所以人有义举；人的好恶，表现于天气的阴与晴；人的喜怒，表现于天气的冷暖；人受命于天，所以一年四季分明。人之与天，有如母子一般。

在《人副天数》篇中，他更进一步论证人体各器官与天相类：人的头圆圆的，像天的轮廓；人的发像星辰；人的眼睛熠熠发光，像明亮的日月；人用鼻口呼气吸气，像自然之风；人胸中装满智慧，有如神明；人的腹部饱满，有如自然中充斥万物。

天以一年的数字，造成人的身体，所以人体有小骨节三百六十六，与日数相类；大骨十二，与月数相类；内有五脏，与五行数相类；外有四肢，与一年四季数相类；人睁眼闭眼，忽明忽暗，与昼夜相类；性格又刚又柔，与冬夏相类；行为有哀有乐，与阴阳相类……

在《天地之行》中，他又进一步把与天相类的对象浓缩为一点，即“君主”。因天有差、仁、神、明、相承、刚、成岁、生杀等目的，而人君贵爵臣国，可以称为仁；深居隐处，不见其体，所以堪称神；任贤使能，观听四方，所以堪称明；量能授官，分别贤愚，以此相承；招纳贤才，作为辅佐，可称为刚；考查实绩，分别对待，所以堪称成世；有功的招入，无功的退以，堪称赏罚分明，所以君子与天相类。

此外，他还从德赏刑罚、官制设置、财富分配等方面论证了这一问题。既然君主与天相副，所以君的行为也必须与天相副，否则就会违背天意，天将以各种灾异来警告、教育和惩罚他。

“小的天灾是天的谴责；大的怪异是显示天的威严。如果谴责了，还故作不知，那么就会用天的威严来惊吓他……大凡灾异之根本，全在于国家的过失。国家有过失，在刚刚出现时，天用灾异谴告他；谴告若不知改变，就表现为怪异之象来惊吓他；惊吓依然不知畏惧，就会出现大的灾难。”

在《五行变救》中他以陈述灾异发生的原因及对策的方式，向君主兜售“儒家之术”：

“如果出现五行的变异，补救的办法是在天下施行德政，这样，凶险就会消失。如果不行德政，三年之内，必然有陨石之灾。

“如果木发生变异，则春天百花凋谢，秋天繁花似锦；秋天结霜，春天多雨。这是由于徭役太多，赋税太重，百姓因贫穷而逃离，饥人载道。补救的办法：省徭役，减轻赋敛，开仓出谷，赈济贫民。

“如果火发生变异，则冬暖夏凉。这是由于君王昏庸，不赏善，不出恶，不肖之人在位，贤者隐居，寒暑失去节序，百姓则会多病。补救的办法：举贤良之人，赏有功之人，封有德之人。

“如果土发生变异，大风就会吹来，五谷就要受到伤害，这是由于不信仁贤，不敬父兄，淫逸无度，宫室建得太多的缘故。补救的办法：减少宫室，去除雕梁画栋，举荐孝悌之人，抚恤黎民百姓。

“如果金有变，就会多发兵变，多盗贼。这是由于弃义贪财，轻视百姓性命，重视金钱，百姓趋于利益，就会干许多坏事。补救的方法：举荐廉洁之士，树立正直的典范，把武器等收拾起来。

“如果水有变，冬天潮湿多雾，春天夏天下冰雹。原因在于法令不威严，刑罚不及时。补救的办法：诛杀有罪之人，惩处奸邪小人。”

董仲舒的“天人感应”说符合当时社会政治需要，适应当时的思想状况，所以很快取得了明显的社会效果。

西汉宣、元、成、哀几个皇帝在出现日食、地震等灾异时均下诏罪己。

东汉时，光武帝下的诏书更多。建武五年（公元 29 年）四月，发生了旱灾和蝗灾，光武帝立即下诏说：“久旱要伤麦苗，秋种尚未种下，朕感到十分忧虑。”下令减罪赦囚。建武十一年（公元 35 年）二月又下诏说：“天地之性人为贵，他杀了奴婢，不能减罪。”此后十年中六发诏书，再三强调释放奴婢，把他们当作人看待。建武二十二年（公元 46 年）九月，河南南阳发生了一次大地震，光武帝下诏说：“地负担很重的东西，静而不动。现在出现震裂，罪过在我。灾祸要殃吏民，朕十分恐惧。”他下令免租、减罪。

尽管今天的许多哲人对“天人感应”说切齿痛恨，痛骂其荒谬性、欺骗性，但我们都无法否认它历史的进步性。

董仲舒的“天人感应”学说，神学目的论只是一层华丽的外衣，其核心仍恪守着儒家学说的精义。

三策惊人

汉武帝建元六年（公元前135年）五月，武帝的祖母窦太后死去。一再受到压抑的儒者可以说迎来了自己的春天，而这一天的到来又太迟、太缓慢了。

高祖初定天下时，儒生陆贾就在他面前大谈《诗》《书》等儒家经典。高祖听后十分生气，斥责道：“天下是我从马上得到的，学习《诗》《书》有什么用？”陆贾有理有据地解释说：“从马上得到的，就可以骑在马背上治理好吗？商汤、周武王用武力夺得天下，可治理国家时采用的是教化之道，所以他们成功了。文武并用才是保持天下长治久安的唯一办法呀！”刘邦听完，让陆贾探究秦亡天下，汉得天下的原因，总结古今国家成败的规律。陆贾接连写作12篇鸿文献上，每奏1篇，皇帝都大加称赞，而左右大臣更高呼万岁。这12篇后来合编成《新书》。

文帝即位后，贾谊认为汉兴已达20多年，应当改正朔，易服色，定官名，兴礼乐。而且草具仪法，定服色为黄，改变所有官名。他用儒家的“改制”向当时占据统治地位的黄老保守思想发起攻击，首倡以儒家思想治理天下。

景帝时，诗博士辕固与道家黄生在景帝面前展开了针锋相对的斗争。在争论汤、武这两个儒家理想贤君是否受命为帝时，辕固力主桀纣荒乱，汤武伐之，是民心所归，是受命之举。黄生却反驳说，桀纣虽失道，但他们毕竟为人主，汤武虽为圣人，却是臣下。汤武讨伐人主，不是受命，而是弑君。辕固又驳斥他说，照你的说法，汉代秦也是不应该的了。因为当时窦太后笃信黄老之学，景帝怕辕固因力主儒学吃亏，所以从中和稀泥，“吃肉不吃马肝，不能算不知肉味。学者不论汤武，不能算愚蠢。”

武帝做太子期间，曾在王臧等儒生辅佐下受到良好的儒家教育。所以他即位之后，儒生们已经隐约看到了光明的曙光，于是公开站出来与道家大唱对台戏，但斗争仍然十分残酷。

建元元年（公元前 140 年）十月，第一次举贤良方正极谏之士。当时武帝年仅 16 岁，大权操在祖母窦太后手中。当时主持国政的丞相卫绾是黄老派的代表人物，他觉察到武帝有崇儒之意，又感到儒学势力的步步紧逼，在奏章中故意不提举荐上来的儒生。儒者们并不甘心。建元二年，王臧、赵绾又正式提出尊儒主张，议立明堂，公开为尊儒张目。王臧还特地把当时最有威望的儒学大师申培由鲁国请来。武帝亲自接见，并问以治乱之事。窦太后立即做出迅速的反应。她伺察到王、赵二人的过失，责让武帝。武帝被迫废明堂事。王、赵二人自杀，申公也因未提出切合当世的政见而罢归鲁国。儒生的斗争又一次失败了。

元光元年（公元前 134 年）十月，窦太后仅仅去世不到半年，汉武帝再次诏举贤良方正直谏之士，董仲舒等应诏对策。

对策这一天，各地举荐的贤良之士聚集在皇宫之内。武帝的“问卷”是：“五帝三王君临天下之时，改制作乐，天下平安，后世贤君多加仿习。然至桀纣之世，王道大坏。此后五百年间，守文之君，当途之士，虽欲以先王明法服务当世，但都没能实现。难道他们所持的方法与先王悖谬吗？难道天命不能挽回，一定在大衰之后才能重新产生吗？呜呼！难道朕每日忙忙碌碌，夙兴夜寐，务求仿效上古之法，仍然毫无作用吗？三代受命，祥瑞又是什么？灾异之变，因何发生？什么办法才能使膏露普降，五谷丰登，德润四海，泽及草木，秉受上天的洪福，鬼神的保佑，使恩德施及域外，并推广到一切生命？”

董仲舒在“对策”中说：“臣小心地考查了《春秋》的记载，根据前代已经做过的事情，来看天与人相互之间的关系，觉得很值得敬畏。国家将要发生违背天道的坏事，天就先降下灾害来谴责、告诫它；如果不知省悟，又显示一些怪异的事来警告、恐吓它；仍不知改变，而后祸败才来到。由此可见，天对人君是爱护的，而且要替他来防止祸乱，只要不是十分无道的世代，天总是要扶助和保全他的。事情的成功决定于君主的努力而已。努力于学问，见闻就会广博，所知就会越发明白；努力行道，品德就会日日提高，而且取得很大成功。这些都是可以很快做到而且会立即见效的。

"'道'是达到国家太平之路，仁、义、礼、乐，都是治国的工具。所以圣王死了，他的儿孙还能够长久保有天下，保持几百年的安宁，这都是礼乐教化的功效。

"人君没有不希望国家安宁、憎恶危亡的。可是政治紊乱，国家危亡的却很多。这是由于用人不当而所行的都不合于正道，所以政治一天天地衰败下去了。周道至幽、厉而衰微，不是道本身已不存在，而是幽、厉不遵从此路的缘故。宣王思念以往先王的道行，兴复久已停顿的事，补救政治上的弊病，发扬文王、武王的功业，周道又灿烂地兴起来了。孔子说：'人能扩大道，不是道能扩大人。'所以治乱，废兴在于自己，并非天命不可挽回，是由人君行为荒谬背道，失去前王传统的缘故。

"臣听说，凡天所尊重，把天下托付给他，使他成王，必然会有非人力招致而自至的祥瑞。天下的人同心归向他，就像归向父母，所以感应了天，祥瑞就出现了。《书经》上说：'白鱼跃入王舟，又有火覆于王屋之上，又变作乌'。这就是受天命的符验。若君主淫荡安逸，而道德衰微，不能治理人民，残害善良的人民，争夺他们的土地，废弃德教而任用刑罚。刑罚失当，就惹起邪气。邪气积累于下，怨恶聚集于上。上下不能调和，那么阴阳失调妖孽就会出现。这就是灾异出现的原因。

"臣听说，'命'即上天的命令，'性'即天生的本质，'情'即人的欲望。有的命长，有的命短，有的仁慈，有的贪鄙，像造瓦铸金一般，不可能个个纯粹美好，由于生于社会治乱的不同情况，所以不会整齐。尧舜施行德政，人民就会仁慈、长寿！桀纣肆行暴虐，人民就贪鄙短寿。在上的教化在下的，在下的听从在上的，就像泥放在制瓦的转轮上，听凭陶匠的制作，就像金属放在熔铸的模型中，听凭冶匠的铸造。

“臣小心地考察了《春秋》‘春王正月’的意思。欲探求王道的发端，当从‘正’字入手。‘正’次于‘王’，‘王’次于‘春’。‘春’是天的作为，‘正’是王的作为。它的意思是说，君主上承天的作为，在下面端正自己的行为，‘正’是王道的开端。王者要有所作为，应该向天去求取这一开端。最大天道的是阴阳，阳是德，阴是刑。刑主杀而德主生。所以阳常常处于盛夏，而以生育长养为事；阴常常处于严冬，而积聚在空虚不起作用的地方。由此可见，天是任用德教而不任用刑罚的。天使阳出现在上，主管一年的成就，使阴潜伏在下，时时出现辅佐阳。没有阴的辅助，阳也不能单独完成一年的成就。这是天意。王者秉承天意行事，所以任用德教而不任用刑罚。刑罚不可用来治世，就像阴不可成就一年的年成。为政而任用刑罚，是不顺从天意，所以，先王们均不采用。现在废除先王德教之官，单单任用执法之吏治理人民，这不是任用刑罚了吗？孔子说：‘不进行教育却杀了人，叫作虐。’行虐政又想使德教遍及四海，所以难以实现。

“臣小心地考察了《春秋》称‘一’为‘元’的用意。‘一’是万物之始，‘元’就是语言中的‘本’。把一说成元，表示重视开始且要正其本。《春秋》深入地探究了王道的根本，要从尊贵的人开始。所以人君正心才能正朝廷，朝廷正了才能正百官，百官正了才能正万民，万民正了才能正四方，四方正了，远近就没有敢不趋向于正，就没有邪气掺杂其中了。现在陛下贵为天子，富有四海，处在可以招致的地位，掌握可以招致的权势，又有能招致的资质，行为高尚而恩德深厚，智慧高超而意志美好，爱护人民又喜好士子，可以说是有道义的君主了，可天地没有感应，祥瑞也没有到来，为什么呢？大概是教化不立人民不正的缘故吧！

“万民追求利益，就像水向下流一样，不用教化来堤防它，不能制止。所以教化一经建立，奸邪就会停止，是由于堤防完好；教化废止而奸邪出现，用刑罚也没有办法制止，是由于堤防坏了的缘故。古代先王明白这个道理，所以坐北朝南治理天下，没有不把教化当作主要内容的。他们设立太学，设立县学、乡学，用仁来感化人民，用义来磨砺人民，用礼来节制人民。所以刑罚虽轻而民不犯法，这是教化施行而民欲美好的缘故。

“自古以来，还没有过用乱来救乱，极大地危害天下百姓到秦朝这种程度的。它的流毒及残余影响至今未绝，它使习俗险薄，人民欺诈顽固，触犯法令，拒绝教化，腐烂到如此严重的程度。孔子说：‘朽木不能雕刻，烂泥糊的墙壁无法粉刷。’现在汉继秦之后，好像朽木和烂泥墙，虽然想好好治理，也无可奈何。法令才出，奸诈就跟着发生，命令才下，欺诈立刻就出现，就像用热水阻止沸腾，抱着柴救火，越来越没有益处。

“汉得天下以来，常想治理好，而到现在仍未治理好，毛病就在当变革而不变革。古人说过：‘临渊羡鱼，不如退而结网。’现在执政而想治理好已 70 多年了，不如回头重作革新的工作。革新就可治理好。治理好了，灾害就会日渐消除，福禄也就日渐来到。《诗经》上说：‘适合于民，适合于人，享受天赐予的福禄。’政治能适合人民要求的，自然会得到天所赐予的福禄。

“仁、义、礼、智、信这五种恒久不变的道，是王者应当培养整饬的。能够培养整饬这五者，就能享受上天的保佑，而得到鬼神的阴陟，恩德遍及域处，并扩大到一切生命。”

武帝看完他的对策，十分欣赏，于是又发出诏问：

“虞舜为帝，整日漫步于回廊之上，拱手无为，天下太平。周文王整日忙碌，到黄昏依然无暇吃饭，天下也得到治理。帝王之道难道不是一脉相承的吗？为什么劳逸之别如此之大呢？

“商代用五刑来制裁奸邪，用皮肉之刑来惩治恶人。成主康王不用刑罚，40 多年中，天下无人犯法，监狱空空。秦国用刑罚，死的人很多，受刑的人相望，天下难有不受刑之人，实在令人心哀呀！

“呜呼！朕早起晚睡，思索前王之法，考虑如何承先王之尊位，彰明大业，全力关注农业，任用贤人。现在我亲自到籍田耕种，为农民做出表率，勉励人民行孝悌之道，崇尚有德之才，派出的使臣冠盖相望，去慰问勤劳之人，安抚孤独之人，竭心尽力，可功绩美德依然没有获得。现在阴阳错杂，充满邪气，百姓无法赈济，廉与耻混乱，贤与不贤混淆，所以我才要广招杰出人才。现在你们有一百多人，你们要畅所欲言，不要忌讳主管的官吏，申明要旨，以合于朕意。”

董仲舒回答说：“臣听说尧受天命，把天下作为忧虑对象，从不以得帝位为乐。他诛伐乱臣，力求贤圣，所以得到舜、禹、稷等。有众圣人辅佐，所以教化大行，天下和洽。百姓都安仁乐义，各得其宜，行动合乎礼法，从容得体。到商纣王，逆天残暴，杀戮贤知，残害百姓。伯夷、姜尚都是当时的贤人，可都隐居不仕。坚守职责的人，都奔走逃亡到河海之上。天下大乱，百姓不安，所以天下人离开商纣而跟从周王。文王顺应天命，以贤圣为师，所以闳夭、大颠、散宜生等人都聚集到朝廷为官。他把恩爱施于百姓，天下归心于他，所以姜尚起于海滨却很快成为三公。此时，纣仍然为帝，尊卑混乱，百姓逃亡。所以文王感到悲伤，要安抚他们，因此到黄昏仍无闲暇吃饭。由此来看，帝王的传承相同，而劳逸有别，是由于时代不同的缘故。

“臣听说圣王治理天下，按才能优劣授给官位，用官爵俸禄来培养臣子的德行，用刑罚来警惧人们的罪恶，所以百姓知晓礼义而以犯上为耻。武王推行大义，剿灭残贼，周公制礼作乐来做修饰，到成王、康王盛世，监狱空虚达 40 年之久。这也是教化和仁义日渐发生功效，而不只是血肉之罚的作用。到秦代却不如此，仿习申、商的法术，推行韩非的学说，憎恨帝王之道，把贪婪作为风习，不用文德对天下进行训教。做好事的不一定得免刑罚，干坏事的不一定受到刑罚。所以百官都以虚辞空言掩盖事实真相。外表以礼事君，内心背叛君主，作伪欺诈，不以求利为耻，又喜好任用残酷的官吏，赋敛无度，耗尽百姓的财力，百姓逃亡，不能从事耕织，盗贼群起。因此，死者相望，奸邪不止。

“陛下亲自到籍田劳动为农民做出表率，早起晚睡，为万民忧劳，下大力访求贤者，这可以说是尧舜一般的用心了，然而一无所获，是因为对士人的勉励不够。平素不养士却想求贤，就像不磨玉却想得到文采一样。所以最大的养士机构是太学，太学是培养贤士的地方，是教化的根本。现在一郡一国之中，没有对策的人，是因为王道往往达不到这些地方。臣望陛下兴办太学，设置明师，来培养天下的士人，多加考察聘问以尽其才能，那么英才俊杰就可以得到了。现在的郡守、县令是百姓的老师和统率，是派他们承上之道而加以宣传教化的。臣认为应该让列侯、郡守、二千石每年举荐二人供朝廷选拔，凡举荐贤人的有赏，推举不贤的要惩罚。果真如此，诸侯、二千石的官吏就都尽心求贤，天下的贤士就可以得到，授给其官职，发挥其才能了。广泛得到天下的贤人，那么三王的繁荣就容易实现，尧舜的美名也就可以达到了。不要按时间长短作为论功绩的依据，考察有才能的，就让他作高官，据才能而授以官职，按品德定官位，那么廉耻就能区别开来，有才者与无才者也能分辨清楚。”

武帝点头称是，又发出第三道诏问：

“听说‘善于论天的一定能从人事上找到证明，善于论古的一定能在今天找到明验。’所以朕垂问天人感应，想寻求渐渐灭亡抑或渐渐昌明的道理，以便虚心变革。”

董仲舒回答说：“臣听说，天是万物之祖，又创造日、月、风、雨来加以调和，通过阴、阳、寒、暑来使万物生长。所以圣人效法天而创立道：仁是人君用来爱护人民的；德是人君用来养育人民的；刑是人君用来惩罚人民的。道的根本来自于天，天不变，道也就不变，所以禹继承舜的道，舜继承了尧的道，三圣相传而遵守一个道。现在汉继承秦的大乱之后，似乎该稍稍减少周代的‘文’，而采用夏代的‘忠’。

“古代的天下就是现在的天下，现在的天下也是古代的天下。都是天下，古代大治，上下和睦，习俗美好，不令而行，不禁而止，官吏不奸邪，百姓不盗掠，监狱空虚，凤凰来集，麒麟来游，用古代来衡量现在，相差多么远呀！为什么衰败混乱到这种程度？是失去了古代的大道吗？是与天理相背吗？应该试着沿承古代的大道！

“《春秋》中谈论的‘大一统’是天地间不变的原则，古今共有的道理。现在各派老师讲的道理彼此不同，人们的议论也彼此不同，诸子百家的方法殊异，意旨也大相径庭，所以上面不能掌握统一的标准，法制屡屡改变，下民又不知应当遵守什么。愚臣认为凡是不属于‘六艺’的科目和孔子学术范围内的，都一律加以禁绝。邪僻的学说消失了，然后学术的标准就可以统一，法律制度可以彰明，老百姓也就知道他们所应遵从的了。”

武帝感到十分满意，因为这正暗合了他心目中孕育已久的想法：借儒家学说来加强中央集权。尤其是《公羊春秋》“大一统”的思想极契合他的意愿。

两相骄王

武帝下诏任命董仲舒为江都王的相。从此，儒生董仲舒开始了他的辅政生涯，而且很快表现出他的政治才能。

江都王刘非是武帝的哥哥，平素骄横好勇。对这样一个蛮人，如果辅佐方法不当极有可能引来杀身之祸。董仲舒在平时对刘非讲了很多礼义的道理，并用“仁人不能以功利为务”对他进行了一系列的劝谏。

元光五年（公元前130年），江都王上书其弟表示愿意带兵出击匈奴，武帝没有答应。董仲舒受到牵连，被废为中大夫。第二年，70岁的董仲舒被迫回到老家长安。在家闲居无聊，于是又想起辽东高庙火灾和长陵高园偏殿火灾，便写1篇《灾异记》，从阴阳灾异的角度推说火灾背后所蕴含的内容。一气写完草稿后，就随便把它摊在桌上，准备修改润色完以后进呈武帝。恰巧主父偃来拜访他，而他又不在家。主父偃便坐在室中边等他，边翻阅书桌上的东西。不料这一翻却差点要了董仲舒的命。

主父偃，早年学纵横之术，曾周游各个分封的诸侯国，都没有能遇明主。后来拜见卫青，卫青多次向武帝举荐他，武帝均不召见。在卫青处住了很长时间，宾客们都很讨厌他。情急之中，主父偃直接给武帝上疏，谈论讨伐匈奴及现实律令，武帝见书，便召见他，拜为郎中。此后他多次上疏，一年中 4 次升迁，变成皇帝身边的红人。于是大臣们都怕他向皇帝参自己一本，纷纷向他行贿。有个人劝他说："你太骄横了。"他回答说："我从少年时代就开始游学四方，至今已有 40 多年了，一事无成，父母不把我当儿子，兄弟们不收留我，宾客们厌弃我，我受难的时间太长了。大丈夫生不吃五鼎之食，死时就会被五鼎所烹。现在我日暮途穷，所以倒行逆施。"

这个无耻的小人此刻突然间发现了董仲舒的文章，认为可以告密立功，于是把文章揣入怀中，偷偷溜走。回朝马上奏给武帝。武帝立即召集大儒们讨论。董仲舒的弟子吕步舒不知此文出自恩师，便不加分辨地认定它十分愚妄荒诞。他的话，将老师送入了监狱，又被判为死刑。多亏武帝没有发晕，及时省悟，才赦免了董仲舒，恢复了他的中大夫职，不久又恢复了他的江都相之职。可是，董仲舒从此再也不敢谈论灾异了。

董仲舒十分谦直，又每每因此而受害。

元朔五年（公元前 124 年），公孙弘作丞相。董仲舒便认为他一定有从谀之嫌，多加指责。公孙弘恼羞成怒，把董仲舒从江都相职调往胶西王府，去辅佐更为放纵的胶西王刘端，欲置他于死地。刘端也是武帝的哥哥，先后曾害死过好几位二千石的高官。所以，公孙弘要害董仲舒，胶西王不啻为一把快刀。

胶西王听说董仲舒为当世大儒，对他便非常客气，非常尊重，又给予他优厚的生活待遇。董仲舒就用大义来匡正和劝谏胶西王刘端。

一次，胶西王问他说："越王勾践与大夫范蠡、文种、泄庸、泽及车成五人商议讨伐吴国，并最终灭了吴国，雪了会稽被辱之耻，成为一代霸主。他们做得究竟怎么样呢？桓公曾请管仲决疑，我也请你决疑。"

对刘端的反志，董仲舒心里洞然。再加上淮南王刘安、衡山王刘赐谋反被杀，仲舒感到十分恐惧，于是他伏地再拜，回答说："仲舒知识面狭，学习浅尝辄止，不能决断您的问题。即使如此，臣也不敢不一吐忠言，因为这是礼节。臣听说，以前鲁君向柳下惠问道：'我要攻打齐国怎么样？'柳下惠答道：'不行。'回到家中面带忧色说：'我听说要讨伐他国时，不向仁义之人发问，现在为什么要问我呢！'可见，连问一问都感到羞愧，更何况设计去讨伐吴国呢！他们做得不对，这不很明白嘛。由此看来，越国没有一个仁义之人。

"仁义的人端正道理，不急功近利，实行无为之策，社会风气得以普遍的改变。这样的人可以称为仁人、圣人，三王就是如此。《春秋》大义，以信用为贵而鄙视奸诈。欺诈别人来夺取胜利，虽然成功了，君子也不会去做。所以孔子之门中，五尺的儿童，也以谈论五霸之业为羞耻。因为他们是靠欺诈成功的，只是苟且之计。所以不值得在大君子门中谈论。五霸与其他诸侯相比，还是贤君呢，可与圣贤相比，又有什么贤可言呢！"

虎狼之心难以教化，久伴必生灾祸。董仲舒已有一次性命攸关的灾难，他已经怕了。所以他以年老多病为由，告别了政坛。这一年是元狩元年（公元前 122 年），他 77 岁。

不幸……

仲舒辞官回家，没有去置办家产，也没有去游山玩水，而是沉浸在著书立说的工作中。朝廷每当遇大事，就派使臣登门问计，仲舒往往依照《春秋》大义，提出自己的见解，实际上成了离职的皇家顾问。他依然关心民生疾苦，为君献计献策。

元狩三年（公元前 120 年）秋，关中一带发生水灾，董仲舒立即上书武帝，希望他诏令大司农，使关中农民赶快种冬小麦。武帝十分重视，立即派遣谒者去到发生水灾的各郡劝农民种冬小麦。

元狩四年（公元前 119 年）冬天，朝廷下令设盐铁官，让东郭咸阳、孔仅为大农丞，领盐铁事，凡胆敢私铸铁器、煮盐的，剁去脚趾，并没收他的器物。盐铁收归国有，虽益于“外事四夷，内修功利”，但国有的盐、铁质量差，价钱贵，贫民宁愿不买盐、铁，木耕手耨，土耰淡食。80 岁高龄的董仲舒看到这种情况，立即建议“盐铁皆归于民”。

元狩五年（公元前 118 年），他又建议：“限民名田，以澹不足，塞并兼之路，去奴婢，除专杀之威，薄赋敛，省役役，以宽民力。”

汉武帝元封四年（公元前 107 年），92 岁的董仲舒依然放心不下国家大事。当时匈奴与汉的关系十分微妙。董仲舒说：“义可以感动君子，利可以诱动贪人。匈奴不可用仁义劝说，只可以用厚利使他欢愉，同时对天盟誓。所以给他厚利就可打消他的贪心，对天盟誓以使他坚持按盟约办事，应该让他的儿子作人质，来牵结他的心思。匈奴即使想变心的话，也没有办法，因为他不会放弃重利，不敢欺天，不会放弃爱子。”

他的这种想法显然比较天真，因为后来汉使杨信出使匈奴，向单于提出“如果想和亲，就要把单于的太子带到汉朝作人质”时，单于表示不肯。实际上他的许多建议，朝廷也是并不采纳的。

董仲舒是不幸的。

当年，三策惊人之后，仅仅被任命为江都王之相，而且终其一生，再也没有能够跃上一个台阶。而同样以治《公羊春秋》出道，且学识不如仲舒，又心胸狭隘的公孙弘居然能够位极丞相，而且可以从容地加害于他，社会对董仲舒实在太不公正了。

武帝时代，虽然以中国历史上的强世著称，但是人才受到压抑的现象十分突出。如众所周知的战功显赫的李广，终身不得封侯；司马迁横遭宫刑，等等。生此专制之世，贤才尤难一展怀抱。董仲舒曾作《士不遇赋》哀痛有理想的士人难以遇合于时的不幸。

公元前 104 年，当汉武帝东巡至海滨，派人入海求仙、乞长生不老时，董仲舒死了。不管他是生于公元前179年还是180年，他够长寿的了。儒学是假董仲舒敲开官学大门的，但董仲舒本人并没有与儒学同被官家青睐，他生前活得战战兢兢，死后也没有多大哀荣。但他“独尊儒术”的倡言，开启了儒学两千年的繁荣，就凭这，他值得在儒学史上记上一笔（但儒学假官道而通行海内，也因久居官学的地位而窒息，此后儒学每经历一次发展高峰，莫不是由官家溜回民间的结果）。经董仲舒系统化了的公羊经学，在晚清大放异彩，作为一个士人，其生命能依思想而得以永存，这是与历史发生深切的遇合的“不朽之盛事”了。

吾爱董仲舒，穷经守幽独。
所居虽有园，三年不游目。
邪说远去耳，圣言饱充腹。
发策登汉庭，百家始消伏。

北宋大政治家司马光的这首《独乐园咏·读书堂》表达了许多儒生共有的钦佩之情。

南宋大儒朱熹对董仲舒评价极高：“汉儒惟董仲舒纯粹，其学甚正。”

到清代，则出现了一大批研究公羊学的著名学者：孔广森、庄存与、刘逢禄、龚自珍、魏源、凌曙、戴望、陈立、王闿运、廖季平、康有为、苏舆、皮锡瑞、唐晏等。他们认为董仲舒是历代儒家之最卓异者。“孟子之后，董子之学最醇。”“两汉儒者，仲舒最为大宗。”

（郝建国）

主要参考文献

《史记》。

《汉书·董仲舒传》。

《春秋繁露》。

《汉书·五行志·食货志·匈奴传》。

《论衡·别通篇·超奇篇》。

《经学通论》，皮锡瑞著。

《两汉三国学案》，唐晏著。

诋诃百事推圣学

——朱熹

旧学商量加邃密，新知培养转深沉。

“四海朱夫子，征君独典刑。”在清代康熙五十一年（公元1712年），康熙皇帝以颇有所悟的口气说：“读书50载，只认得朱子一生所做何事。”并下诏升南宋理学家朱熹配祀孔庙。更有一班人在皇帝的鼓吹之下，将朱熹推为“孔孟后一人”。假若将时间上溯到南宋庆元元年（公元1195年），那时的朱熹是想象不到自己头上会无端地被罩上这么多光环的，因为他已彻底地被抛入“党禁”和“伪学”的可怕漩涡之中，有人甚至上书乞斩朱熹。这位圣人面临着生命之忧，悲观和沮丧笼罩了这位中国近古时期最大的思想家的灵魂。人们往往把他和他的同道称作道学家，这是一个蒙上了历史灰尘的名号，我们不妨轻轻吹去些这坚硬的灰尘……

生逢衰世

南剑州（今属福建）的尤溪县得名于水。在闽江的所有支流中，尤溪水是靠近闽江入海口的一条大支流，它源于武夷山脉的戴云山，从西南向东北而辗转流出，挟闽中千岩万壑之秀丽奇险融入浩荡的闽江。有宋一代，福建乃是文化发达、人才辈出之地，是宋世南人崛起群体里十分强劲的一脉。从唐代常衮兴建学校，人遂知学起，欧阳詹以闽人与大儒韩愈同登进士第，流风后响，闽人都眼见了为学的重要和科第的荣耀。宋承唐风，所谓“唐之风土未尽变，至我朝而始大荣盛；唐之人材未尽出，至我朝而始大繁衍。”文学官吏有宋初“西昆”之首杨亿，“宋四家”中的蔡襄、官至参知政事的大学士吴育等人，理学思想则得自于二程“洛学”一线。宋代政治变革进程中，“党禁”愈演愈烈，一有“党禁”，便有学禁。所以，二程理学并未得到集中而稳定的发展和传播，而只是不绝于缕，时断时续。传至福建，有游酢、胡安国、杨时、胡宏、李侗等人，在宋代理学中也蔚为大观。

但是，当朱熹于南宋高宗建炎四年（公元 1130 年）九月十五日降生在尤溪县城里一个普通外籍失职官僚寓居的郑氏馆舍里时，他所直接面对的是衰乱之世的紧张流落和败落世家的穷困拮据。朱熹的父亲朱松，本是徽州婺源（今属江西）人。松字乔年，号韦斋，是两宋交替之际的一个知名官吏和诗人。政和八年（公元 1118 年），科举得同上舍出身，授建州政和县尉，更调南剑州尤溪县尉，朱熹是这位外籍官吏的第 3 个儿子。他的来临使朱松又喜又忧，喜的是在单调沉闷的寓居生活里增添了一个年轻的小生命，忧的是动荡不安的时事和破落黯淡的生活，多多少少已经预设了这个新鲜生命将来曲折不明的前景。朱松由政和县更调尤溪的原因是叛兵肆虐和土匪横行，他在给丈人的信里说于流离困顿中“未尝有一枕之安”。在朱熹出生后举行的三朝洗儿会上，忧喜交集的朱松自然就吟出了几句悚然伤怀的洗儿诗：“行年已合识头颅，旧学屠龙意转疏。有子添丁助征戍，肯令辛苦更儒冠？”置身于国难家败之际，朱松这位宿儒沉痛地感到了“儒冠多误身”的实况，他甚至想着朱熹将来能够实实在在地做一名士兵，发挥自己微小却又实用的能力，而不要再像父亲那样做些大而无当的屠龙旧学，不要再殚精竭虑地苦读诗书，而盲目地去做那种临事无力，只能喟然长叹的儒士文人了。这种情感的自然流露是何等的愤激和沉痛！自宋政权南迁后，以宋高宗、秦桧为首的投降派，只希望通过对女真贵族的屈膝求和来换取东南半壁的偷安，“暖风熏得游人醉，直把杭州作汴州”。但广大人民却过着流亡生活，他们都强烈要求抗金，反抗民族压迫。地主阶级中的不少有识之士，也发出了强烈的爱国呼声。于是，宋政权内部的政治斗争便主要表现为和战之争，主战派和投降派聚讼不休，而理学家们大都持有振荒救弊、光复中原的主战倾向。这样，理学便刚刚卸下“党禁”的枷锁，又沉浮于和战之争的旋涡中了。

据说朱熹生来颖悟过人，4 岁刚能说话时，父亲指着天教他说“天也”，而他竟然发问道:“天之上何物？”使得朱松吃惊不小。5 岁时的朱熹常常出神地仰望天空，生出一种形上之思，后来他告诉弟子们他的所思是:“烦恼这天地四边之外，是什么物事。见人说四方无边，某思量也须有个尽处，如这壁相似，壁后也须有什么物事，其时思量得行几乎成病。”大概寓居生活和严格的家教使得朱熹性格内向，落落寡合。但深沉往往铸就灵慧，6 岁时，有一次他同一群儿童在郑氏馆舍前的沙洲上做游戏。他忽而走远独自端坐，用手指在沙上写划，大家跑过去瞧，他写划的竟然都是八卦符号，人们都惊叹他是“神童”。这些故事或许掺入些后人的夸饰。但不管怎样，朱松在儿子身上寄予了相当大的期望，他意味深长地督促朱熹说:“骏马被勒住也不会跟犬一样，小鲤鱼也可以羽化成龙，我们家业的振兴就全靠你了，赶紧行动起来吧，可不要犹豫不前！”绍兴七年（公元 1137 年）夏天，朱松被召入朝做事，在去临安（今杭州）之前，他把妻子祝氏和朱熹送到建州浦城（今福建浦城）寓居，浦城地处闽北，西面武夷山，更是一个人文荟萃的地方。朱熹在这里开始接受比较正规的儒学六经启蒙教育。老师讲到《孝经》时，8 岁的朱熹便心领神会，并在课本上写下“不若是，非人也”的话，表明他自小即对儒家忠孝节义有着比较自然的认同。第二年，朱熹开始读《孟子》，一下子就迷上了这本书。孟子的“性善”之说和“人皆可以为尧舜”的思想深深地感染着他，这个只有 9 岁的学童慨然而有做“圣人”的志向。朱熹在回想起自己最初读到《孟子》的感受时说：“孔子曰：‘仁远乎哉，我欲仁，斯仁至矣’。这个全要人自去做。《孟子》所谓奕秋，[①] 只是争这些子，一个进前要做，一个不把当事。某年八九岁时，读《孟子》到此，未尝不慨然奋发，以为学当如此做工夫，当时便有这个意思如此，只是未知得是如何做工夫。自后更不肯休，一向要去做工夫”。又说：“某十数岁时，读《孟子》至‘圣人与我同类’者，喜不可言，以为圣人亦易做，而今方觉得难”。朱熹少年时对孟子之书的感悟，并以传道为己任，这是他能承继并发展“二程”以来北宋理学的内在动因。后来，朱熹的门人黄榦便以朱子与孟子并举，说明二者在儒学道统中所发挥的承前启后的作用：“道的正统等待着圣人来传下去，从周代以来，能担当传道大任的不过是几个人罢了，而能使大道发扬光大的，更不过一两个人。孔子以后，曾子、子思勉强地承继着，到了孟子，便开始发扬光大。孟子以后，周敦颐、二程、张载继承了日渐式微的绝学，到了朱子，又发扬光大了”。朱熹自小便沉迷在“圣贤之学”里，绍兴九年（公元 1139 年）他才开始为踏入仕途做准备，而温习举子业，研作干禄的程文。他读书十分刻苦勤奋，不知疲倦，朱松为了增长他的见识，还经常把他带到临安游学。这期间，朱熹得以耳濡目染朝廷上下的形势言论，还见到了一些当时著名的名儒文士，如尹焞、胡寅，他们的风采气度深深地感染了朱熹幼小的心灵。

朱松是位激烈的主战派官吏。绍兴八年（公元 1138 年）秦桧第二次拜相，与金议和，宋对金纳贡称臣。这便是臭名昭著的“绍兴和议”。和议引起朝野上下许多有识之士的义愤。朱松与人联名上书，痛斥乞和，终遭外

① 见《孟子·告子上》。奕秋是全国的下棋圣人。孟子说，假如奕秋教二人下棋，一个专业致志，一个心有旁骛，虽然二人智力相当，学习的收获大不相同。

放。朱松便愤然自清南归奉祠，[①]筑居于建瓯环溪，开始亲自对朱熹进行更为严格的家庭训蒙教育。这一年朱熹 11 岁，从这时起，他便开始了自己所谓“十年寂寞抱遗经”的苦学生活。这期间，朱熹接受了较为系统的儒家经典的启蒙教育，他仔细地阅读了《论语》《孟子》《中庸》《大学》。事实上，《四书》教育也就是二程理学的教育，所以，也就是在这时，朱熹所学才初步与二程理学接上轨。朱松所服膺的是程颢——杨时——罗从彦一脉的理学思想，即以《中庸》为本，注重子思、孟子所标举的内心自我修养工夫，亦即后来朱熹所说：“以先君子之余诲，颇知有意于为己之学。”不难看出，朱熹此时主要是在心学上花工夫，《中庸》慎独的存养之说是其理学以居敬为主的主要思想来源。他曾不止一次地告诫弟子们为学为人应当常存敬畏。警醒此心，心只是一个心，无论存收，都是“唤醒”罢了，这显然也是孟子“收其放心”的演绎。家学渊源和对思孟哲学的过早感悟对朱熹哲学思想的形成影响至深，[②]而这些也是朱熹幼年在建瓯环溪苦学时所逐渐培养起来的。朱熹在 30 岁时曾作诗回忆他小时所受到的这种教育，诗名《唤醒》：

为学常思唤此心，唤之能熟物难昏。
才昏自觉中如失，猛省猛求则明存。
二字亲闻十九冬，向来已愧缓无功。
从今何以验勤怠，不出此心生熟中。

诗中有“二字亲闻十九冬”，若上溯 19 年的话，则正是朱熹在建瓯环溪幼承庭训的时候。

但是朱松时时没有忘记告诫朱熹成为吏士对国家、民族所承载的使命

① 宋代俗制，以官吏担任宫观之官职称奉祠。

②《孟子·告子上》云：“孔子曰：‘操则存，舍则亡；出入无时，莫知其乡。’唯心之谓与？”

和责任，所以，他教授儿子微言大义，一字褒贬的《春秋》，朱松特别喜好《左氏春秋》，因为其中包含了浓厚的“尊王攘夷”的思想和“君臣父子大伦大法”的严肃纲纪。更何况朱熹有个族叔祖叫朱弁，积极主战，使金时被拘留，誓死不屈，羁于北国17年始得归。家风如此，又增以所习，使得朱熹自小便培养起一种强烈的抗金情绪，在一生的仕途生涯中，如乃父一样，沉浮于和战斗争的险滩里。在建瓯，朱熹在接受3年多的经学和理学教育的同时，还得到了父亲在诗文方面的悉心传授，到绍兴十二年（公元1142年）时，朱熹的诗文已经不同凡响，诗风深得陶彭泽、韦苏州和陈简斋萧散简远之趣。朱松夸赞他说是“骎骎惊子笔生风。”不难看出，朱熹在后来解释《诗经》时超越汉宋诸儒而自成一家，与他学养中所具有的诗人气质，或者说与他所受到重经学、理学而不废诗学的良好教育，是难以分开的。

绍兴十三年（公元1143年）三月二十四日，朱松病故。死前将后事托付给崇安（今福建崇安）五夫里奉祠家居的刘子羽，又致书三位崇安道学密友籍溪胡原仲（宪）、白水刘致中（勉之）、屏山刘彦冲（子翚），请他们教育朱熹。他嘱托儿子说：“他们3个人是我十分敬畏的学者，我死之后，你就去师事他们，这几位都学有渊源，你一定要听他们的话。”料理丧事后，朱熹母子便来到刘氏庄园寄居。刘氏家族乃是东南望族，刘子羽因反对秦桧议和而罢归田园，过起了儒雅娴静的学者生活。朱熹母子居住的地方面对武夷屏山，是一个“虽非水抱山环地，却是冬暖夏冷天”的地方，但他们的生活却并不富裕，往往要自食其力，箪食壶浆。与物质条件相比，少年丧父的朱熹在精神上更感到压抑和忧患，14岁的孤童已充满了朱氏家族骨肉零落和寄人篱下的身世悲凉。在这种困境中，朱熹秉承父训，勤勉地侍学于几位先生。在刘氏家塾中，朱熹受到了更为正规全面的儒学教育，从修辞小学到义理大学，从法帖临摹到苦读经书，一面为科举入仕攻习程文与辞章之学，一面为入“圣贤之域”而潜研二程洛学二脉的理学。武夷三先生都是程门一派的理学家，而不是传统的经学家，他们更注重用二程著作来直接灌输理学思想，因此，这种教育的内容主要是“四书”的义理之学，而非“五经”的知识之学。后来，朱熹回顾这段问学生涯时说:“近世大儒如河南程先生、横渠张先生……熹自十四五时，得两家之书读之，至今40余年，但觉其义之深，指之远，而近世纷纷所谓文章议论者，殆不足复过眼。”但是，武夷三先生虽然指导朱熹研习二程的格物说，却并没有将其中的精髓吃透。程颢曾说过，“吾学虽有所授，天理二字却是自家体贴出来。”可是，自从阴阳化成万物之后，人们如何在这些纷纷万物上去体认“天理”呢？二程提出了“格物穷理”之说。万物有万理，这万理是整个天地之理的具体呈现，所以，格物之理也就自然能够穷尽自然本体也是精神本体之理，不过，“穷理”的过程是通过渐进的积习消长而走向物我、天人的豁然贯通。然而，受禅说影响极深的三先生恰恰在“物”的上面缺乏工夫，所以，这容易使朱熹在《孟子》里面体验到的那一点点心学不自觉地滑向“不立文字，直指人心”的禅悟体验，从而使朱熹在承继二程“格物穷理”之说的路途中经历了一段十分痛苦而曲折的思想历程。

绍兴十六年（公元1146年），白水刘致中把女儿刘清四许配给朱熹，朱熹与刘致中和胡原仲的关系便更加密切了。刘胡的象数《易》学远承郭载，近本谯定和朱震，都比较注重《易》之象、图学理，这是朱熹象数《易》学之新体系的滥觞。同时，在刘、胡那里，朱熹得以初步地在《论语》《三礼》《春秋》之学中获得比较完整的认识，对张载《西铭》的精研也使得朱熹多多少少克服一些对儒释思想的模糊认识，为他后来《四书》学说的建立和逃禅入儒打下了内在的思想基础。武夷三先生在精神气质上也深深地感染着朱熹，他们那种淡泊名利、大义凛然的处世品格默默地塑造着朱熹。朱熹在一首诗里讲到自己师事武夷三先生的心得时说:“一笑谓汝庸何伤，人间荣耀岂可常，惟有道义思无疆，勉励汝节弥坚刚。”少年朱熹俨然已是一副道学先生的模样。

绍兴十七年（公元1147年），朱熹参加了建州乡贡，在三篇策论里放言高论朝廷大事，得到考官蔡兹的赏识。蔡颇为得意地对人讲："吾取中一后生，三篇策皆欲为朝廷措置大事，他日必非常人。"绍兴十八年礼部试，朱熹中第五甲第九十名，可谓鲤跃龙门，春风得意。他在临安时沐着绵绵春雨登览天竺山，泛舟西湖水，常常诗兴大发。有一首《武林》诗，写得殊有情致：

春风不放桃花笑，阴雨能生客子愁。
只我无心可愁得，西湖风月弄扁舟。

然而，朱熹抒发"睥睨即万里，超忽凌八荒"的豪情之时，隐隐地也生出了"世路百险艰，出门始忧伤"的慨叹。在他蹒跚走向成年的这 18 个春秋里，南宋政权也正在走向风雨如晦、动荡飘摇的衰世。自绍兴八年宋金和议后，女真贵族依然时时睥睨宋土，宋金战事反而更加频仍，烽火已燃到南宋的眉毛之地——淮河流域了。但投降派一直以反对"浪战"的借口压制主战派。绍兴十一年（公元 1141 年），宗弼因战事失利，高宗、秦桧决定放弃淮河以北土地，宋与金又订下了屈辱的"壬戌之盟"，南宋政权积弱丧权之势更加恶化。衰世之中，理学在严厉禁绝的政策下已是脉息微弱。二程"洛学"从北宋崇宁以来屡遭禁绝。绍兴六年（公元 1136 年）左司谏陈公辅复论"伊川之学惑乱天下"，乞请"屏绝"，直到绍兴十四年（公元 1144 年）何若奏请"黜伊川之学"。学禁纷纷，天下士子噤若寒蝉，不少理学宿儒隐居山林，各以著述讲学为业。这使得在二程"洛学"之后，理学的发展显现出颓而不兴、学理零乱的状况。因而，年轻的朱熹在蟾宫折桂之后，依然是豪情和忧患交织于心。对他而言，幼承父训，任吏践履、齐家治国乃是士子不可推卸的职责，他想在这衰世之中做出些革故鼎新的举动。但慨然"求道"的志向又注定他要在"格物致知"、"正心诚意"的理学之路上进行永不间断的追问和思索，博学笃志更是他的本色。

博采慎思

绍兴二十一年（公元 1151 年）春天，朱熹赴临安参加吏部的铨试[①]，通过了经义、诗赋、时议、断案、律义的五场烦琐考核，被授官迪功郎、泉州同安县主簿。绍兴二十三年（公元 1153 年）赴同安上任，在此期间，他游学于道观佛寺之中，兴趣又集中在佛老之学上。宗杲、道谦的新派禅宗深深地吸引着这个青年士子的心。他开始尝试以佛教禅宗的奥理来充实自己初步学过的儒家心学。以求有所新创，即他在造访道场山寺所讲的要“观造化之理”。事实上，此时的朱熹便不自觉地走进了宋儒惯于儒佛双修的老路子。他有一首《吴山高》诗写得跌宕有致，充满了佛老的缥缈之气：“行尽吴山过越山，白云犹是几重关。若寻汗漫相期处，更在孤鸿灭没间。”但一身禅气的朱熹在赴同安任的路途上依然求学问道，寻访闽中大儒。可以说，他几乎接触了所有的闽中名儒，如李樗、林之奇、刘藻、艾轩等人，这些人的《五经》思想里包含着不少疑古的新见，给了朱熹很大启发。

在同安，朱熹“左右朱墨，蒙犯箠楚，以主县簿于此”，所谓“莅职勤敏，纤悉必亲”，浮沉官场之初便显示出自己突出的才干和过人的胆识。他在同安正经界、整顿版籍和赋税，笃行着宋代统治者抑兼并、黜豪右的基本政策。他还本着忠君爱民的朴素思想来整饬吏治，在追税时，每日签押和限期点追来防范吏人从中舞弊，遇事“定断不恕，所以人怕”。朱熹比较关心民间疾苦，同安流传着一个他处理民田争讼的故事：有富人兼并别人的好地，朱熹知道后，提笔写下“此地不灵，是无地理；此地若灵，是无天理”的咒语，结果，那个富人家在得地之后便败落了。这种做法固然软弱可笑，但也显出破落孤寒出身的朱熹痛恨豪强兼并的一贯品格。此时，朱熹还以同安主簿兼主学事，整顿县学教育，复习儒学。反对王安石的“荆公新学”。

① 铨试是宋选举官员的考试方法。凡选人和宗室子弟须赴吏部应试合格，方能授官差遣。

他重提孔夫子“志道、据德、依仁、游艺”的教育方针，以《论语》和《礼记》来教授弟子，重建儒家“克己复礼”的仁学思路，以期拯救封建衰世的纷乱人心。这些吏事和学事促使着朱熹在现实中做出不断的思考，渐渐地冲淡了他闭门为学时向佛禅庄老的不自觉偏转，加固了他哲学思想的基础：弘扬儒家仁学里的实践理性精神，通过反复不断地学习和综合，辗转发展成为具有人学品格的宋代理学，也就是后来人们称引的新儒学。但朱熹在形成自己理学思想体系的路上却经历了漫长的学习和思索的过程。

烦冗的簿吏生活并没有使他忘记读经反思，朱熹此时尽管依旧访学问友，但主要是不自觉地在佛儒之间颠簸飘摇，这位20多岁的年轻人暂时还不能找到自己学无定旨的原因是与二程理学的师承渊流的中断。早在绍兴二十三年，朱熹曾访学于南宋的一名理学正宗李侗，侗字愿中，南剑州剑浦人，师事豫章罗从彦，是龟山杨时的再传弟子。据说在程门弟子中，杨时最为程颢器重，程颢在送杨时学成之后归南剑时曾感慨道：“吾道南矣”。罗从彦被人视为“受业龟山（杨时）之门，独得不传之秘。”而李侗又被认为尽得罗从彦“所传之奥。”据《宋史·李侗传》载，侗24岁时闻郡人罗从彦得河、洛之学，遂以书谒之问学，从学数年，“于天下之理该摄洞贯”。后退隐山林，谢绝世故40多年，修身齐家，接引后学。人谓李侗“如冰壶秋月，莹彻无暇。”李侗认为，学问之道不在多言，但默坐而澄明本心，去体验认识天理，便能自然屏退私欲。在哲学思想上，他重提了理学的“理一分殊”的基本思想，指出当时学者学理纷乱的原因在于，凡讲学谈理只看见一以贯之的理本体，而不能体察万物分得其理的特殊性。因而，学者极容易陷入“疑似乱真之说”的泥潭而不能自拔。其实，李侗所谓“理一分殊”之说是为了树起儒释学理间的严格界限，扫除当时学者以释解儒、流于禅学的弊病。而朱熹在20多岁的时候，也正是浮沉在这样的学风中难以自拔，他后来回忆自己当时读书杂驳的情形：“某旧时亦要无所不学，禅、道、文章、楚词、诗、兵法，事事要学。出入时无数文字，事事有两册。”但是，随着年龄和见闻的增长，问学和做事的深入，朱熹于博闻广采之际也时时感到为学汗漫、碎不成体的困惑，于是生出师从宗师、以解己惑的愿望和要求。李侗便是这样一位再合适不过的人选。朱熹讲过："某自见于此道未有所得，乃见延平。"从学李侗使得朱熹由一个普通的学者俗吏真正地走向成为理学大师的新路。二程学说通过李侗的传承，直接成为朱子理学体系发生的思想基础和学术渊源。

朱熹之父朱松与延平李侗是同门室友，二人交谊甚契，朱熹自小便已认识李侗，却是在绍兴三十年（公元 1160 年）冬天 31 岁的时候，才正式师事李侗。此前朱熹曾在绍兴二十四年（公元 1154 年）夏天和绍兴二十八年（公元 1158 年）向李侗请教，后者直率地批评了他耽于学禅和儒释老三教混同的思想认识。《李延平集》卷 3 载着李侗教训朱熹的话："你那么悬空地去接触理解许多大道理，可对你眼前的事情却老是搞不大懂。其实，所谓道也没什么玄乎的，只是在日用生活中间扎扎实实做事时去领悟思考，这是很自然的。"朱熹当时还"心疑而不服"。但在同安为主簿的三四年间，他依旧苦读经书，同时，广泛地接触社会现实，看到佛老势力的恶性膨胀对国家财政和社会风气的危害，这使朱熹开始清醒。更为重要的是，在学术思潮上，由于绍兴二十五年（公元 1155 年）秦桧死后，佛禅气颇浓的王学逐渐衰落，而二程学说之禁则暂时松弛下来，这便更加坚定了朱熹师事李侗、传诸绝学的信心。朱熹曾对弟子赵师夏谈及此事：

> 余之始学，亦务为笼统宏阔之言，好同而恶异，喜大而耻于小，于延平之言，则以为何多事若是，心疑而不服。同安官余，反复思之，始知其不我欺矣。

李侗把握住"理一分殊"的理学思想的精髓，同时，他还特别强调"分殊"、"用"和达人"遇事廓然"的洒脱境界。所以，李侗主要是引导朱熹从"分殊"用事上去把握理学的精神实质，即"须是理会分殊，虽毫发不可失，方是儒者气象"。在绍兴三十年冬天到绍兴三十三年（公元 1163 年）

这段时间里，就是朱熹自谓“壮岁获游延平之门”的时期。他终于认识到了自己为学“有体无用”的痼疾，懂得了穷理与应事并重、静观与动察共用的重要性，懂得了“体用兼举”、“格物致知”和“于日用处下功夫”对于一个儒者立身处世的重要性。因此，这时的朱熹不但在理学之路上狂学苦思，而且还在现实中体现出积极的用世之心和极高的抗金热忱。隆兴元年（公元1163年），宋孝宗赵昚即位。赵昚有志于恢复中原，中兴宋室，故而朝廷又开始垂青主战派，六月下诏求直言之士指陈朝政阙失，朱熹便满腔热忱地上了一道著名的封事[①]，这篇封事贯穿始终的仍然是反和主战、反佛崇儒的主题。《宋史·朱熹传》花了挺大篇幅征引这篇封事，实际上，它可以被看作朱熹从学李侗之后，明晓“体用兼举”之理的一次突出表现。他建议皇帝说，帝王之学不可以不熟讲，而皇上追逐文辞，耽于佛老，只是舍本逐末。帝王之学必先“格物致知”，通晓天下万物之变，则自然能做到心正意诚，应付天下的事情。修攘之计不可以不早定，金人与我们有不共戴天之仇，讲和是错误的。应当任贤使能，严肃纲纪，淳化风俗，数年之后，观察敌我的形势强弱，逐渐地打败它。本原之地不可以不留意，国势的盛衰系于民众的苦乐，民众的苦乐小而系于地方官吏，大而系于朝廷。而监察各州的朝廷官宦贪赃枉法，与执政者、御史、谏官狼狈为奸，皇上应当廓清朝廷这块本原之地，斥逐佞臣。当孝宗召见朱熹时，朱熹又当面奉劝皇帝要遵照《大学》里“格物致知”的准则，在具体事情上精明起来，所谓“随事以观理，即理以应事”。并告诫皇上要牢记君父之仇，“非战无以复仇，非守无以制胜”，反对投降和冒进，强调动静有时。然而，当孝宗以张浚为都督主持北伐之时，却因将帅失纪不和而招致隆兴元年夏天符离（今安徽宿县）之战的惨败，宋丧失了再战的能力。朱熹上这篇封事的时候，正值新相汤思退执政，力主和议而边备尽驰。接着在乾道元年（公元1165年），又是投降派洪适为

① 古时臣下上书奏事，防有泄漏，用袋封口，称为封事。《文心雕龙·奏启》：“自汉置八仪，密奏阴阳，皂囊封板，故曰封事。”

相。因此，朱熹所论与他们不能合拍，只得到一个临安武学博士的虚职。此时的他才算是看清了满朝诸臣多思苟安的真面目。于是，就在这一年，朱熹辞官，愤然而归，又在自己为学致思的理学之路上继续切磋砥砺了。

在李侗死后，朱熹的思想又经历了一个变化过程。在李侗的影响下，朱熹一方面是与以佛说儒者论辩，自觉地以儒学来挞伐佛老之学；另一方面，他也逐渐感觉到李侗之学在本质上承继程颢较多，即仍然是以主静和“自家体帖”上着眼，缺乏一种磅礴宏阔的气象。这也就是朱熹所言：“余早从延平李先生受《中庸》之书，求喜怒哀乐未发之旨未达，而先生没，余窃自悼其不敏，若穷人之无归。”为了解决这个困惑，朱熹一方面细读程氏之书，从原典直接汲取学理；另一方面，他又访学湖湘派学者张栻，与之辩论，从乾道二年（公元 1166 年）到乾道四年（公元 1168 年），朱熹就是在这种既徜徉于二程原典，以求全盘把握其精神实质，又遍访湖湘学者，不断扬弃时说并进而综合的生活中迎来了自己理学之路上的一次重大飞跃。已入中年的朱熹终于认识到了在南宋儒释混同的学术氛围里，大多数学者和学派都极易走向偏重察识本心而忽于外物、易于致知而空于格物的泥淖。在对二程理学的认识和发展上，南宋之时的大半学者均会心于程颢的“静察”而忽于程颐的所谓“天理”应从外界“格物”以达于“致知”的思路。朱熹重新认识到了后者，因而，他更加注重“已发”能够体现于“太极之蕴”，即主体在洒扫应对日用之间通过本心之“已发”来体悟实存的“天理”，这即是他酬和张拭之时所说的：“惟应酬酢处，特达见本根。万化自此流，千圣同兹源。”所以，在这段时间的思索中，朱熹逐渐地融合了闽学和湖湘之学、程颢主静和程颐主敬的思想，是对自己生平所学进行的第一次综合，或说是由博返约。这就是《宋史》本传所说的“熹之学既博求之经传，复遍交当世有识之士”。这话精确地指出了朱子文学集大成的特点。

乾道五年（公元 1169 年）九月，朱熹 70 岁的老母亡故，他返回建阳守丧，并在建阳西北芦山峰巅的云谷建了三间草堂，匾名之曰“晦庵”，以著述授徒讲学。从此，朱熹便以“晦庵”自号，表明自己隐晦终老的决心，并准备过一种“静有山水乐，而无身世忧。著书俟来哲，补过希前修”的生活。此后，他的理学体系、经学思想和史学观念便开始确立了。乾道六年（公元1170年），朱熹完成了生平第一部著作《太极图说解》的初稿，以程颐《易传序》里“体用一源，显微无间”的思想来解释周敦颐的太极理本论，初步形成自己理学思想的核心命题：“太极”指宇宙本体之理，它既是一种客观实在，同时又是一种精神性的存在。太极之理生万物，又在万物之中，理、气和道、器各自是一种体用关系。由此出发，他建立了理、气、物的宇宙生成论和格物穷理的认识论。朱熹还重新树立了理学中“理一分殊”的原则，即所谓“合而言之，万物统体一太极也；分而言之，一物各具一太极也”，从一般与特殊的关系上彻底阐明了“理一分殊”这种哲学原则的精神实质。也就在这一年，朱熹还完成了另一部著作《西铭解》，把太极理本论和“理一分殊”的哲学原则推广到性论、道德论、认识论乃至社会政治观上面。比如，他从道德伦理的角度以《西铭》来阐发自己“理一分殊”的本体论，将理学发展中关于政教人伦的内容也给哲学化、思辨化了：

> 大概以乾为父，以坤为母，有生命的东西没有不是这样的，此之谓“理一”。但人和物的生出，各有血脉的所属，各亲其亲各子其子，别的人和物又怎么能不显得特殊呢？一统而万殊，虽然天下一家，中国一人，也不至于有兼爱的弊端。万殊而一贯，虽然亲疏不一，贵贱不同，也不至于囿于自私为我的桎梏。这些是《西铭》的主要思想。

在此之后，朱熹以《太极图说解》和《西铭解》为基础，逐渐充实“理一分殊”的思想，使其成为朱子客观唯心主义理学体系的总体性原则。

从乾道六年到淳熙元年（公元1174年）的四年间，朱熹在完善其自然哲学中的本体论（理、太极）和现象论（气、物）的同时，还在其哲学园地里的另一块土地上进行着辛勤的耕耘，这块土地就是朱子的人生哲学。它与自然哲学密不可分，却又有着自身独特的范畴：“心”和“性”。在这个时期，朱熹在完成对于周张二程人生哲学思想的全面理解的同时，又在性论、心论和仁学上与湖湘派学者展开一场论战，并由此逐渐离析出自己理学体系的人生哲学思想。乾道八年（公元1172年）编成《论性答稿》，重提张载、二程“天命之性”和“气质之性”的命题，以“理、气”论思辨地解决了历来性论的争执，当然，朱子的性论在后来《四书集注》里《中庸集注》和《孟子集注》上得到了进一步完善。同年编成《仁说》，标志着朱子仁学体系的建立。淳熙元年，朱熹写成《观心说》，筑起了自己理学人生哲学大厦的另一极。他说：“大抵圣人之学，本心以穷理，而顺理以应物，”“释氏之学，以心求心，以心使心”，与当时流行的心学划清了界限，而贯穿在其关于“道心”和“人心”分别内的依然是“理一分殊”的哲学原则。在形成理学体系的同时，朱熹也开始建立自己的经学体系。乾道七年（公元1171年），编著《论孟精义》，并在建阳正式刻板行世。在此书序里，朱熹表明自己的经学思想是上承二程，但对汉魏诸儒之说又不偏废，他认为“汉魏诸儒正音读，通训诂，考制度，辨名物，其功博矣。”只不过是“得其言而不得其意”。这种解释原典的态度因兼取汉学与宋学之长，而高出了时儒的见解，在一定程度上避免了义理之学的空洞。同时，朱熹在《易》《诗》《礼》等经上也做出一些初步的解释，成为他庞大的《五经》学体系的小小铺垫。

在这个时期，最值得提到的著作要算是《伊洛渊源录》和《近思录》的完成了。在《伊洛渊源录》里，朱熹揭橥了自己的道统观念，他以周敦颐为道学开山，以为程颢是“孟子之后，传圣人之道，一人而已”，严格地以二程学说来分辨宋代的五学、蜀学等其他儒学宗派，突出了理学在宋学里的核心地位。《伊洛渊源录》是一部简明的前期理学学案。两年后的淳熙二年（公元1175年）吕祖谦从浙江来到福建拜访朱熹，二人共同研读了周敦颐、二程和张载的著作，选取各家语录622条，编成《近思录》。全书共14卷，囊括了程朱理学所涉及的所有思想主题：一道体，二为学大要，三格物穷理，四存养，五改过迁善克己复礼，六齐家之道，七出处进退辞受之义，八治国平天下之道，九制度，十君子处事之方，十一教学之道，十二改过及人心疵病，十三异端之学，十四圣贤气象。后来，朱熹告诉门人说：“《四子》《六经》之阶梯；《近思录》《四子》之阶梯。”而事实上，《近思录》更是程朱理学思想的入门阶梯，它与《伊洛渊源录》一横一纵，界定了朱子之学的思想轮廓，在儒学史上自觉地标明了程朱学派的完全确立。

已入不惑之年的朱熹在当时还是一个著名的诗人，并因此而受到推荐。但一生以道学为己任的品格使他从乾道六年到淳熙元年先后八次辞违朝命，潜心于理学与经学，终于成为一个气象宏阔、著述累累的大儒而名闻天下。南宋名臣虞允文曾在宋孝宗面前赞叹“熹不在程颐下”。不难看出，在当时人们的眼里，朱熹也被认为是北宋二程以来最大的一个儒者。然而，理学之路漫漫而修远，思想是一种自在成长的事物，朱熹的学说还需要在林立的宋学各派里去明辨审问，还需要由道统转化为一种学统而在儒林里传播开去。朱熹是一个大思想家，同时又是一个大教育家，这点他跟孔夫子相仿。这种相仿意味着他注定还要为自己的学说和理想而呕心沥血，奔波一生。

明辨笃行

朱、吕编成《近思录》之后，吕祖谦想到南宋的另一派儒学分支“心学”与朱熹学说的严重分歧。当时，江西陆氏以陆九渊为代表，鼓吹“心学”，并在抚州金溪（今属江西）筑屋讲学，形成一派强劲的学术势力，渐由江西扩至两浙，十分引人注目。陆氏心学发生和蔓延之时也是朱熹著书讲学建立自己学派的时候。吕祖谦考虑到朱、陆之间还存在着不少异同，或许可以通过辩论研究归于一宗，于是召集安排他们于淳熙二年四月会于信州（今江西广信）鹅湖寺。

但在事实上，朱熹、陆九渊二人的学说早已偏差很大，而且都不彼此承认，难以认同。如果说朱子之学是儒学在宋代的集成的话，那么，陆氏心学则是儒学在宋代刚刚诱发起来的一次新变。二者在哲学本体论上就有很大不同。但在鹅湖之会上，他们讨论的主要是“为学之方”。陆氏主张尊德行，以纯粹的主观唯心论态度教授学生，斥责朱熹一派是为学不求诸本心，而专意于名物度数的追求，以为这是一件艰难支离、劳而无功的事情。陆氏兄弟赴会之前，陆九龄对陆九渊说："吕祖谦约朱熹搞这次讨论会，为的是学术异同，咱们兄弟本来就有些不同，更谈不上一块去等同于朱熹了"。于是二人先开始讨论辩说，一直到深夜才停，第二天早晨，陆九龄说："夜里细想想，九渊弟的话太有道理了。"陆九龄还就自己所想写了首诗。

孩提知爱长知钦，古圣相传只此心。
大抵有基方筑室，未闻无址忽成岑。
留情传注翻蓁塞，著意精微传陆沉。
珍重友朋相切琢，须知至乐在于今。

陆九龄在会上吟诵了这首诗，诗念了一半，朱熹就对吕祖谦说："子寿（九龄字）早就上了陆九渊的船上了。"一眼看出陆九龄已经认同了"心学"。接着开始辩论，陆九渊又有和陆九龄诗一首：

墟墓兴哀宗庙钦，斯人千古不磨心。
涓流滴到沧溟水，拳石崇成泰华岑。
易简工夫终久大，支离事业竟浮沉。
欲知自下升高处，真伪先须辨自今。

诗读到五六句时，朱熹"失色"，读完七八句后，朱熹很不高兴，于是大家临时休会。第二天他们继续辩论。朱熹主张为学先要泛观博览，然后由博返约，而陆氏兄弟主张教人要先发掘澄明人的本心，然后再归于博览而学。大致是朱熹认为陆氏的为学之方太简便，而陆九渊则认为朱熹教人流于支离琐碎。针锋相对，讨论会开不下去了。但朱熹却并没有因学说不合而诋毁陆九渊，鹅湖之会后，他陷入了深深的思考之中。他也不满于两派弟子经常进行无端的攻诋，所以跟自己的学生们讲："想起当时的辩论，真令人怅然难忘。我劝你们一定要兼取两家学说的长处，不要轻率地互相诋毁。即使有不相同的地方，也暂时不要发议论，而是要勉力去做眼前最重要的事情，考虑学术上最重要的问题。"又说："南渡以来，学者大都讲'正心诚意、格物致知'8个字，但真正讲得扎实融贯的，只有我和陆九渊两个人罢了。我的确是敬仰他的为人，你们不要去轻率地议论他呀！"三年以后，朱熹想起鹅湖之会时，便和陆氏兄弟写了一首诗，表达了自己对于这种自由讲论、棋逢对手的光景十分留恋。诗曰：

德业流风夙所钦，别离三载更关心。
偶携藜杖出寒谷，又枉篮舆度远岑。
旧学商量加邃密，新知培养转深沉。
只愁说到无言处，不信人间有古今。

又过了几年，朱熹在江西做地方官，修复了白鹿洞书院。淳熙八年（公元1181年），陆九渊带着弟子们来访，朱熹很高兴，和他一起坐船游览，并说："自有宇宙以来，已有此溪山，还有此佳客否？"随后请陆在白鹿洞书院作了一次讲演。陆讲了《论语》"君子喻于义，小人喻于利"一章，听讲的人都很感动，有的甚至落了泪。陆九渊联系当时知识分子的思想实际和生存困境，大谈判断"君子"和"小人"的标准不在于行为，而在于"志"，在于一个人的精神境界，这些话的确给了当时默默无闻的道学士子们一种神圣和崇高的感觉。所以，朱熹也说自己不曾讲得如此深刻，感到十分愧疚。

淳熙五年（公元1178年），朱熹被任命为知南康军[①]（今江西星子县），他辞免半年未果，第二年3月才到任。从任同安县主簿到这时复出，朱熹已经家居著述讲学20多年。士大夫都期待这位一代大儒做出非凡的政绩，有

① 军是宋代的一种地方行政单位，以驻军为编制区划。

补于日渐颓败的国势。有一位叫王质的诗人甚至写诗说："晦庵今年登五十，晦庵不急苍生急。"朱熹心里又燃起了事功践履的热情，一到任就宣布了宽民力、敦风俗、砥士风的施政大纲。首先仍然是打击豪强兼并，惩治贪官奸吏，但迂阔而近于天真的道学先生又怎能撼动固如铁桶的地方腐败政治！

虽然在政治上朱熹面对积重难返的现实难有什么大的作为，但在思想上他所提倡的振兴儒学风教和修复白鹿洞书院，却是收到了十分切实而有成的效果。他要求人们教诫子弟，使他们"修其孝悌忠信之行，入以事其父兄，出以事其长上，敦厚亲族，和睦乡邻，有无相通，患难相恤"。他还要求乡党父老推选子弟送往学宫研读经书。为了扩大理学的影响，朱熹在学宫内设立了周敦颐祠，配以程颢、程颐。在中国古代教育史上，朱熹修复白鹿洞书院，制定了一整套制度和章程，对后世教育特别是书院教育产生了很大的影响。

白鹿洞书院为宋代四大书院[①]之一，位于庐山五老峰下，相传唐代李渤在此隐居读书，常蓄白鹿以自娱，因此得名。宋初称为白鹿国学，来就学的常常有数百人，但到朱熹知南康军时，由于长期失修，已荒为废墟。对此种景象，朱熹由衷地感叹道："学馆余废址，鸣琴息遗歌。"于是就派下属杨大法、王仲杰重新修建，并设置田地以赡养到此读书问学的士子。朱熹为白鹿洞书院的修复和开讲花费了很大的心血，他亲自为书院诸生订立了《白鹿洞揭示》(亦称《白鹿洞书院教条》)，明确提出了他的教育方针和培养目标。这些教条大多是摘自《四书》《五经》。比如：

> 父子有亲；君臣有义；夫妇有别；长幼有序；朋友有信。
>
> 博学之；审问之；慎思之；明辨之；笃行之。
>
> 正其谊不谋其利；明其道不计其功。

---

① 这四大书院分别是：嵩阳书院，在河南登封。岳麓书院，在湖南长沙。应天书院，在河南商丘。白鹿洞书院，在江西庐山。

己所不欲，勿施于人；行有不得，反求诸己。

这些都是儒家传统教育的基本原则。由此，我们也不难看出，朱熹兴复白鹿洞书院的目的是振兴儒教，培养人才，宣扬理学。朱熹不满当时的官学，以为官学太学“但为声利之场”，只不过教授学生“务记览，为辞章，以钓声名，取利禄”罢了。他标举“讲明义理，以修其身，然后推以及人”的学风，想以书院教育来补救官学的不足，纠正科举腐败的弊病。显然，朱熹的理学学教仍然是针对当时盛行于场屋的王安石的“新学”学风。这也是他会心于陆九渊所讲“君子喻于义，小人喻于利”一章思想的主要原因。同时，朱熹兴复书院也是受到佛教禅林的刺激和影响，他想以书院作基地来发展儒学，宣扬理学，与当时弥漫于世的佛教禅学争夺在政治思想和学术文化上的地盘。朱熹一生总是为官一任，兴学一方，以此来渐进地改造士风。淳熙十年（公元 1183 年），朱熹回到福建，主管台州崇道观，仍然没有忘记兴学办校。他在武夷山修建了武夷精舍，广收门徒，传播理学。11 年后，朱熹知湖南潭州时，修复了岳麓书院。

正当朱熹将理学的种子播撒在颓废的士林之中的时候，在浙东又崛起了一支与理学截然不同的哲学流派，这个学派是吕祖谦死后浙东之学的一次新变，它刚一发生便形成一股势不可挡的潮流。其代表有二：一是以陈亮为首的永康一脉；二是由陈傅良、叶适为首的永嘉一脉。全祖望说：“永嘉以经制言事功，皆推原以为得统于程氏；永康则专言事功而无所承，其学更粗莽抡魁。”二者的思想有些出入，但作为一个整体的学派，浙东之学与朱子之学却是有着根本不同的地方，即前者以经济、政治为中心，后者则以哲学、义理为中心。因此，他们各自代表了一种文化精神里的两个方面：以事功用世和以道德救心。朱熹在知南康军后，曾在浙东做过几年提举，因而对浙东学者的学风已有较深的了解，逐渐将与陆氏“心学”辩论的注意力转移到对浙东学派的批判上面。淳熙十一年（公元 1184 年），朱熹回到武夷精舍后，发现学风士风又在向着浙东学派的一面偏转，他深有感触地说：“陈亮的学风已经流衍到江西了，浙地的士人信奉的就更多了，几乎家家都谈论王霸之学。人们不说萧何、张良的德治，只说管仲、王猛的霸术；不说孔孟以德行育人，只说王通以事功教人。真是太可怕了”。朱熹与陈亮辩难的核心是王霸义利之辨。陈亮以一种激情的狂热来呼唤霸术用世、功利行事。他十分深沉地说：考察古今治世沿革的变化，研究君王们的“王道”和“霸术”，我搞清楚了汉、魏、晋、唐治理长短的缘由。回头看看现在的儒士们自以为懂得正心诚意之学，实际上都是麻木不仁的人。他们一辈子安于君父之仇的现状，只是低头拱手谈性命，真不知道什么才是所谓的性命！陈亮的批评不是没有道理的。理学的流弊往往在士林里造成一大批的冬烘先生，他们整日谈性说命，遇着大事却束手无策。但朱熹理学的本旨是为了克服人性异化，拯救衰世之中窳败的人心，而朱熹本人又何尝没有积极鼓吹过北伐恢复之计！只不过更多一份深邃的理性罢了。所以，朱熹遵循着他的道德理性进行了冷峻的反驳。在给陈亮的一封信里，他说汉唐以来君主之治只是体现出了人欲横行：

> 汉高祖的私欲还不算太强，但不能说是没有。至于唐太宗，恐怕他每一念头都是出于人欲，这些人能够假借仁义之名以达到自己的私欲。汉唐以来的1500年之间，正因如此，都不过是如堵漏子、补补丁一般勉勉强强地挨过了些岁月。中间虽然也有小康之时，但尧、舜、三王、周公、孔子所传的王道德治之术，不曾有一天是施行于天下的。

朱熹的反批评也很激烈。在王霸之辩上，朱熹推崇三代以道治天下，陈亮推崇汉唐以权术把持天下。他们都将批判的矛头指向现实，都想为现实政治的改良提供一种历史上的参照，朱熹重道德，陈亮重功利。但相比之下，陈亮更多地挟带着一种活生生的现实感性，所以，他对空谈性命理学之弊的指责，便含有一种急切的时效性。而朱熹所蕴藏的则更是一种沉甸甸的历史理性，因而，他颇具理想主义的坚韧态度便含有一种深远的保守性，但在这种保守性的后面同样隐藏着强大的历史批判力。他对汉唐帝王们人欲横流、假仁假义的指责不得不使我们想起明末清初大思想家黄宗羲《原君》里对于封建君王的批判。

如果说与陈亮等浙东事功派的论战是带有强烈的现实色彩的话，那么，朱熹在后来与陆九渊关于“无极”、“太极”的辩论中，则更多的是对自己哲学体系的捍卫。淳熙十五年（公元 1188 年），朱熹和陆氏兄弟就周敦颐的《太极图说》展开了“无极”、“太极”之辩，这是关系到各自哲学本体论的论争。陆九渊认为《太极图说》里说“无极而太极”是受老子学说的影响，而朱熹则坚持《太极图说》“无极而太极”是周敦颐的本意。他解释说：“不讲无极，那太极便混同为一物，而不足以成为万物所生的根本；不讲太极，那无极也沦为空寂之物，同样也不能成为万物所生的一个实体”。朱、陆之间反复辩驳，相当激烈，最后追溯到彼此的思想渊源上去。陆九渊批评朱熹讲“无极”、“太极”是“超出方外”而“不落方体”，是从佛教禅宗那里转借过来的。朱熹回答说：“太极从来没有藏着不见人，它是一个客观的实体。然而能认识到太极存在的人却是太少了。常常只是在禅学里认得个昭昭灵灵的心，便以为心能作用一切，于是把它叫作太极。根本没搞清楚所谓太极，是天地万物本然之理，是从古到今颠扑不破的”。这次辩论，朱熹鲜明地表露了客观唯心主义的立场，从程朱理学的哲学基础上与陆氏心学彻底地划分出界限，二者从此便并行于世而判然两分了，从而逐渐走向“宗朱者诋陆为狂禅，宗陆者以朱为俗学，两家之学，各成门户，几如冰炭”的对立境地。

连续不断的大论辩不仅凸显和明确了朱熹的思想体系，而且也促使他在治国平天下的践履中去实践自己的理学。事实上，此时的朱熹既是闻名天下的大儒，又是一个引人注目的官吏，他对于入世躬行已经形成一种积极的态度。故而这位年近 60 的道学先生在入朝奏事的途中，竟也为万紫千红的春色所迷，抒发出一个诗人哲学家尘封已久的情思：

川原红绿一时新，暮雨朝晴更可人。

书册埋头无了日，不如抛却去寻春。

据说蛰居象山讲学的陆九渊读了这诗，以为朱熹所言“寻春”即指入朝奏事，相信朱熹要以道学工夫付之践履，便对人说：“朱晦庵现在真是觉悟了，可喜可贺啊！”果如所料，朱熹此次入朝，向宋孝宗上奏了著名的万言书，全文约一万五千字左右，史称“戊申封事”。这篇封事不再唠叨先前讲学穷理之类的空言，而是直陈当世之大体之事，如心术、宫禁、时政、风俗等，“披肝沥胆，极其忠鲠”。朱熹陈列了六大“急务”，并一一细论曰：

天下的大本原是陛下的心。当前的急务是辅翼太子、选任大臣、振举政纲、变化风俗、爱养民力、修明军政。您的心术很正，则天下的事情无一不出于正……太子也是天下之本，应当选择端正博学之士辅导他，使他远离邪人而防微杜渐……选任大臣若是不精，则培植党羽，收受贿赂，搞乱朝廷的制度和章法。所以您的选用宗旨一定不能是权宜之计……纲纪不振于上，导致风俗颓败于下，这种现象为患已久。人们总是谄媚攀附，而不知道忠义名节的可贵。这十几年来，常把忠直守道之士指为道学之人加以排斥，这哪里是治世之君所能容忍的……至于爱养民力，修明军政，则不能以剥削百姓以奉上者为贤，也不能让将帅剋扣士卒，以蓄私财，而避免这些弊端的关键，在于陛下选择得力的宰相和台谏。

封事里的每件事情都是面对现实的。其中谈及选任宰相的重要和道学的被贬斥可谓实录。宋孝宗的宰相王淮，为相多年，培植了自己的一大批党羽，他们投合帝好，阿谀奉承，搞得朝政十分腐败黑暗。王淮在朱熹入奏前不久才刚刚罢相，朱熹曾经弹劾过一位叫唐仲友的贪官，王多方袒护唐，遂与熹成为政敌。而且，淳熙九年（1182 年）十一月，唐仲友的密友吏部尚书郑丙受王淮指使上了一道奏疏，煽动所谓“近世士大夫有所谓道学者，欺世盗名，不宜信用”，又在朝中掀起了反道学的阴风。这股阴风一直刮下去，直至酿成十几年后的“庆元党禁”，成为笼罩在朱熹余生的浓重而不祥的阴影。在封事的最后，朱熹流露出一种力不从心的感喟：“日月逾迈，如川之流，一往而不复返，不独臣之苍颜白发，已迫迟暮，而窃仰天颜，亦觉非昔时矣。”据说奏疏呈进去的时候，孝宗已经就寝，但还是赶紧起床秉烛，把奏疏一口气看完。显然，这封万言书感动了皇帝。但朱熹痛诋大臣近习也招致了他们深深的忌恨，他是不可能再安身于朝廷之上了。

朱熹是一个大学者，他在中国文化史上的贡献不仅因为他是近古时期最大的哲学家，建立了一整套“太极”本体论的客观唯心主义理学体系，还在于他能够兼收并蓄，承前启后，以大量重要的著述完成宋代的学术范型，他的《四书》《五经》思想体系是汉代以后儒家经典解释学的又一个高峰。淳熙十六年（公元 1189 年），朱熹主管西太一官，兼崇政殿说书，负责向皇帝进读书史，讲释经义。这一年，他序定《大学章句》和《中庸章句》，标志着他《四书章句集注》理学体系的完全成熟。《四书章句集注》是他毕生的呕心沥血之作，用力前后凡 40 余年，他说“某释经，每下一字，直是称等轻重，方敢写出。”他辑合《四书》的次序是《大学》《论语》《孟子》《中庸》，其论《大学》为发“大学教人之法，圣经圣传之指”，论《中庸》是儒家“传心之要”，论《论语》《孟子》为“操存涵养之要”和“体验扩充之端”。不难看出，朱子《四书集注》代表了一种儒家经典解释的新精神，同时他又试图重建儒家的“道统”，因而朱子的儒学，被后人称为“新儒学”。朱熹的《五经》体系也独具特色，比如，他确认“《易》是十筮之书”而以《周易本义》来阐发其象数；在《诗经》的解释上，他反对《毛诗序》的传统旧说，在《诗集传》中建立起了黜《毛诗序》的新《诗经》学体系；朱熹在《礼》学方面，批判崇《周礼》贬《仪礼》的王学而以《仪礼》为经，以《礼记》为传。朱熹还怀疑《古文尚书》并以为所谓孔安国《书传》为伪托之书。朱熹对《春秋》的看法就更有意思了，他说“《春秋》本是严的文字”，但孔子只是据事直书，善恶自彰，并没有教人去如何褒贬。可以说，朱子的《五经》学思想充满了强烈的离经叛道的色彩。绍熙元年（公元1190年）朱熹61岁的时候，知福建漳州。这一年，他首次刊刻除《礼》以外的《四书》《五经》，这是中国文化史上的大事件。

身前身后

绍熙四年（公元1193年）八月，朱熹经宰相赵汝愚推荐，为焕章阁侍制兼侍讲。初见宋宁宗赵惇，便上《行宫便殿奏札》大讲“君臣父子，定位不易，事之常也；君令臣行，父传子继，道之经也”，又开始梦想将自己的理学工夫实践在帝王的政教法令中。但赵惇即位后的南宋朝廷却发生了一场自隆兴和议苟安乱世以来的最严峻的政治危机，朱熹最终也被卷入凶险的道学党争的旋涡之中了。庆元元年（公元1195年）宋宁宗赵扩正式即位后，朱熹对赵扩又增加了一重幻想，他早晚侍讲，十分勤恳，皇帝却是阳奉阴违，假惺惺地夸奖他是“讲明大学之道，庶几于治”。但自朱熹入都以来，朝中政局便围绕赵扩、赵汝愚、韩侂胄、朱熹等展开了微妙的争夺，这种道学之党和反道学之党的斗争最终酿成一场党禁之祸。

朱熹在朝中立身所凭借的只是他大儒的名分，朝廷以此来诏示天下士子“野无遗贤”。但朱熹却远非弄权的官吏，他只是不间断地批评皇帝的昏愦独断，大臣的专任己私，近习的干预朝政，越来越引起人家的反感，难怪他只做了四十多天的侍讲便被逐出朝廷。朱熹被逐，引起了天下之人的不解，而一大批道学先生也强烈地抨击皇帝和宰相的轻率。于是，士林里纷纷响起了道学请议的喧声，有一个叫游仲鸿的小官上书赵扩抨击韩侂胄说：“朱熹是海内名儒，被您召用，天下传诵，都以为天下大儒找到了自己的归宿。不想才四十多天，又被您逐出朝廷。天下之人都以为大儒尚且不能容身于朝廷，其他的人就更不可以了，但愿皇上赶快召回朱熹，不要使小人得志，乱了朝纲。”朝命一出，朱熹彻底失望了，这位白发老臣重新拾起了道学家超然远游的态度，对各种改除的朝命一概辞免。他一面吟咏着感伤的调子："不见严夫子，寂寞富春山"，一面平静地用理学晓喻弟子学人说："要穷理，就要在事物上做，今天穷完这个理，明天又穷那个理，这样，积累多了，心里自然就融会贯通了。"又说："古之学者为己，今之学者为人，须是格物、致知、诚意、正心、修身，而推之以至于齐家、治国可以平治天下，方是正当学问。"这些也是朱熹一生为学的自述，《宋史》本传里讲他为学"大抵穷理以致其知，反躬以践其实，而以居敬为主"，这一把握是准确的。朱熹离开朝廷以后，韩侂胄的势力便更加嚣张了。文化专制之下的反道学暗流汹涌而至，中司何澹上书论及程朱"专门之学"，讥刺理学之徒是沽名钓誉，请求皇帝辨别学术的真伪，另一位叫刘德秀的，在长沙做官时，张栻等人都不理睬他，便怀恨在心。当了谏官以后，便迫不及待地要求追究引荐"伪学"入朝庭的"罪魁"，从此，程朱之学被诋毁为"伪学"。太常少卿胡纮叫嚷着说："这些年伪学活动猖獗，图谋不轨。乞请告诉大臣们，不要再推荐入朝"。更有一班人把朱熹与赵汝愚归为"伪党"一类，并进而说成是"逆党"，要窥伺大宋江山。所以，有个叫余嘉的上书乞斩朱熹。庆元元年（公元 1195 年），朱熹因论韩侂胄弹劾赵汝愚事，被称为"逆党"，名列"伪学逆党"党籍的黑名单上。理学在庆元党禁的打击下又一次落入了低潮。《宋史》上记载了当时儒士噤若寒蝉，万马齐喑的局面："在那时，士人稍微有些儒士名气的，无不感到无处容身。朱熹的弟子中间，能够特立不顾的，都悄然隐退；阿谀懦弱的，都改换门庭，路过朱熹的门都不进去。更有甚者，把严整的衣冠都变换了，在闹市中轻慢地冶游，以表明自己不是道学先生。"但是，即使如此，朱熹依然与自己的弟子学生讲学不停。有人劝他赶快遣退生徒吧，朱熹却是笑而不答。庆元四年（公元 1198 年），朱熹在身体和精神上都已经很衰弱了，但他仍在撑着病躯，念念不忘地编写《礼书》，表示必须把《礼书》编好之后才能瞑目。庆元六年（公元 1200 年），朱熹病得更厉害了，他托付学生黄干、范念德收集《礼书》底稿，补辑抄写完成。同年三月九日，这位大儒瞌然而逝。他的弟子蔡沈在《梦奠记》里比较详细地记载了他生命最后几天的情形：

> 三月二日，看沈《书集传》，说数十条及时事甚悉，诸舍诸生皆在。
>
> 三日，在楼下改《书传》两章，又贴修《稽古录》。是夜，说《书》数十条。
>
> 四日，是夜，说书至《太极图》。
>
> 五日，是夜，说《西铭》，又言为学之要。
>
> 六日，改《大学·诚意章》，令詹淳誊写，又改数字。又修《楚辞》一段……

朱熹辞世之时，正是那位反道学人物何澹知枢密院兼参知政事，党禁学禁更是变本加厉；道学信徒们决定聚会给老师举行大规模的送葬仪式，这就引起了一些人的恐惧，于是有人讲："四方伪学之徒给伪学之师送葬。朱熹在浙东时浙东之伪学便兴盛，在湖南则湖南的伪学兴盛，他们聚会在一块儿，便会妄论世人，谬议时政，应当禁止他们。"可见当时文化专制和思想禁锢已经到了什么地步！人们丑化"道学"，使之成了虚伪、空谈、迂腐、古板、乖戾的代名词，"道学"在人们心目中已远非朱熹初衷所希望的那样了。

然而历史常常像个狡黠的顽童，时间没有过去很久，这位晚景凄凉、仓皇辞世的大儒又被从黑漆漆的历史幕布后面请了出来。宁宗嘉定二年（公元1209年），朱熹被赐谥"文"，从此被尊为"朱文公"。嘉定五年（公元1212年），朱熹的《四书集注》被列为国学。淳祐元年（公元1241年），宋理宗赵昀下诏学宫将朱熹从祀庙堂，朱熹取得与周、张、二程并列的宋代五大道统圣人的地位。咸淳五年（公元1269年），宋度宗下诏赐婺源朱氏故居名"文公阙里"，同孔子阙里并列。元朝至元元年（公元1335年），元惠宗下诏兴建朱熹文庙，次年改封齐国公，从此，朱熹也像孔子一样受到统治者们的顶礼膜拜。这种膜拜的狂潮一直延续到近代。朱熹成为一个偶像，以致在明、清两代成了统治阶级统一思想的一个紧箍咒。一种鲜活的思想在强烈扭曲之下逐步丧失了它的本来面目。

回顾朱熹的一生，至少可以说他是勤勉的，他是刚直不阿的。他一生著述不辍，从30岁到死前，他一共留给后人近40种著作。如果中国文化史上短缺了这笔丰厚的遗产，那么，所出现的断层和恐慌将是不可想象的。这是一个活跃思考着的灵魂，这个灵魂既寄托着文化里诗性的飘逸，又承载了一种无法直面的沉痛。这不是一个平易的灵魂，只是把他当作“圣人”来膜拜，便忘记了他生时的紧张和沉重。朱熹被公认为是孔子之后中国文化史上的又一位大圣人，但历代封建统治者和官僚们对他也不过是利用而已。一位现代“圣人”对孔夫子身后事的评论可以帮助我们看得明白些：

> 总而言之，孔夫子之在中国，是权势者们捧起来的，是那些权势者或想做权势者们的圣人，和一般的民众并无什么关系……恰如敲门时所用的砖头一样，门一开，这砖头也就被抛掉了。孔子这人，其实是自从死了以后，也总是当着“敲门砖”的差使的。

孔夫子是如此，朱夫子也是如此，大概凡是中国的“圣人”，都难逃脱这样的命运。

（张鲲）

主要参考书目

《朱文公文集》，四部丛刊本。

《朱子语类》，中华书局1978年版。

《朱子新学案》，钱穆著，巴蜀书社1986年版。

《宋史》，中华书局1977年版。

《续资治通鉴》，上海古籍出版社 1987 年版。

《宋元学案》(《黄宗羲全集》三至六册)，浙江古籍出版社 1988 年版。

《陆象山集》，中国书店 1992 年版。

《朱子及其哲学》，范寿康著，中华书局 1983 年版。

《二程集》，中华书局 1981 年版。

《中国哲学史新编》第五册，冯友兰著，人民出版社 1985 年版。

《朱子大传》，束景南著，福建教育出版社 1992 年版。

圣贤相传一点真骨血
——王阳明

好善如好好色，
恶恶如恶恶臭，
便是圣人！

生活在“习惯”这个黏性隧道中的人们，举烛擎灯，也不过弄出点萤火寸光来。只有从隧道中爬出来的人才能领略那份“天光大开”的境界。这个由传统造就的隧道有地心一样的吸引力，想主动爬出来者少，被打出来的多。

正德元年（公元1506年），著名荒唐皇帝朱厚照（正德）登大宝成为这个泱泱大国的“圣上”，不但拥有至高无上的权力，还拥有不容置疑的英明，而他刚刚15岁，却已荒淫得登峰造极了。他自然没有兴趣主持国家日常工作，说了算的是大太监刘瑾。太监是绝户，做事便自然容易往绝里做。说了不算的言官要批评他们，他们便说言官在侮蔑皇帝，而犯上是当然要坐班房、要杀头的！这里面的“为什么”就是因为谁有权谁有理。当然若倒过来：有理才能有权，则正德当不了皇帝，刘瑾也不当了秉国太监。自然皇帝是奉天承运的，太监做皇帝的法人代理又是惯例。于是，留都南京的言官戴铣、薄彦徽等20余人因上意见书而“忤旨”，刘瑾派锦衣卫将他们全伙拿下，打入囚车，押解入京。35岁的王守仁，为使“吾皇万岁万万岁”，上了一道《乞宥言官去权奸以章圣德疏》，作为一个兵部武选清吏司的主事，此举纯属狗咬耗子，这且不说，要命的是哪壶不开提哪壶，权奸正日炙中天，他偏要权奸去位，这不是灯蛾扑火么？这个问题跟“科学家要不要救火”一样，从事情的效果看，显然是犯傻；但从伦理原则上说，不去救便泯灭了良知良能。王守仁若不是挺身而出的那种人，便不可能开创出影响了一代又一代英雄豪杰的“阳明学”了。

王守仁自知“承乏下僚”，越职言事，犯有“僭言”罪，但用以子之矛攻子之盾的办法，说自己看见圣上号召“政事得失，许诸人直言无隐”才为了“章圣德”而来逆拂龙麟的。他虔诚地希望这位生于深宫、长于妇人的“总统兼教皇”能够明白头脑与耳目手足的关系，君作为“元首”不应该使耳目壅塞使手足痿痹。戴铣等拿着“提意见”的薪水，“以言为责”，即使说错了，也不“拿办”，这样才能开“忠谠之路”。现在倒好，大小臣子都以为拿办他们是不合适的，但没人敢跟陛下说，他们并非没有“忧国爱君”之心，只是怕重蹈戴铣他们的覆辙，不但于事无补，反而增添陛下之“过举”。而且从此以后，虽有危及国家的事情，也没人敢跟陛下讲了。所以，请陛下“追收前旨”，“扩大公无我之仁，明改过不吝之勇。”

王守仁理所当然地重蹈了戴铣他们的覆辙，勃然大怒的不是王守仁，而是刘瑾。刘瑾正要给大小臣子立规矩呢。他以皇帝的名义将王守仁打入“皇家监狱”（诏狱），又以皇帝的名义“廷杖”王守仁40大板（一说50）。所谓廷杖就是在朝廷上当着百官的面打屁股。这种“制度”始于唐玄宗，但不是常制，明太祖朱元璋将它变成了家常便饭，成化皇帝以前，还不脱衣裤，“用厚绵底衣，重毡迭帕，示辱而已，然犹卧床数月，而后得愈。”

脱了裤子打，是从刘瑾开始，王守仁赶上了头一拨儿。不幸而幸的是王守仁没有被打死，只被打得昏死过去。打得他灵魂出窍，也把他打出了那条黏性隧道。

也因为他正想爬出隧道了，只是心力不够，需要助力，正好来了场苦其心志、劳其筋骨的磨难，动心忍性，既见功夫又长功夫，带来了所谓王学形成之“三变”的第三变。第一变是由“泛滥于词章之学”到遍读朱熹之书，这使他 28 岁那年考了个二甲第七名进士，也取得了可能挨这场板子的资格。第二变则是“出入于佛老”，他想在佛教和道教中寻找生命的“根”，31 岁那一年告病回余姚老家，建了一个“阳明洞”，练习导引术，久之觉得“此簸弄精神，非道也。”第二年又重返官场，希望有所作为。34 岁那一年，他与心学大师陈白沙的高足、传人湛甘泉（若水）成了知音朋友，刚订了共同倡明圣学的条约，就发生了这场入诏狱、受廷杖的事件，这对于他不啻棒喝、猛击一掌，把他打到了成凡成圣的紧要关头。

当然，更紧要的问题是活命，没被打死，并不等于就能活下来。刘瑾把他贬到贵州龙场驿当个驿丞，他不敢不去，不去便坐实了“忤旨”的口实，他只有揩干身上的血渍，背着行李上路。刘瑾早派锦衣卫在钱塘江岸等着他呢，不把他杀死，刘瑾过意不去。这位“阳明洞主”也不是等闲之辈，他少习骑箭，长好兵法，早已嗅到了拂面而来的杀气。审时度势只好来个“金蝉脱壳”了。他布置假现场，将行李衣服放在岸边，制造了一个“跳水自杀案”，亏得钱塘江岸既长且阔，等锦衣卫杀手摸过来时，他已“入水”多时，死不见尸矣。

他爬到一条商船上，恰值飓风大作，一日夜，他随船进入福建地界。他惊魂不定，上岸以后就往大山里窜。他进入山林以后，觉得彻底隐遁其中，躲开那充满喧哗与骚动却恰如痴人说梦的尘世纠纷，不是很好吗？天黑下来，他找到一家寺院，便去敲门投宿，和尚不留他，他只好再走，不远处有一座野庙，这位堂堂大明王朝的进士老爷毫不犹豫地爬到香案上，很快就睡着了。还睡得很熟很沉。第二天黎明，和尚背着破口袋来给他收尸，以为他肯定被老虎咬死了，因为那座野庙并非佛地而是老虎窝，他见王阳明睡得正香，大为惊奇，叫醒王阳明，请他回寺院安歇。听了王阳明的遭遇，问王阳明怎么办？王阳明说想走到武夷山深处彻底隐居起来，但又怕连累在朝为官的父亲。他在寺中卜了一卦，正是“明夷”卦：现在处境不好，再坚持下去，自然有圣人找上门来的。他便打消“远遁”的念头，决心重返衙门，奔赴那远隔千山万水的龙场驿，这才有了“龙场驿悟道”那个“历史的瞬间”。王阳明完成了他的第三变事小，帝国晚期平添了一个转变思想史走向的大思想家事大。

圣人可学而至

给阳明作行状、年谱的都是他的门生，故有神化教主的倾向。说阳明在母腹中待了14个月才诞生，那是成化八年（公元1472年）。这倒也罢了，还有他奶奶岑氏梦见天神抱一赤子乘云而来，在鼓乐奏鸣曲中将赤子交给岑氏，岑氏醒而阳明生，遂起名叫“云”。“云”在古汉语中有“说”的意思，而阳明到了6岁还不会说话，一个和尚摩挲着他的头顶说：“有此宁馨儿，却叫坏了。”阳明的祖父王天叙（竹轩先生）恍然大悟，遂改“云”为“守仁”。而一成了“守仁”，他便立即会说话，还能背诵他爷爷读过的书，众人惊讶不已，他说“听爷爷读时已默记在心了。”这恐怕也是神话。

但王阳明的确是个不同凡响的少年，他性情活泼，好动，且矫健异常，窜奔跳跃，相当欢实，不是循规蹈矩听话的“好孩子”。他父亲王华（龙山先生）常为此发愁，亏得他爷爷王天叙非常欣赏理解这个不同凡俗的孙子，他又主要跟爷爷奶奶在一起生活，他的天性没有受到大家庭惯有的压抑、斫伤，并且受到了良好的开放式教育。

流氓皇帝可以一世暴发而成功，大贤人却非“孕育”不办，常说的“彬彬三代”才称得上世家，指的就是“精神贵族”的养成非一世之力。环境、教育对一个人的“早期经验”的形成至关重要，而遗传也绝对是性格的大成因。遗传是“看不见的手”，像人种有差别一样，一个家族的特点、徽征如树之年轮，并不能被岁月或风雨琢蚀。王阳明身上的过人之处都有遗传的因素。当然也没必要追溯到那位从琊琊搬到山阴的著名的书法家王羲之那里去，尽管羲之的确是他的远祖，而且在汉代王家是江左望族。就说淡泊于名利这一条吧，这是他们的“传家宝”。他五世祖王彦达“痛父以忠死”，而朝廷待之薄，遂“终身不仕”，而且立下“家训”，其子王与准（遁石翁）遵守父训，为逃避官府举荐逃至山中，公人追至山中，王竟堕崖伤足，最后不得不让儿子王世杰出去当了个廪生。世杰（槐里子）淡泊至极，潜心学术，“言行一以古圣贤为法”。世杰的儿子便是一手带大王阳明的竹轩先生。竹轩先生是陶渊明一流人物，视纷华势利如白水，唯酷爱竹子，房前屋后到处种着竹子，啸咏其间。因父祖淡泊，环睹萧然，只有大量的藏书，于书无所不读。他终身不仕，非常喜欢弹琴，每逢月白风清之际，就焚香弹奏几曲，弹罢，便歌咏诗词，还让子弟们一起吟唱，小阳明自然混入其中，接受“美育”。这是孔子赞赏的“吾与点也”的气象，竹轩翁的父亲就是把“曾点意思”当作人生准则的。这种“洒然无入而不自得，爵禄之无动于衷”的家风，对王阳明的熏陶似乎可以概括为两大端：一是活泼，二是豁达。

小阳明跟爷爷在老家余姚长到10岁。余姚属于古代越国，民风以强项著称。竹轩先生就既有和乐之气蔼然可掬的一面，又有规范严肃、凛然不可犯的另一面。阳明一生也兼有这两个方面。他10岁的时候，他父亲龙山先生考中了成化年间辛丑科状元，授翰林院修撰，迎父亲进京。阳明11岁跟着爷爷进京，路过金山寺，竹轩先生与客人喝得来了兴致，想作首诗，小阳明在旁开口吟道：

金山一点大如拳，打破维扬水底天。
醉依妙高台上月，玉箫吹彻洞龙眠。

前两句充满剑气，后两句箫音依依。客人惊异，让他再作一首吟蔽月山房的，小阳明又脱口而出：

山近月远觉月小，便道此山大于月。
若人有眼大于天，还见山小月更阔。

已有点“心大则天下小”的心学味道了。

12岁的王阳明在京城入塾上学，自然带有越人的野气，又是在竹轩翁的开放式教育中度过童年的，所以显得“豪迈不羁”。状元公觉得不对劲，生怕自己这个长子不能层楼更上，更怕他发展成个不中规矩的人。竹轩翁心中有数，踏实得很，他凭直觉就觉这个孩子不是凡品，而且他相信相面先生美妙的预言：“此子他日官至极品，当立异等功名。”

像许多少年一样，阳明崇拜侠客，曾出游居庸三关。下关、中关、上关各相距15里，出上关北门又15里为八达岭。皆依山起势，从八达岭仰视下关，如同窥井，在那个冷兵器时代，居庸关真京城之北向之咽喉。阳明骑马逶迤而上，自入下关，便两山相凑，仅有河边小道，路遇鞑靼人也骑着马大大咧咧地走来。阳明好斗的天性加上民族间的仇恨，更有一试自己能力、证明自己侠客梦的冲动，遂拈弓搭箭，呼啸着朝鞑靼人冲过去，连喊带射，鞑靼人猝不及防，不知这个孩子身后有何依仗，再加山近有回音奏响，遂仓皇逃窜，跑出一箭路，回头一看，原来也就是个孩子而已。

这时京畿地区有石英、王勇起义，关中地区有石和尚、刘千斤起义，王阳明虽年仅15岁，便屡屡想上书朝廷，献上自己“平安策”，他那位状元老子斥责他太狂妄了，“你懂什么，治安弭盗要有具体办法，不是说几句现成话就能见效的。还是先敦实你的心性学问，再来建功立业吧。”

此前，他与诸同学在长安街上漫步，一位相面先生追着给他看相，说这种相貌太难得一见了。他让王阳明将来要记住他说的话："当你的胡子长到衣服领子时，你就入了圣境；胡子长到心口窝时，你就结圣胎了；胡子到肚脐时，你就圣果圆满了。"王阳明非常相信这个说法，从此以后每捧起圣贤之书，便静坐凝思，期望与圣贤神遇心契。

他问老师："什么是第一等正经事？"

老师说："就是读书登第呗，像令尊那样成为状元。"

阳明说："登第恐怕不是第一等事，第一等事应该是读书学做圣贤吧。"

他那位状元老子听说后哈哈大笑："你想做圣贤啊！"

他既从父亲的笑声中获得鼓舞，也从中滋生了困惑：我能成为圣贤么？怎样做才能成为圣贤呢？

他带着这个深深的拷问和年轻人易有的热切和摇摆，17岁这一年，告别了京城，回到了余姚老家。

老家，有他的"百草园"，有他的"三味书屋"，有凝聚着他顽皮淘气的种种"文化遗址"，唯独没有了他亲爱的母亲。他母亲郑氏4年前就去世了，他在京闻噩耗自然哭得痛不欲生，但只有回到家后才能"直觉"到母亲不在人间！他直觉到生与死之间的距离不过相隔一张纸，生与死之间的过程简略得亦在呼吸之间。生命的真相和根本到底是什么？他陷入了这种情意痴迷式的思考，不同于亚里士多德、培根等西哲自不待言，令人注意的是与朱熹之理学、郑玄之经学也大不相同。这个契机，奠定了王阳明冲出汉学、宋学樊篱的基点：支撑王学体系的根本情绪，便是这股"生命意识"。

他太情意痴迷了，新婚合卺之日，他闲行入一道观（即南昌的"铁柱宫）"，听道士讲养生之说，竟相与对坐，忘了他那洞房花烛夜！他本是从老家到南昌来亲迎夫人诸氏的，却居然来了这么一出，诸氏的舅舅是江西布政司的参议，不得不派人到处找他，第二天早晨才把他"捉拿归案"。《围城》中的董科川说王阳明怕老婆不知有何根据，看王阳明对男女之事这么淡漠，当不至于。也许发轫之初，王阳明犯了这个"原错"，便终身在太太面前抬不起头来？那也只能说明王阳明是人道主义，不搞什么大男子主义而已。

他领着妻子回老家时，路过广信，慕名前去拜谒了大儒娄一斋（谅），娄一斋给他讲了朱熹的“格物之学”，并告诉他一个至为紧要的道理：“圣人必可学而至！”年轻人只要立大志，学做圣人，就有可能向圣贤归拢，这叫作“道不远人”。这与王阳明内心中那朦胧而强悍的“第一等事”的心念发生了强烈的共振，坚定了他学做圣人的决心。

学分两路，一是“知识”，他搜取诸经子史，经常读到深夜。尽管他后来反对增长“见闻之知”，其实他在这方面是下过相当功夫的，就像鲁迅告诉青年人不读或少读中国书，而他本人差不多比谁都读得多。这种知识学基础是人能豁然贯通（悟道）的必要条件，就是“天纵之圣”孔子也不例外（孔子是当时一流的文献专家），更何况学为圣人的莘莘学子呢。王阳明在这方面的力道，也使他在八股举业方面的进步突飞猛进，令他弟弟、妹婿们大为叹服，他们后来终于明白了：大哥已游心举业之外，所以我辈不及！

二是“修养”。王阳明本是个爱开玩笑、滑稽幽默的人，突然变得严谨起来，正襟危坐，不苟言笑，每说一句都深思熟虑，他的弟弟、妹婿们觉得奇怪，王阳明郑重地跟他们说：“我过去太随便了，失之于放逸，以后将收心内视，知过必改。”

学做圣人的历程是艰难的，但对于真诚的人来说，越是艰难越生动。王阳明 21 岁时“发”了，中了举人，就住在京城。龙山先生的官署中多竹（这种爱好，来自竹轩先生），王阳明就取竹为对象来体验“格物致知”的道理，他太认真、太投入了，没有体悟出格物之理反而得了一场病。这对他是个打击，几乎是致命的打击。像贾宝玉看见有的女孩子在为别的男孩子而痴迷、从而悟了“情分”、自己只能得自己那份情一样，王阳明此刻认定“圣贤有分”，自己不是当圣贤的料了。

动摇了自信也就动摇了信仰，当圣贤没份就争取俗世的荣华罢，他遂与世俯仰，潜心于考八股的辞章之学了。然而，有趣的是他专心科考却在会试中下第了。宰相李西涯跟他开玩笑说：“你今岁不第，来科必为状元，试作来科状元赋。”王阳明本有的名士气因为放弃了当圣贤的自律要求，遂故态复萌，拿起笔来就写，一挥而就，诸位大老异口同声地说：“天才！天才！”然而都在心中合计：“这个人若取上第必然会瞧不起我了。”来科会试，王阳明果然被忌者踹了一脚，又落榜了。别人落榜后感到羞愧，王阳明却说：“人们以不得第为耻，我以不得第动心为耻。”又是圣贤口气了。

当时，边患频仍，朝廷访求将才甚急，王阳明跃跃欲试，凡兵家秘籍，莫不精究。他认为朝廷武举制度，仅选拔骑射搏击之士，网罗张飞式人才而已，而不能选拔出有韬略的统帅，收获不了诸葛亮式的人才。他本人则留情武事，每遇宾宴，则将果核列阵以为戏。他本人也不知道，这方面的积累，日后竟大有用场，使他成为儒学史上罕见的能够“外王”的、立下赫赫军功的儒生。以至于我们可以说：圣人可学而至是包括学军事的。尽管孔子以言兵容为耻，孟子以言五霸为耻，但王阳明又是响当当的大儒。这自然是后话。

王阳明并没有去参加武科考试，因为武科出身不算正途，地位偏低，宋朝开始文官管武官以防军人造反，以后成为定制。王阳明也只是有这方面的潜能而已。“乱世喜谈兵”也是文人的传统。王阳明 28 岁时以新中进士的身份写给皇帝的《陈言边务疏》却是相当老道、切实有用的“专家意见”了。难怪不仅专讲道德的儒生批评王阳明“只是霸术”，就连康有为这样的政治儒生也说王阳明“纯是霸术”。

王阳明是复杂多变的。他刚研究杀生的学问，转而又去养生，去练什么导引术、长生术；读了朱熹“居敬持志，为读书之本，循序致精，为读书之法”一类的话又悲凉复生，痛心自己当不了圣人，“旧疾复作，益委圣贤有分”。就想“遗世入山”了。然而又去会试，中了又去当官。当官不久，又想回老家，请病假回到阳明洞中又想出来大干一场。他东奔西突，打一枪换一个地方，就是那颗想当圣人的灵魂得不到安顿，多方探索，遍寻不得。不善变，株守一隅，早就定型了，王阳明也就成了一个辞章家或什么专门家，难以从祀孔庙成为旷世大儒了。

圣人可学而至，却须学无常师。

知行合一“心”路难

最后成功了的人，人们会发现他以前的每一步都是在走向那个光辉的顶点；最后失败了的人，以前的每一步则都是伏笔。王阳明入了“诏狱”，就他的仕途而言是个重要转折，就他的思想历程而言却是不可多得的进修机会。他在那锦衣卫的监狱里想了些什么呢？现只有他的《狱中诗十四首》披露了若干蛛丝马迹：“滔滔眼前事”自然使他睡不着，最大的内心矛盾是“匡时在贤达”——我辈应该挺身而出，拯救这个堕落的世界，然而却身陷囹圄，热面孔贴在冷屁股上，要想全身归田间垄上亦不可能了。牢房大概是人间最要命的栖息地了：“窒如穴处，无秋无冬。”阳光再强大也照不进来，晚上还有狡黠的耗子来同床共枕。然而王阳明就是王阳明，他大不了喊一声：“悠悠我思，曷其极矣！”并不心如死灰，也不以头抢地，却感到这个囚室真比得过颜回的陋巷了。而且就像秦汉之间的齐鲁儒生，兵临城下依然书声琅琅、弦歌不绝，王阳明在狱中尤有二三同志，于“累累囹圄间，讲诵未能辍”，身遭桎梏时体会到“至道良足悦”便是真体悟出孔颜乐处了。他有了“洗心见微奥”的心理感应，用他后人的话说就是“心动”了。他是在“努力从前哲”的勖勉中离开狱中同志、踏上“远投”龙场驿之路的。

去龙场驿的路上，他在朝不保夕的情境中依然思考着是沿着陆九渊的路走，还是跟着朱熹走的问题：“鹅湖有前约，鹿洞多遗篇。”但他已有了合二为一的倾向：“器道不可离，二之即非性。”很快就偏向陆九渊了。他劝朋友：“愿君崇德行，问学刊支离。”

初到龙场驿，举目无亲自不待言，他这芥豆大的官，自然也没人搭理。偶有同僚来问讯，但语言与表情均粗鲁不堪，使敏感的王阳明甚至觉得时来造访的家猪、野鹿更亲切一些。而且连起码的官舍也没有，他只能自己盖了一个不及肩高的草屋，但他已度过了千难万险，这已经让他安全而舒展了。尽管这草屋迎风飘摇，下雨漏水，他须借酒浇愁来抵挡黄昏残照的悲凉之意，他还是能自家料理回肠直。他后来找到了一个古洞（“东洞”），起了个颇可慰藉的名字“阳明小洞天”，在这里过起了村民的日子。岩石那天然的窦穴就成了他做饭的灶台，大而平的石块便成了他的床塌。依然爱好清洁，黎明即起洒扫庭院；还是手不释卷，灶前榻上漫无统纪地堆着书。他心里想着，这正是锤炼恬淡境界的好时候。这种奉旨隐居的有巢氏式的生活，让他体会了无官一身轻的快乐，远离了尘嚣，摆脱了俗人的聒噪，即使永远告别那显赫的荣耀又何陋之有？

这实在是靠精神胜利法来转败为胜。有时居然吃不上饭，他便用孔子在陈蔡绝粮来自况。用刀耕火种的方式来刨食时，他自然想起了採薇的伯夷、叔齐。不平静时便想起了浩叹“终为浮云能蔽日，长安不见使人愁”的李白。他用“豹隐文始泽，龙蛰身乃存”的道理来缓解无力回天的悲怆。

精神胜利法不灵光时，竟泪下如雨，五内如催。尤其是冬天来了，“阳明小洞天”只是洞而已，不见天日，又没有多少御寒的衣服，霜雪凝在洞口，是真正的寒窑。他的健康大受摧挫，他日后东征西讨时常病得东倒西歪的，都是此时做下的病根在作怪，他后来屡屡给皇帝上书请病假，请致仕退休，也都提到是这段岁月把他搞成了病夫。

但是，他那一套圣贤气派终于感化了当地“夷人”，他们渐渐敬爱他，便想办法把他从穴居生活中解放出来，给他盖了一套房子，这便是载诸史册的“龙冈书院”，还有“寅宾堂”、“何陋轩”、“君子亭”、“玩易窝”等听着玄妙其实只是普通房子的住宅。

尽管当时刘墐的势焰依然嚣张，但过去的学生们都聚拢而来，给王阳明带来巨大的安慰，像失业人有了一份惬意的工作，像在荒村野店中突然找到了伙伴，因为他又营造出了往昔的人文环境，他们可以构成“别一世界”了。恢复了那种问学讲习的生活，给了王阳明深刻的愉悦，因为这是他的本性：“讲习性所乐”。有了这些“谈笑无俗流”的学生，他感到实现了孔子所赞同的沂而风、咏而归的曾点志向。

“淡泊生道真”，如十月怀胎，一朝分娩一样，王阳明终于豁然贯通、证悟大道了：经过长久的端居澄默、以求静一的沉思，他觉得诸种杂念都化解了，比心如明镜还要透快，他觉悟到“明镜亦尘埃”。一天深夜他在梦中恍然大悟“格物致知”之旨，不觉呼跃而起，把仆人学生吓了一跳，惊异地看着先生像练气功的人在发功似的抖动，身不由己地前仰后合。一阵激动过后，王阳明对他们说：“圣人之道，我性自足。过去从外物求天理是舍本逐末了，由外及里的路子是错的，以后要由里及外了，以我心为天渊、主宰了。所谓格物致知不是像朱子说的用镜子去照竹子，而是应该倒过来，以心为本体，下功夫擦亮心镜。而且所谓‘格’就是‘正’，所谓‘物’就是‘事’。”他指着窗外的花说：“天下无心外之物。你未看此花时，此花与你的心同归于寂；你来看此花时，则此花颜色一时明白起来；便知此花不在你的心外。”

所谓的“龙场驿大悟”，其实是一种灵感状态，信基督教的人说灵感是圣灵附体，信神仙说的以为是仙人指点，王阳明就觉得是在梦寐中有人告诉他的。这个人当然不是什么神仙，只是他本人的一种积累性的情愫在神经放松的状态中领取到了一份确认，是经过长期啥吮突然产生的理智与直觉相统一的心念（他后来自己说是“良知”出来了）。当然是一种心理主义的“信仰”，而非实证主义的论证；是一种美感式的确信，而非学术化的推论；是一种“诗化哲学”，是诗和思凝成一道青光，照亮了“我心”，照亮了“亲在”（海德格尔语），找到了心灵的家园。

虚的能生出实的来，王阳明“大悟”之后，顿觉过去20年错用了工夫，他现在终于找着一条新的吻合圣道的路径。38岁这一年，他标举出了“知行合一”的口号。他也正好有了讲坛，他受聘主持贵阳书院，这也是他的学说给他带来的好事。贵州的提学副使席元山来问他朱、陆同异之辨，他不讲朱、陆各自的主张，而大讲了一通自己的“大悟”。席元山怀疑而去，第二天又来，王阳明给他讲了一通“知行本体”的思想，并用自己新著的《五经臆说》来佐证，就是用经书上的格言来印证自己所言不谬。席元山越听越有味，连来了4趟，豁然大悟，以为“复睹圣学”，抓紧修整贵阳书院，亲自率领着贵阳的秀才们去迎接王阳明先生。王阳明遂告别了处于贵州西北万山丛棘中的龙场驿，告别了那个充斥着“蛇虺魍魉，虫毒瘴疠”，中土人来了就难以生还的地方（可参看他那篇各种古代散文选本都选的《瘗旅文》）。

他的知行合一学说“操作简便，意义深远”。他对学生说：“知是行的主意，行实际上就是知的功夫；知是行之始，行实知之成。世上有一种人，糊里糊涂地任意去做，根本不反省对错得失，一派胡为，纯属冥行妄作，必须向他们灌输知而后行的道理。另有一种人，茫茫然悬空去思索，全不肯着实躬行，只是捕风捉影地瞎琢磨，必须跟他们讲行而后知才是真。这都是因病发药，其实知行是一体的，从我心求本体，才能克服支离割裂之病。”

一个学生问他：“有人知道应该孝敬父母、尊敬兄长，可是却做不到，这充分表明知和行是两件事。而且知行歧出不是自古而然的文人病吗？”王阳明说：“这只是被私欲隔断成两橛了，这正是应该克服的毛病，去掉私欲就能恢复本体了。知而不行，只是未知。他真去行孝行悌，才能说他知孝知悌，他只说些孝悌的现成话，怎么能承认他知孝悌！这不是小病痛，是要命的大毛病！到处都是这种言行不一的奸巧小人，士风堕落，政事不举，根源就在于这种伪诈不实的风气。我呼吁知行合一就是为了对治这种由来已久的流行病。诚是第一义的，所谓‘格物’就是正行。”

他的一号高徒徐爱说：“我总觉得您说的与朱子的‘格物’之训不能相合。”

王阳明说：“朱子格物之训未免牵强附会，从外往里用功，今日格一件，明日格一件，天下之物如何格得尽？纵格得草木来，如何反来诚得自家的意？其实天底下无心外之理，无心外之物。身之主宰便是心，心之所发便是意，意之本体便是知，意之所在便是物。《中庸》说：‘不诚无物’，《大学》‘明明德’之功，只是个诚意。诚意之功只是个格物。所谓‘格物’，如孟子‘大人格君心’之格，是去其心之不正，以全其本体之正。”

他另外一个不太有出息的学生叫孟源，有好名的毛病。王阳明不断地批评他，一天刚训完他，他的同学来向老师汇报近来的工夫，并请老师指正。那个同学刚说完，孟源便说：“这不过刚找着我旧时的家当。”王阳明说：“你病又发。”孟源色变，正想辩解，王阳明说：“你病又发。这是你一生大病根。譬如方丈地内，种这么一棵大树，雨露、阳光、地力只滋养这个大根，四旁种上再好的作物也长不起来。必须伐去此树，纤根不留，才能种植别的好东西。否则，你再耕耘培植，只是滋养得此根。我常说的格物即正心、正行也是这个道理。”

王阳明对学生们讲：“我今说个知行合一，正要人晓得一念发动处，便是知，也便是行了，譬如你知饥，已自饥了，你知寒，已自寒了。发动处有不善，就将这不善克倒了。需要彻根彻底，不使那一念不善潜伏在胸中，此是我立言宗旨。”

王阳明所悟的“格物之旨”就是把朱子的从外面做功夫变成从内心里做功夫，就是把认识论变成伦理意志。这样做的魅力就在于把做人与做事“简易直截”地等同起来，找着了实现“内圣外王”这个儒学最高理想的通道。如果你真诚的话，每天都可以觉得自己走在成圣的路上。其基本功夫就是“狠斗私心一闪念”，一分钟都不能放松，“如去盗贼，时将好色好货好名等私逐一追逐，搜寻出来，定要拔去病根，永不复起，方始为快。常如猫之捕鼠，一眼看着，一耳听着，才有一念萌动，即与克去，斩钉截铁，不可姑容与他方便，不可窝藏，不可放他出路，方是真实用功。到得无私可克，光光只是心之本体，便是廓然大公！自然感而遂通，自然发而中节，自然物来顺应。”放手行事自然无往而不合乎圣道。

当然，王阳明有一套严密的“心物合一”、“心理合一”、“人我一体”的说法来论证知行可以合一、知行能够合一、知行必须合一。他的知行合一学说是极端的唯心主义与极端的实用主义的奇妙的融合，唯心得一尘不染，实用得无所不至，可上九天揽月，可下五洋捉鳖，是专教人在人情事变上做工夫的。他常说：“我这一套是无中生有之学。”“帝王事业也只从心上来。”他刚说“外吾心而求物理，则无物理。”马上又跟着说：“遗物理而求吾心，吾心又何物？”“心无体，以万物之感应是非为体。”所以，“行是知之成”。他讲“心”的时候像禅宗，有一学生问他：“己私难克，奈何？”他说：“将汝己私来，替汝克。”颇像各种灯录中都有的那个话头：“将心来，替汝安心。”他讲“行”时又像后来的颜习斋。他倡知行合一学说意在缔造“大人”，这种大人是合圣贤英雄为一体的，既能改造自己更能改造世界的汉子，像尼采的超人却极通当下事务，不但不会发疯，还能既会破“心中贼”，又能破“山中贼”。

随地指示良知

刘瑾的好日子极短，正德五年（公元1510年）他倒了以后，一大批被他迫害过的官员陆续复职。王阳明自诩的“吏隐”生涯也结束了，“却喜官卑得自由”的闲散自在劲也要换一种方式了。这年3月，王阳明派到庐陵当知县，开始了他在政事上“儒者经纶无施不可”的牛刀小试时期。他的执政方针就是“为政不事威刑，惟以开导人心为本。”他上任后先搞调查研究，面对各种诉讼案件、堆满公衙的告状的人，不做任何判断。反而谨慎地从基层选拔出里正、三老，让他们去做听讼、劝导、调解工作，很快人们的怨气化解了，监狱也清静了。他在位7个月，发布了16个告示，“开导人心”，关键是让“父老”去“教子弟”重伦常、守纪律，破了心中贼就减少了山中贼。

有趣的是牛刀小试时期刚半年多，他这“亲民之官”就变成高级闲曹中的散官了。正德五年年底他升为南京刑部四川清吏司主事，次年正月，他40岁调入北京吏部验封清吏司主事，同年10月升为文选清吏司员外郎，41岁那年3月升考功清吏司郎中，12月升南京太仆寺少卿，42岁时又在滁州“督马政，地僻官闲，日与门人遨游琊琊、滚泉间。”43岁升南京鸿胪寺卿，至45岁升都察院左佥都御史，巡抚南、赣、汀漳等处，才大展宏图，平了宁王造反大事变，成就了光宗耀祖、封妻荫子的旷世奇勋，也招致了毁谤非议，步入万死一生的险境，激发出他那三字真经：“致良知”。

王阳明自己说：龙场驿悟道时良知已出，后来不知何故总也不出来。他的“颜回”徐爱说：“先生居夷三载，处困养静，精一之功固已超入圣域，粹然大中至正矣。”虽然说王学形成后亦有三变：从所谓“默坐澄心为学”发展到“专提致良知三字”，最后达到了“所操益熟，所得益化”，随心所欲不逾矩的化境，但这三变之间是递进关系，不是否定关系，而且是直承前三变之第三变“龙场驿悟道”一脉下来的。王阳明的“格物之旨”（不是朱熹的）、“知行合一”、“致良知”是成龙配套的，贺麟说“方法论、认识论与本体论在‘良知’中得到了统一。”梁启超说“阳明主张‘身心意知物是一件’，”都是在概括他这种“于一处融彻”、遂一通百通的特征，用他二号大弟子钱德洪的话说则是“致良知之学无间动静。”也就是说阳明学之道是一以贯之的——致良知！王阳明的教学方法则是“随地指示良知”。

王阳明当散官期间偶有“官闲愧俸钱”一类诗句，但差不多是得了便宜卖乖的俏皮话，因为他“性喜讲习”，兼有山水之嗜，视官场为牢笼，当官不误讲学是他的绝活儿。他跟学生说：在官场修炼心体要比在山林多费十倍的功夫，非有同志朝夕切磋才能洗涤尘浊。他也视知心学生为眼耳手足。也许因为他的心学是一诉诸文字就要变味、跑调的，所以他除了给学生、学友写信来论学，是从不动手编写“专著”来立说的，更不为晋升个国子学教授而“漫从故纸费精神。”莫说汉代经师那种注疏传笺的做法，就连朱熹式的义理解经法，也被王阳明视为“学术误人”的犯罪行为，讥之为“一自支离乖学术，竟将雕刻费精神。”他在龙场驿悟道后，用《五经》中的意思来印证，处处吻合，曾写就《五经臆说》，但从不示人，钱德洪乘他高兴时请求看看，他笑着说：“付秦火久矣。”直到他死后，钱氏办丧事时才从废纸篓中捡出 13 条。“聊将肤浅窥前圣，敢谓心传启后人。”前一句是他的自谦语，后一句则是实况。

他的心传法门，是一套心心相印的“腹艺”，是一场非常微妙的心理战，只能随地讲授，随机点拨，没有棱角分明的逻辑，只有感应，信之则为神，不信便是“闲说话”。它的入门功夫就是“默坐澄心”，滤尽杂念，擦亮心体这面宝镜。他曾用扫地来譬喻：必须天天打扫（相当于禅宗那个“勤拂拭”，“莫使惹尘埃”），扫除不到灰尘照例不会跑掉。天天打扫也是个日新日日新的过程。他离开贵州后很快就“悔昔在贵阳举知行合一之教”，因为众徒儿“纷纷异同，罔知所入”，不知如何下手，他后来便改为“与诸生静坐僧寺，使自悟性体，顾恍惚若有可即者”。但他又很快指出：“静坐事，非欲坐禅入定也。盖因吾辈为事物纷拏，未知为己，欲以此补小学收放心一段功夫耳。”尽管后来初入王门的都需先做一段“默坐澄心”的洗礼功课，但王阳明更强调：“人须在事上磨炼做工夫乃有益，若止好静，遇事便乱，终无长进。那静时工夫，似收敛而实放溺也。”养静是为了收住追逐欲界、色界的心猿意马。把心拉回自己的肚子来就是所谓的“为己”，同时也是克己的工夫，像淘米一样洗掉私心杂念。这种心传方法跟打仗一样，贵在随机应变，绝对要求《中庸》说的那种“时中”。同样一句话，一分钟前说可能便无效，两分钟以后说还可能错了，只有对病发药，“病已则去其药”。他本人也大发感慨：“义理无定在，无穷尽。”这种心传法如扶醉汉，左扶右倒，右扶左倒，如打群犬，打跑了西边的东边又来了。

每一次讲论都是一场特殊语境的遭遇战，都是一场悟性的较量，尽管王阳明说每个人都天然具有良知，但有的人的良知被习气包住了，有的人的良知被闻见道理、被“意见”给遮蔽了。所以见道有迟速，悟力有深浅，事实上是龙生九子，九子不一。但王阳明觉得所谓“唯上智与下愚不移”不是不能移，只是不肯移。他总是告诫学生不要好易恶难，那样便会流入禅释邪路上，识不得仁体了，“此学利困勉之所由异，事勿以为难而疑之也。”钱德洪说：“先生立教皆经实践，故所言恳笃透快。吾党颖悟承速者，认虚见为真得，往往多无成，甚可忧也。”徐爱之所以给先生记录编辑《传习录》（这是王阳明的第一本著作，还是语录体）就是为了纠正那些“传闻之说，臆断悬度”，因为“从游之士，闻先生之教，往往得一而遗二，见其牝牡骊黄而弃其所谓千里者。”徐氏自言：“爱朝夕炙门下，但见先生之道，即之若易而仰之愈高，见之若粗而探之愈精，就之若近而造之愈无穷，10余年来竟未能窥其藩篱。”王阳明明确以颜渊相比的一号传人（这位王门大师兄“德与颜回同，寿与颜回同”。还是王阳明的妹夫），入道尚如此艰难，更别提那些不沾边的人了，说王学简易得恐怕不入道的居多。因为义理越简越难准确深入地掌握，它要求接受质量对等的体验，它要求接受者要有“直下承当”的宗教情怀。他本人深知个中三昧，曾反复感叹：

吾良知二字，自龙场驿以后，便已不出此意。只是点此二字不出。于学者言，费却多少辞说。今幸见出此意。一语之下，洞见全体，真是痛快，不觉手舞足蹈。学者闻之，亦省却多少寻讨功夫。学问头脑，至此已是说得十分下落。但恐学者不肯直下承当耳。

某于良知之说，从百死千难中得来，非是容易见得到此。此本是学者究竟话头，可惜此理沦埋已久。学者苦于闻见障蔽，无入头处，不得已与人一口说尽。但恐学者得之容易，只把作一种光景玩弄，辜负此知耳。

吾年来欲惩末俗之卑污，引接学者多就高明一路，以救时弊。今见学者渐有流入空虚，为脱落新奇之论，吾已悔之矣。

当然真能“高明”起来，体验到“洞见全体”的痛快，那快乐跟“圣灵附体”差不多，徐爱自言：“爱因旧说汩没，始闻先生之教，实惊愕不定，无入头处。其后闻之既久，渐知反身实践，然后始信先生之学为孔门嫡传，舍是皆傍蹊小径，断港绝河矣。如说格物是诚意功夫，明善是诚身功夫，穷理是尽性功夫，道问学是尊德行功夫，博文是约礼功夫，唯精是唯一功夫，诸如此类，皆落落难合。其后思之既久，不觉手舞足蹈。”“如狂如醒者数日，胸中混沌顿开。”

他在龙场驿教学生时还开示《教条》，“以四事相规：一曰立志，二曰勤学，三曰改过，四曰责善。”后来便“随地指示良知”了，因为他相信“百姓日用即是道”，他认为“狂者便从狂处成就他，狷者便从狷处成就他。人之才气如何同得？”“随地指示”也是为了不立“格式”，立定格式，就犯了执一之病。“随地指示”是单兵教练，短兵相接，亲口传授，学生请他著书以传之久远，他却认为：“此须诸君口口相传，若笔之于书，使人作一文字看过，无益矣。”这种教育方法要求导师必须达到辨通无碍的化境，作为“直下承当”、“直造圣域”的活样板出现在任何场合，能够现场发挥地解释任何问题，辅导出学生真切的体验来。“日就平易切实，则去道不远矣。”

尽管王阳明也借用教材（钱德洪说：“吾师接初见之士，必借《大学》《中庸》首章以指示圣学之全功，使知从入之路。”），但对于任何经书，他都要求学生“晓得”而不必“记得”，怕“记得”反而遮蔽了“自家本体”。他说：“学问最怕有意见的人。我在龙场驿时，与夷人和中土亡命之流讲知行之说，他们欣欣相向。及返回内地与士大夫讲说，反而格格不入。不曾读书的人，更容易与他说得。”

钱德洪的弟弟与同学游山10日忘返，钱父担心他们这样会荒废举业，钱父说：“我知道心学可以触类旁通，但‘朱学’须讲清记明呀。”王阳明说：“用心学去通朱子之说，如打蛇打七寸。朱子是借家当请客，心学是自办家当请客，客走了家当还可以长期使用。”次年，游山的心学学子都中举了，钱父笑了，说：“打蛇得七寸矣。”

欲会触类而通法须先练就主一之功。有学生问老师：“如读书则一心在读书上，接客则一心在接客上，可以为主一乎？”王阳明说：“好色则一心在好色上，好货则一心在好货上，可以为主一乎？这只叫‘逐物’，哪里叫什么主一。主一是专主一个天理。若只知主一，不知主一即是理，有事时便是逐物，无事时便是着空。唯其有事无事，一心皆在天理上用功才能知心尽性。”

作为一个以新圣人为己任的大思想家，王阳明要超越的是横亘在他面前的朱熹这痤大山。朱子学已成为支配世道人心的定理，已造成了“务外遗内、博而寡要”、迷失本性、找不到家等诸多症候群。王阳明打蛇打七寸，力破朱子的知先行后说与心理二分之弊。他说：“心，一而已。以其全体恻怛而言谓之仁，以其得宜而言谓之义，以其条理而言谓之理；不可外心以求仁，不可外心以求义，独可外心以求理乎？外心以求理，此知行之所以二也，两截用功，失却知行本体。求理于吾心，此圣门知行合一之教！”

这是王学的总路线，他天天讲、月月讲、年年讲，“若鄙人所谓致知格物者，致吾心之良知于事事物物也。吾心之良知，即所谓天理也。致吾心良知之天理于事事物物，则事事物物皆得其理矣。”

但是，你若去心上寻个天理，又正是所谓“理障”。他告诉学生一个诀窍：只是致知。学生问：“如何致？”他说：“你那一点良知，是你自家的准则。你意念着处，它是便知是，非便知非，更瞒它一些不得。你只要不欺它，实实落落地依着它做去，善便存，恶便去。这便是格物的真诀，致知的实功。”

他坚信“天理在人心，亘古亘今，无有终始；天理即是良知，千思万虑，只是要致良知。”他这个诀窍也是天天讲的：“良知只是个是非之心，是非只是个好恶，只好恶就尽了是非，只是非就尽了万事万变。”他甚至这样说：“能够好善如好好色，恶恶如恶恶臭，便是圣人！”

已官至会稽郡太守的南大吉本是地方官，却拜阳明为师，这个人性豪旷，不拘小节，受阳明熏陶后有所悟，便对阳明说："大吉临政多过，先生何无一言？"阳明说："有什么过错？"大吉历数其事。阳明说："我已说过你了。"大吉不解，问："您说过什么？"阳明说："我不言，你怎么就要悔过呢？"大吉说："良知。"阳明说："良知不是最常说的吗？"

王阳明的一个下级常听王长官讲学，对长官说："此学甚好，可惜我忙于繁难的文书工作，还得审理案件，不得为学。"阳明说："我何尝叫你离了簿书讼狱，悬空去讲学？你既有官司之事，便从官司的事上为学，才是真格物。如问一词讼，不可因其应对无状，起个怒心；不可因他言语圆转，生个喜心；不可恶其嘱托，加意治之；不可因其请求，屈意从之；不可因自己事务烦冗，随意苟且断之；不可因旁人谮毁罗织，随人意思处之。这许多意思皆私，只你自知，须精细省察克治，唯恐此心有一毫偏倚，杜人是非，这便是格物致知。簿书论狱之间，无非实学；若离了事物为学，却是著空。"

王阳明的"良知"差不多相当于人们常说的"良心发现"，所谓的"致良知"就是"让良心发现"。良心之所以难发现是因为人们被欲望、偏见、恶习给遮蔽住了。良心、良知是肯定有的，因为人性本善，恶乃后起。他给朋友写信说："所谓良知，即孟子所谓'是非之心，知也。'"良知人人具有，就看你真诚不真诚，看你正派不正派，孔夫子说过："我欲仁斯仁至矣。"王阳明有个 68 岁始入门的学生（董萝石）从外面回来对先生说："今日见一异事。"问："什么异事？"他说："见满街都是圣人。"王阳明说："此亦常事耳，何足为异？"而且王阳明坚信百姓日用就是道，若离开事事物物去讲什么玄妙的道，便是知行否隔，正是士大夫通病。他说："知行合一，之说，专为近世学者分知行为两事，必欲先用知之功而后行，遂致终身不行，故不得已而为此补偏救弊之言。学者不能著体履，而又牵制缠绕于言语之间，愈失而愈远矣。行之明觉精察处即是知，知之真切笃实处即是行。"孟子说："人人皆可成尧舜"，王阳明说：就看愿意成不愿意成！就像佛教讲"发心"一样，王阳明大谈"立志"：立圣人之志，成圣人；立贤人之志，成贤人；

立愚人之志，成愚人。上智与下愚不是不能改变，而是不肯改变。这是让他大伤其心的：“谁人不有良知在？知得良知却是谁？”他常这样训第一流的学生：“汝辈学问不得长进，只是未立志。”

像佛陀随缘设法一样，王阳明随地指示良知。他非常机敏、幽默、潇洒的，他让王畿他们用扇，学生说“不敢”，他说：“圣人之学，不是这等捆缚苦楚的，不是装作道学的模样。”学生请教他怎样致良知，他说：“此须你自家求，我亦无别法可道。昔有禅师，人来问法，只把尘尾提起。一日，其徒将尘尾藏过，试他如何设法。禅师寻尘尾不见，又只空手提起。我这个良知就是设法的尘尾。舍了这个，有何可提得？”刚说完，又有一个学生进来请问功夫切要。王阳明转过身来问别人：“我尘尾安在？”在座的人都“跃然”。

钱德洪与王畿（字汝中）讨论先生的纲领性口号：“无善无恶是心之体，有善有恶是意之动。”王汝中说：“此恐不是究竟话头。若说心体是无善无恶的，意也就应该是无善无恶的意。若说意有善恶，毕竟心体还有善恶在。”钱德洪说：“心体是天命之性，原是无善无恶的。但人有习心，意念上见有善恶在，格致诚正，修此正是复那性体功夫。若原无善恶，功夫亦不消说矣。”晚上二人去请教，王阳明说：“你们俩的说法正好相资为用，不可各执一边。我这里接人原有此两种。利根之人直从本源上悟入。人心本体原是明莹无滞的，原是个未发之中。利根之人一悟本体，即是功夫，人己内外，一齐俱透了。其次不免有习心在，本体受蔽，故且教他在意念上实落为善去恶。功夫熟后，渣滓去得尽时，本体亦明尽了。汝中之见，是我接利根人的办法，德洪之见，是我这里为次一等者立法的。你们俩相取为用，则中人上下皆可引入于道了。若各持一边，眼前便有失人，便于道体各有未尽。”他沉默了片刻，然后郑重地说：“以后与朋友讲学，切不可失了我的宗旨：无善无恶是心之体，有善有恶是意之动，知善知恶是良知，为善去恶是格物。只依我这话头去随人指点，自没病痛。此原是彻上彻下功夫。”

王阳明也不知道他到底有多少学生。他走到哪里都有一批人跟着他，旁听的更不计其数。阳明学越讲越精，听者越附越盛。在贵阳是草创阶段，影响不著。在南京时已多将起来。滁州成为“讲学首地，四方弟子，从游日众。”王阳明“日与门人遨游瑯琊、瀼泉间。月夕则环龙潭而坐者数百人，歌声振山谷。诸生随地请正，踊跃歌舞。旧学之士皆日来臻。于是从游之众自滁始。”“盖先生点化同志，多得之登山水间也。”门生最多的时候是王阳明平了宸濠之叛后辞爵丁忧回老家余姚时，“环先生而居者比屋，如天圯、光相诸刹，每当一室，常合食者数十人；夜无卧处，更相就席；歌声彻昏旦。南镇、禹穴、阳明诸山远近寺刹，徙足所到，无非同志游寓所在。先生每临讲座，前后左右环坐而听者常不下数百人，送往迎来，月无虚日；至有在侍更岁，不能遍记其姓名者。每临别，先生常叹曰：‘君等虽别，不出在天地间，苟同此志，吾亦可以忘形似矣！’诸生每听讲出门，未尝不跳跃称快。”

讲学，是历代大儒“志于道”、“弘道”的主要形式，这种传教精神真可以与日月同辉。自孔夫子开始，“传教士”成了儒的别称。孔夫子在颠沛流离中讲学，孟子拿着诸侯的钱办自己的学，汉代的“循吏”们在行政工作中弘扬儒道，隋末的王通在荒村野店为唐初培养了一批宰相，张载、二程、朱熹、陆九渊均有可歌可泣的讲学史。明末清初的那帮大儒尤为艰苦卓绝，其传教精神真可用感天动地来形容。孙奇逢领乡民抗清，形势如以卵抗石，依然组织义学，教授子弟。清末的章太炎在监视中讲学能把监视的特务都听哭了。

王阳明讲学、办学都有他特有的难处。身体不好、军旅匆忙都不是难点所在，难在他要超越程朱理学几乎是令人难容忍的狂妄悖逆之举，“天下之人，相与非笑，而诋斥之，以为是病狂丧心之人耳。”与内行们进行学理辩论，他觉得是正常的，但受到官方的压制，他能不觉得难吗？王阳明的心学就是在实践中成长、在压制中壮大的。就说“良知”，它萌生于王阳明在龙场驿孤苦凄绝的漫漫长夜中，“致良知”口号诞生于他平了宁王宸濠之乱后飞语构陷、毁谤百出的境遇中。钱德洪在《传习录（中）》的按语中说："（先生）平生冒天下之非诋推陷，万死一生，遑遑然不忘讲学，唯恐吾人不闻斯道，流于功利机智，以日堕于夷狄禽兽而不觉；其一体同物之心，谆谆终身，至于斃而后已：此孔孟已来贤圣苦心，虽门人子弟未足以慰其情也。是情也，莫详于《答聂文蔚》之第一书。"在这封信中，王氏直白无隐、义愤填膺地数落了良知之学所针对的世道人心：

> 后世良知之学不明，天下之人用其私智以相比轧，是以人各有心，而偏琐僻陋之见，狡伪阴邪之术，至于不可胜说；外假仁义之名，而内以行其自私自利之实，诡辞以阿俗，矫行以干誉，掩人之善而袭以为己长，讦人之私而窃以为己直，忿以相胜而犹谓之徇义，险以相倾而犹谓之疾恶，妒贤嫉能而犹以为公是非，恣情纵欲而犹以为同好恶，相陵相贼，自其一家骨肉之亲，已不能无尔我胜负之意，彼此藩篱之形，而况于天下之大，民物之众，又何能一体而视之？则无怪于纷纷藉藉，而祸乱相寻于无穷乎？
>
> 仆诚懒天之灵，偶有见于良知之学，以为必由此而后天下可得而治。

阳明以悲壮的"承当精神"说："我此良知二字，实千古圣贤相传一点骨血也。"

成败毁誉致良知

单就心学的内在理论而言的确与禅宗同趋，王阳明挣开手眼，别求新格，将孟子的性善论与禅余"本心清净"论合二为一，将孟子的"求其放心"论（探求人性中克制力的理论）与禅宗的"即心即佛"论、除欲归本论融为一体，"致良知"也与禅宗的"直指本心"一样简易真切，活泼有用。但王阳明再三叮嘱学生莫趋禅悦之浅薄境界，他自感良知之学是极高明远大、能够改天换地的。个中微妙的区别在于良知之学不仅要找回心本体，还要发挥心之用，不仅要做个能改造自己的圣贤，更要做个能改造世界的英雄，是以修炼内圣功夫去完成外王事业为“全体大用”的。近百年以来，大政治家、大思想家、大文化史专家都异口同声地承认知行合一最有益于世道！

王阳明本人就是从“二氏（仙、释）之学”中挣脱出来的，反戈一击很有说服力。他极会当主人翁，视二氏为奴婢，他说：“二氏之用，皆我之用。即吾尽性至命中完养此身，谓之仙；即吾尽性至命中不染世累，谓之佛。但后世儒者不见圣学之全，故与二氏成二见耳。譬之厅堂，三间共为一厅，儒者不知皆我所用，见佛氏则割左边一间与之，见老氏（道教）则割右边一间与之，而己则自处中间，皆举一而废百也。圣人与天地万物同体，儒、佛、老、庄皆吾之用，是谓大道。二氏自私其身，是之谓小道。”他又极善“拿来”、为我所用地“拿来”：“虽小道必有可观。如虚无、权谋、术数、技能之学，若能于本体上得所悟入，俱可通入精妙。”这种不同于西方“方以智”的中国特色的“圆而神”法门，虽古已有之，但到王阳明而自觉化、而出神入化，无所不至。只要立有大志，便能“万物皆备于我”：“善者固吾师，不善者亦吾师，且如见人多言，吾便自省亦多言否？见人好高，吾自省亦好高否？此便是相观而善，处处得益。”

一个学生问他：“有人说学者以治生为首务，先生以为误人，何也？岂士之贫，可坐守不经营耶？”王阳明说：“若只说学者治生上，尽有工夫则可。若以治生为首务，使学者汲汲营利，断不可也。且天下首务，孰有急于讲学耶？虽治生亦是讲学中事。但不可以之为首务，徒启营利之心。果能于此处调停得心体无累，虽终日做买卖，不害其为圣为贤。何妨于学？学何二于治生？”

王阳明褒举颜回，贬低子贡，以为颜子在性地上下功夫，日见自己的不足遂日日有长进，子贡在闻见上下功夫，日见长进而封闭起来。他给湛若水写信说：颜子没而圣人之学亡。似乎他重内圣一路，轻外王一路，其实他正是靠勘大变、平大乱的赫赫事功给儒学挽回了面子，并树立了“心学”战无不胜的丰碑。用心学语言说，最关键的是王阳明能够“廓然大公”，所以能“随物顺应”，随机应变信如神又无往不合乎圣道，不是那种“平生无一济安策，临危一死报君王”的无用书生。这也是王学原理“诚则智”。他有一段不大受人注意却至关重要的语录：

诚是实理，只是一个良知。实理之妙用流行就是神，其萌动处就是几（细微的迹象，隐秘的事端），诚神几曰圣人；圣人不贵前知。祸福之来，虽圣人有所不免。圣人只是知几，遇变而通耳。良知无前后，只知得见在的几，便是一了百了。若有个前知的心，就是私心，就有趋避利害的意。

“知几，遇变而通”，是所有英雄成大事的秘诀，它相当今人耳熟能详的“具体问题具体分析”，机动灵活地去战斗。这是理想主义的实用主义，不同于那些因循墨守之徒的虚无主义的实用主义，更不同于机械的教条主义。王阳明之所以能完成平定宁王叛乱那样艰巨的使命，正是靠这个本领。

他45岁时，之所以走上“抚镇南、赣、汀、漳等处”的军旅之路，因为这几处“接壤山谷，无非贼巢。”朝廷屡次派的人都束手无策，反而造成更大的恶果，逼得山民们由小伙变成大聚义，从广东借来“狼兵”，实属高射炮打蚊子，耗资甚巨且不说，而且狼兵来捕不了什么“贼”，反而比“贼”还凶虐。大小官员都认为这些“山中贼”无法可除了。兵部尚书王琼知道王阳明是“学本诚明、才兼文武”的大才，于以特别推荐，并允许王阳明便宜行事，全权办理。王阳明再三上疏恳请圣上不要派他这个书生去领兵，皇帝却严厉命令他去上任。他并不是矫情，也不是要价，他还真有潇洒于山水之间的“心学病”，但他一旦上任便彻底进入角色，真一副干啥吆喝啥的派头。先严御战之法，复行十家牌法、选民兵、明攻暗袭、离间计、反间计、攻心术一齐招呼，忽用“附背扼喉之策”，忽用出其不意之计。治内则严行赏罚，彻底改变了“南、赣之兵，皆畏敌不畏我”，“未见敌而亡，不待战而败”的局面。他这时不讲愚夫愚妇也是圣人了，而是说他们“犬羊之性，变诈不同；豺狼之心，贪噬无状”。“阳虽听招，阴实肆毒。”这时不讲性善论了，而是“杀贼一，赏银五两；杀贼二，赏银十两。”要是割下首级来的，按颗算；没割下首级来的，银子便少一些，给三两。打横水时，烟焰障天，铳炮之声撼摇山谷。“兵，不祥之器”，但这位道德家依然要将它玩到极致了。这时的心学，变成了“运用之妙，存乎一心”的兵法：“兵无常势，在因敌变化而制胜，贼以为必待狼兵而后敢攻，此所以不必狼兵而可以攻之也。”他收拾池大胡子一案，颇像诸葛亮对付孟获，池大胡子明知“王公（指阳明）素诈”，还是上了王阳明的当，王阳明先撤去进剿之兵，后善待假来投降的池大胡子的弟弟，又当着这伙奸细的面鞭打真来投降的，然后又在底下悄悄地善言抚慰，让他们回去响应官军，最后诱池大胡子下山进城，帐设刀斧手，同时诸路官军间道上山，直捣“贼窟”。他给皇帝的长达万余言的奏折中称：“前后两月之间，总共捣过巢穴三十八处；擒斩大贼首二十九名颗，次贼首三十八名颗，从贼二千零六名颗；俘获贼属男妇八百九十名口。”王阳明废弃了原先“三省夹攻”的方案，用他组建的小分队“破山中贼”用他的道德感化法“破心中贼”，奇迹般地解决了令朝廷头疼的老问题。朝廷高兴是当然的，“百姓沿途顶香迎拜，所经州、县、隘、所，各立生祠。”这也是当然的。他则关心移风易俗的工作，兴立社学，后来则在有条件的地方兴办书院，他认为只要教化明，民风才可能改善，礼让兴则乱不做矣。他在赣期间，刊刻了古本《大学》《朱子晚年定论》、他的学生薛侃刻印了《传习录》。

他几度辞赏、辞职，请求退休都不被允许，正当他奉命去“勘处福建叛军”，走到丰城时，“闻宸濠反，遂返吉安，起义兵。”他本来可以照章办事，不返吉安，但受“良知”指引，冒死而来。宁王谋反已经营数年，上结朝廷权贵、幸臣，下养死士两万、军人数万，声大难挡，许多官员已降了宁王。王阳明搭船返吉安，船工不敢，他们听说宁王已派千余人来劫，谎称逆流又无风，开不了船。王阳明祷于舟中，誓死报国，北风起，船工还是不肯开船，王阳明拔剑削其耳朵，才开了船。黄昏，他直觉到有危险，便留下一随员穿上他的官服，他微服藏到一条渔船上。果然宁王的兵抓住了他那个替身，他则到了临江府，知府接入。他假造圣旨：“行令两广、湖、襄都御史及两京兵部各命将出师”，让若干戏子缝在衣服中故意走到可以被宁王兵捉住的地方，宁王截获了“圣旨”后，果然疑惧，不敢出兵南京，放弃原先出奇制胜、直捣南京的构想，由主动变为被动。其实，这时到京城告发宁王造反的两位下级官员反而被朝廷给扣押了。宁王在京师已买通了诸多权竖，若不撞上王阳明这种“管闲事”的人，他也许能成为第二个永乐皇帝。王阳明并没有接受到任何成命，他只是出于“主人翁”的责任感，自发地来冒险。当时江西的官员或被宁王杀之，或被宁王扣之，或降宁王，或坐观待变，因为正德皇帝已荒淫无耻到了今古奇观的地步，此前刚因要南巡被廷臣阻谏，杖死 10 余名臣僚。王阳明四画夜赶到吉安，知府伍文定接入。为防被宁王奸党截获，王阳明写了《乞便道省葬疏》和《飞报宁王谋反疏》，用前者掩盖后者，王氏心思细密大率类此。同时他“传檄四方，暴发逆濠罪状，檄列郡起兵以勤王。”他则声称“奉机密敕旨”，调兵遣将，先引蛇出洞，等宁王出师安庆时，阳明会师直攻南昌。宁王惊闻老巢被捣，遂回师救援，阳明率师在黄家渡与之展开决战。宁王重赏将士，又人多势众，其中多惯匪死士，阳明师中有退却者，阳明令斩后退者，伍文定被炮火烧了胡子依然击鼓催战，正好一炮打中了宁王的船，遂退走，结果兵败如山倒。次日，阳明用火攻，宁王的副舟起火，宁王与妃嫔泣别，其中娄妃，乃当年劝阳明圣人必可学而至的娄一谅的女儿，跳水全节。宁王被擒后对王阳明说：“王先生，我欲尽削护卫所有，请降为庶民，可乎？”王阳明说：“有国法在。”阳明仅用了 35 天时间就平定了这次大叛乱。

这时，皇家大军才走到中途。他们为了夺功，密旨请皇帝亲征，正德遂封了自己一个镇国公率大军南下巡游，又有廷臣死谏被杖死的。宦官张忠、江彬，安边伯许泰倒像是来捉拿王阳明似的，领着那么多军队一下子填满了南昌城，他们觉得只有将王阳明和朱宸濠一块押送京师才带劲！王阳明又不把宸濠交给他们。遂诬陷王阳明早与宁王串通，只是见他们大军到来才捉拿宁王以自保的。而且捉一个宁王有一知县即可，王阳明的功劳一点也不大，只是装点过实的夸张罢了。——这其实是毫不新鲜的套版悲剧：奸臣当道，忠臣被害；庸人执政，精英淘汰。前两句可以概括张忠、许泰对他的构陷，后两句则可以形容杨一清、桂萼对他的排斥。

这其中有趣的事情多得很。王阳明押解宸濠北上献俘，而张忠、许泰居然想追还，将宸濠放到鄱湖，等着武宗正德亲自与其遇战，而后奏凯论功。把国家大事如此游戏化真让后人和外国人惊疑难信。除了正德这样的大玩主，谁能养出这种大游戏气象来？王阳明他们誓死保卫的竟是这样的君王和朝廷。正德曾以威武大将军牌派锦衣千户追取宸濠，王阳明不肯出迎，属官问给锦衣千户多少钱，王阳明说：只给五两。锦衣怒而不要。次日来辞行，阳明执其手说："我在锦衣狱甚久，未见轻财重义如公者。我别无所长，只会作文字，他日当为表章，令人知道锦衣卫中有公这样的人。"锦衣竟不能出他语而别。王阳明只能用这种滑稽的办法与缺德少才却权大无边的小人周旋。张忠、许泰他们的大军在南昌靡费不堪自不待言，还制造事端，一旦有了硬性对抗的口实，他们便可以立即矫诏拿办王阳明。王阳明后来回忆说："吾昔在省城，处权竖，祸在目前，吾亦帖然；纵有大变，亦避不得。吾所以不轻动者，亦有深虑焉耳。"他只有巧妙应付。江彬初到江西，让王阳明坐偏座，阳明佯装不懂，径坐上席，他不为一席之尊卑，"恐一受节制，则事机皆将听彼而不可为矣。"王阳明不敢明着撵他们出南昌，便学张良四面楚歌法，在城内祭奠死难者，哀声不绝，北军无不思家，泣下求归。那帮权竖等王阳明在奏捷的帖子写上了他们的"功劳"后才撤兵北旋。

不知是为了用实际行动回击权竖关于他欲反的谣言，还是他真的心灰意懒了，他忽而入西湖净慈寺，忽而入九华山，脱掉官服，穿上野人衣裳，像是在宣布：你们都想争功，我偏要弃官，入山修道。这也许只是一种姿态，一种政治性的举动。但当他50岁时把门人召集在白鹿洞时，真有“归志，欲同门久聚，共明此学”了。他自言：经宸濠、忠、泰之变，益信良知足以忘患难、出生死。他对大弟子邹守益说：“今自多事以来，只此良知无不具足。譬之操舟得舵，平澜浅濑，无不如意，虽遇颠风逆浪，舵柄在手，可免放溺之患矣。”这只能保证他心态泰然而已，并不保证别人对他也使用泰然原则。

晁错“密于除奸、疏于防身”，韩愈可以感动鳄鱼，却无法感动排挤他的大臣。王阳明除宁王时达到了他推崇的“诚神几”的圣人水平，但在官场上他就不能那么得心应手的“知几通变”了。他给兵部尚书王琼的信谦卑得过分，说明他还是相当世故的，也想从上面找个根子。他将宸濠交给大太监张永，张永后来在正德面前多次驳正江彬、张忠对他的诬陷，说明他这一宝也押对了。但他把平宸濠的功劳归功于王尚书的英明领导时，惹恼了宰辅杨一清、桂萼。这两位正派的大臣和张忠、许泰不是一回事，但对待王阳明时却异曲同工，他们视王阳明为“怪物”，视心学为“洪水猛兽”。舆论中，有推荐王阳明这样的忠君体国、文武全才的能臣入阁的，而扬一清等“具揭帖”（写大字报）反对说：“王守仁才固可用，但好服古衣冠，喜谈心学，人颇以此异之，不宜入阁。”匿大功、责小过本是各级领导的惯技，这也罢了。尤为不可思议的是各种清查与言官、宦官的纠劾此起彼伏，连绵不绝地折腾了两年。要不是正德皇帝及时死了，王阳明很可能就活不长。正德皇帝是在正德十六年（公元1521年）三月死的，六月新上任的嘉靖皇帝敕旨，以“尔昔能剿平乱贼，安静地方，朝廷新政之初，特兹召用。敕至，尔可驰驿来京，毋或稽迟。”有点求贤若渴的劲头，王阳明自然立即启程，天子呼来即上船。可是宰辅从中作梗，暗示言官建言，以为“朝廷新政，武宗国丧，资费浩繁，不宜行宴赏之事。”这种文不对题的官话就把王阳明泡了汤。王阳明给新皇帝写了《乞归省疏》，说了实心话：臣自两年以来，四上归省奏。虽以暂归为请，而实有终身丘壑之念矣。因为“权奸谗嫉，恐罗暧昧之祸”。今圣上入承大统，使臣“出陷井而登之春台也，岂不欲朝发夕至，一快其拜舞踊跃之私乎？”这回朝廷同意他回老家省亲了。然而一去就是6年。王阳明几乎是“奉旨养良知”去了。

这一年12月方才下达了“王守仁封新建伯”，“三代并妻一体追封”的圣旨。这迟到的奖赏遭到了王阳明的严词拒绝。“同事诸臣，延颈而待且三年矣！”这倒罢了，关键是当时我“未受巡抚之命，则各官非统属也；未奉讨贼之旨，其事乃义倡也”。当时跟着我干是冒着杀族风险的，现在不但不赏他们，反而“阴行考察”，或不行赏而并削其籍，或赏未及而罚已先行，或虚受升职之名而因使退闲，或冒蒙不忠之号而随以废斥。尤让他痛心的是举人冀元亨奉命入宁王府“探其密计”，最后却以奸党罪被捕，冤死狱中。他们这么做实在是替宁王报仇！他请求朝廷普赏当初报效的诸臣，没有他们，我算得了什么？“愿尽削己官，移报元亨，以赎此痛。”当交章飞劾阳明时，他的学生黄绾、陆澄为他辩诬，他力止之，他只为冀元亨申冤而移文六部及湖广两司。阳明此举，确确实实证明，他的良知之学具有感人至深的真实性，他不是卖假药的！他是真诚的，他练成了良知盖世神功！

陆澄在《辨忠谗以定国是疏》中说：“臣知守仁之心，决非荣辱死生所能动者。但恐公论不昭，而忠臣义士解体尔。”他大胆质问：宸濠作乱时，“卖国之徒计安出也？”“今建不世之功，而遭不明之谤，天理人心安在哉！”黄绾的《明军功以励忠勤疏》则直指当时官场的不成文法：“凡饰誉、援党、贿讬，讥谗不及，必获显擢，无不如意。凡尽忠勤职，即讥谗蝟集，黜辱随至，无不失意。”这样下去，“人皆以奸结巧避为贤，孰肯身仕国家事哉？”“他日无事则可，万一有事，将谁效用哉？”他着意反驳了不让阳明进京的借口：陛下大官之厨，日用无纪，哪在乎一餐之宴？北京岂无一职，偏派他当南京兵部尚书。“此乃邪比蔽贤嫉功之所为也。守仁后丁父忧，服满遂不起用，反而时造言排论。然虽蒙拜爵升官，铁券未给，禄米未颁，朝事无与，迹比樵渔。”成了江湖闲人。这便是能干又肯干的下场。

无论如何王阳明不是只问利害不问是非的“小人儒”，恰恰相反，他只问是非不问利害，用实际行动证明他的良知之学本是知行合一的。他在辞爵的上疏中将自己的选择与流行的做法做了鲜明的暗比：“殃莫大于叨天之功，罪莫大于掩人之善，恶莫深于袭下之能，辱莫重于忘己之耻。”像许多的奏疏一样，这一篇皇帝也没有读到。

他在林下当闲人，朝中却有人为围剿他的学说而忙乎。有御史倡议论劾禁止他的心学，有给事中说他平宸濠时杀人纵火，宸濠过去曾经夸赞过阳明，他们之间的关系不清不白，等等。阳明告诫学生：这正是我们动心忍性、切磋砥砺的好时机。为了展开对心学的批判，甚至在科举考试的策论卷子中“以心学为问”，暗示考生批驳心学。王门有若干弟子拒不答卷，罢考而去，阳明大喜：“圣学从此大明矣。”钱德洪说：“时事如此昏浊，大明从何谈起？”阳明说：“我的学说怎么能遍语天下士？经此番会试，虽穷乡深谷也都知道了。我若错了，天下必有起而求真是者。”

面对着谤议日炽的局面，他请学生分析个中原因。邹守益说：“先生势位隆盛，是以忌嫉谤。”薛侃说：“先生学说影响日增，又是陆（九渊）非朱，为宋儒争异同，则以学术谤。”王艮说：“天下来问学的太多，您只招生不管分配工作，所以他们也有起而攻击先生的。”阳明说：“你们说得都对，但还没说到点子上。关键是我才做得个狂者。”

阳明沉思了片刻，接着说了下去：“当年孔子在陈，思鲁之狂士。狂者志存古人，一切纷嚣俗染，举不足以累其心，真有凤凰翔于千仞之意，一克念即圣人矣。唯不克念，故阔略事情，行有破绽。唯其有破绽说明志尚不俗，心尚未坏，尚可造就。乡愿讥议狂狷，貌似中庸，其实是德之贼也。因为他们媚世，他见君子就表现出忠信廉洁的样子，见小人又与之同流合污，其心已破坏，绝不可能入尧舜之道。如今的士夫则比乡愿还等而下之，他们陷溺于富贵声利之场，如拘如囚，必然视狂者为怪物、为仇敌。当年在南京，我还有乡愿意思，后来便任天下飞语腾口，我只依良知而行。现在我要努力悟入中行圣道。你们也不要止于狂就罢手。”

德洪问：“先生二十八岁刚及第时上《边务八事》，务实的都赞扬，也有说您狂妄的。后来先生主试山东，在命题中就抨击乡愿，是否您以返乡愿为一贯之道呢？”阳明笑了，说：“上《边务八事》是少年时事，有许多抗厉之气。此气不除，欲以身任天下，不济事。傲是人生大病，断断要不得。但乡愿又是坏天下心术的顽症，造成重儇狡而轻朴直，议文法而略道义，论形迹而遗心术，尚和同而鄙狷介的阉然媚世的世风，天下之人已相忘于其间而不觉。此风不除，国事无望、人心难起，读书人只要会背朱子注文即可得官及第，士习日偷，谁还料理自家心头的良知！”

他54岁时写了一篇《稽山书院尊经阁记》，愤怒地抨击了已成传统的貌似尊经其实是坏经的怪现状：

> 呜呼！六经之学，其不明于世，非一朝一夕之故矣。尚功利，崇邪说，是谓乱经；习训诂，传记诵，没溺于浅闻小见以涂天下之耳目，是谓侮经；侈淫辞，竞诡辩，饰奸心，盗行遁世，垄断而自以为通经，是谓贼经。

这真是孟子精神在16世纪的再版了。王阳明几十年如一日地以传道统为己任，他认为“圣人之学”，就是“心学”，“学以求尽其心而已”。他心中的道统谱系就是孔子、子思、孟子、陆九渊，再往下就是他，往下传也靠他了。所以，不管军旅生涯多么繁重，战事多么紧急，身体多么不好，他都讲学不辍，走到哪里都兴县学、修书院。如今，他终于有了自己的书院：嘉靖四年（公元1525年）十月，“阳明书院”在越城西郭门内光相桥之东建成。

尽管直到如今“谗构未息”、“查勘未息”，但他照旧笑傲江湖，与众多弟子登山游水，“随地指示良知”，他那充满心理暗示性的教学方式越发精警剀切、机趣盎然了。这种在林下自由讲学的活法是他觉得最好的活法。中秋佳节，月白如画，他在碧霞池的天泉桥上设宴与百余学生徜徉在良辰美景之中。“酒半酣，歌声渐动。久之，或投壶聚算，或击鼓，或泛舟。”阳明拈须吟诗：“铿然舍瑟春风里，点也虽狂得我情。”

他的丁忧期早已满了，荐举他出台来中兴的奏章也此起彼伏，但几乎都被宰辅压下了。这个嘉靖时代比正德时代好不了多少，老例还是那些老例，乡愿还是那样的乡愿。这帮外和中妒、徇私败公的人要起用本不感兴趣之人时，是他们非用之不足以过难关了。当时最大的内政是议大礼：嘉靖是正德叔叔的儿子，过继当了皇帝后，其生父的位置怎么摆？儒学的本行就是研究这个的，但古礼与现任皇帝的意图不合，争执不已。不断有人来问王阳明，阳明“竟不答”。他不想涉足这摊浑水。最大的外事便是两广的民族纠纷造成连年战事，几任大员均不能奏凯。不用阳明不行了。遂催命一样，接连敦促阳明为两广总督前去平乱。

王阳明在辞任命的上疏中讲了一通土官仇杀的特点，调停得好，容易成功，但自己“痰疾增剧”，冒疾轻出，身死事小，误了事对不起国家等。他给亲近学生的信中吐露了更多的实心话：参与平宸濠的湖、浙及留都之有功者皆已升赏，唯独主要干事的江西的“从义将士，至今查勘未已，往往废业倾家，身死牢狱，言之实为痛心，又何面目见之”“纵使江西之功尽出滥冒，独不可比于留都、湖、浙之赏乎？此事终须一白。已八年矣，尚尔查勘未息。但今日言之，又若有挟而要者，奈何奈何”。他视“东南小蠢，特疮痔之疾”。而“群僚百司各怀谗嫉党比之心，此则腹心之祸，大可忧者”。跟三百多年后的林则徐一样不怕广东之祸事，只怕朝廷内部的窝里斗。世事难为如此，人情难测如此，他真“百念俱息”了，他认真地掂量了一番之后说：“终得养疴林下是幸。”

然而朝廷催命依旧，他再三推辞：“某迂疏之才，口耳讲说之学，簿书案牍，已非其所，而况军旅之重乎？”他也的确病得很重，本来就潮热咳嗽，又极怕炎暑，偏让他去炎毒之乡，“用我实毙我也”。一个豪迈不羁的人终于得摆出一副畏葸相了。然而，没有用，你敢抗旨吗？

王阳明果然是奇才，不到一个月的时间就和平解决了“思（恩）、田（州）之役。”他不愿意看到生灵涂炭的灾难，不愿再驱人于兵刃之地。他亲自到乱军营寨进行招抚，跟他们讲了一通“尔等逃窜日久，且宜速归，完尔家室，修复生理”等人情味极浓的话，“兵连祸结，两省荼毒，已逾二年”的思田之乱就平定了。他建议朝廷分设土官与流官，既加强中央领导又保证当地少数民族的自治，还建议兴设学校等。班师之际又扫平了八寨、断藤峡之“负固稔恶”的“蛮贼”。“两广父老皆以为数十年来未有此举也。”然而朝廷大臣却诋毁他“征抚两失，赏格不行。”王阳明的学生方献夫上疏争辩：“夫忠如守仁，有功如守仁，一屈于江西，再屈于两广。臣恐劳臣灰心，将士解体，后此疆圉有事，谁复为陛下任之？”嘉靖看后，不开心，未置可否。

此时的王阳明已病势狼狈，到南宁后就添了水泻，日夜数行不得止，现在两足已不能坐立。他只有一个愿望：“必得一还阳明洞。”他上疏请假，“疏入，不报”。他举郧阳巡抚林富以自代，没等到朝廷的命令就努力往老家赶。但还是来不及了，死在了南安（今江西大余县）的一条船上，年仅57岁。然而，这不叫鞠躬尽瘁，这叫擅离职守。嘉靖皇帝大怒。是桂萼先让人压下王阳明的乞养病疏，又来参奏他“擅离职役”的，并且新账旧账一起算，说他“处置广西思、田、八寨恩威倒置，擒濠军功冒滥”，并且“密具揭帖”，在皇上郊游时献上。嘉靖终于决定“命多官会议，削公世袭公爵，并朝廷常行邮典赠谥”。直到隆庆皇帝上台后，才平反昭雪，追封王阳明为“新建侯”，谥文成。

人们会想当然地以为，王阳明的心学会比王阳明本人的命运好吧，不是帝国后期最大的“显学”吗？甚至有的教科书还说王学被奉为官方哲学。其实，王学的命运跟王阳明本人的命运一样显赫而倒霉。他生前屡次被当成“伪学”遭弹劾、遭查禁，他死后，张居正这个一度跟王门学人讲过学的人，却在秉政之后捣毁天下书院，在全国范围内禁锢心学人士“聚党空谈”的活动。清初诸大儒把明亡的罪责归咎于心学，清修的《明史》写王阳明传时还特地点出：杨一清、桂萼也许嫉王氏之功，但禁王氏之学是英明的。

王学是靠他那遍天下的门生弟子发展起来的，而且是在压制中发展起来的。根据黄宗羲《明儒学案》中的概括有浙中、南中、楚中、北方、粤闽等六大系，还有泰州之左派王学，其实远不止于此。乱世出心学！每逢乱世，特立而出欲拯救天下、想当英雄的中国人，都是心学信徒，哪怕他没认真读过王阳明的书，他也是一肚皮王学心思。不信，你瞧：康有为、梁启超、孙中山、蒋介石，就连并不崇拜王阳明的严复都说：“世安得如斯人者出，以当今日之世变乎！”当然诋阳明“猖狂妄行”的也代不乏人。

王守仁离开他的阳明书院去平思田之乱时留下的遗嘱性的文字——《客坐私祝》，其中包含着警戒王学末流的箴言：“不愿狂躁惰慢之徒，来此博弈饮酒，长傲饰非，导以骄奢淫荡之事，诱以贪财黩货之谋，冥顽无耻，扇惑鼓动，以益我子弟之不肖。”王阳明真是“知几”的圣人，不幸的是就像王阳明的“致良知”没有多少人真信，这遗训也没有管住王学末流走上酒色财气之路。就像章太炎说子路也难保其末流不为盗，也像鲁迅那被蔡元培称为“最沉痛”的遗言——“不做空头文学家”——并没有挡住空头文学家泛滥成灾。噫嘻！

嘉靖七年（公元1528年）十一月二十五日，王阳明翻过梅岑到南安，上船时，门生周积在南安当推官，来见，阳明勉强坐起，喘成一团，问：“近来进学如何？”周积略答，然后请安。阳明说：“病势危亟，所未死者，元气耳。”周积赶紧去迎医找药。28日晚，船停泊，阳明问：“何地？”答曰：“青龙铺。”29日天明，召周积入，良久，开目视曰：“他无所念，平生学问方才见得数分，未能与吾党共成之，遗憾！”周积泣下，问：“何遗言？”阳明微微一笑：“此心光明，亦复何言？”他瞑目而逝时，脸上依然挂着那光明的微笑。

（周月亮）

主要参考文献

《王阳明全集》附年谱，上海古籍出版社 1992 年版。

《明史》。

《明儒学案》。

《儒家哲学》，梁启超著。

一代儒侠
——黄宗羲

不放河汾声价倒，
太平有策莫轻题。

在由众多儒者组成的方阵中，不乏振臂高呼、文韬之外又兼武略的义勇之士。他们侠肝义胆，愤世嫉俗，心光耿耿，以热血和生命谱写出荡气回肠的壮歌。明末清初的鸿儒黄宗羲显得分外动人、感人。

孤身万里报父冤

崇祯元年（公元 1628 年），黄宗羲的父亲死了不到一年，他祖父也死了。这对一个年仅 19 岁的青年打击太大太大了。他决定单身从老家余姚到京城去替父申冤。临行时，他在袖子里偷偷地藏了一根锋利的铁锥，又写了一篇喊冤的文稿带在身边。

父亲黄尊素（白安先生），万历四十四年（公元1616年）进士，授宁国府推官。万历五十年（公元1622年）授山东道监察御史。生前是个十分正直的官吏，也是东林党的名士之一。在他做官期间，太监魏忠贤和奉圣夫人客氏相互勾结，尽揽宫中大权。他经常和其他东林党人左光斗、高攀龙、杨涟等在一起，讨论时事局势，发泄对胡作非为、祸国殃民的“奄党”的极端不满。

所谓东林党人本是在无锡故邑宋人杨时讲学的地方，再造东林书院，借讲学之名，讽议朝政，裁量人物，从事政治活动的一些儒士。当时朝中之士慕其风者，多遥相应和，因此东林名声大作，逐渐形成以顾宪成、高攀龙、钱一本、薛敷敦、史孟麟、于孔兼等人为核心的一派政治势力，与“阉党”展开尖锐的斗争，被“阉党”反动势力称为“东林党”。

由于东林党人大多忠廉耿直，敢说敢为，就一再向朝廷指陈危机，希望罢黜阉党，引用贤才，内修政治，外抗清兵，共扶危局。然而，大权都被揽在魏忠贤等阉党手中，东林党人相继遭到罢斥。黄尊素任职仅两年也被削籍。万历五十三年（公元1625年），都察院左副都御史杨涟上疏列举魏阉24大罪状，请求皇帝立斩其首级，以整顿朝廷纲纪；都察左佥都左光斗、吏科给事中魏大中，也跟着上本参劾魏忠贤和崔呈秀。魏忠贤恼羞成怒，就唆使特务机关“镇抚司”捏造罪名，将杨涟、左光斗、魏大中等“六君子”逮捕，严刑拷打，予以处死。随后又派锦衣校尉四出拘捕，企图将东林党一网打尽。第二年三月，黄尊素和高攀龙、周顺昌、李仲达等七人先后被捕。

两年后的闰六月初一，宗羲的父亲白安先生在受尽折磨和摧残之后，被阉党杀害于“诏狱”。凶信传到家乡之后，全家人万分悲恸。祖父，《易》学大师鲲溟公为了让他牢记父仇，就在他出入必经的墙上，大书吴王夫差警告自己的话：“尔忘勾践杀尔父乎！”

父亲的死使他感到与阉党之间有着不共戴天的深仇大恨，他发誓要报这血海深仇。为了使祖父、祖母不再为他而劳心，他把满腔的悲愤强压入心底，白天平静地照顾好两位老人，安慰他们要节哀。晚上，夜深人静时，他一个人埋头被中，偷偷地哭泣，一夜一夜地等待着复仇的时机。

而今，他再也压抑不住了。

当他火急火燎地赶到北京时，昏庸无能的熹宗朱由校已经死去，崇祯朱由检又登上了王位。初登基的朱由检也颇想励精图治，有所作为。为缓和统治阶级内部日益尖锐的矛盾，挽救日薄西山的明代过早地衰亡，便迫使阉党魏忠贤自缢身亡，又褒奖死难的东林党人，追谥他父亲黄尊素为“忠端公”，这多少带给他心里一些安慰。但当他探访到魏阉爪牙曹钦程、李实、许显纯、崔应元、叶咨、颜仲文六人还依然逍遥法外时，便又怒火中烧，立即向崇祯帝上疏控告。崇祯立即下诏责成刑部对他们进行审理。

开庭审理那天，黄宗羲早早来到现场，他要亲眼看着这六个仇人迎来他们的末日。当六个逆臣贼子被押到他面前时，他满腔的愤怒像火山一样喷涌而出，他双目圆睁，咬牙切齿，一个箭步冲上前去，从袖中嗖地抽出藏了许多天的铁锥，朝着杀害父亲的罪魁祸首许显纯猛地刺了过去，许显纯当时血流满体。在场的人都感到十分痛快。

然后，他又走到李实跟前，大声地喊道：“前两天，他派人给我送去了三千两黄金，要我今天为他作证，说害死忠良的不是他，而是魏忠贤窃取他的印信空本填写的。各位大人，如果不是他作的恶，他为什么要贿赂我呢？”说完又举起铁锥朝李实脸上刺了过去……

六个人犯受到了应有的惩处。

然后，他又偕同天启年间死难忠臣的后裔在诏狱中门设祭。这帮同难子弟哭声如雷，响彻宫廷。皇帝闻见哭声，也大发感慨说：“真是忠臣孤子呀！”

一个19岁的青年，只身闯京城为父报仇申冤，为国除奸，一时声名大作。“黄宗羲”这个名字变得家喻户晓。

双膝一拜逾千金

明万历三十八年（公元1610年）黄宗羲出生在浙江余杭，在兄弟五人中为长兄。大弟弟宗炎（鹧鸪先生）是当时的著名学者，对文字学和《易经》研究精深。二弟宗会（石田先生），知识渊博，精通佛学、天文学、地理学、金石学、数学等。弟兄三人在当时的浙东颇具影响，有“浙东三黄”之雅称。

浙东是个人杰地灵、具有悠久文化传统的宝地。不仅出了个名震一时，以身殉国的王思任，而且更孕育出许多的大儒及著名学者。如南宋永嘉年间，周行己、陈傅良、叶适、吕祖谦、陈亮、王应麟、胡三省组成的浙东学派耀眼于中国的学术发展史；明初的宋濂、王祎又增光溢彩，而正德年间的王守仁（阳明先生）更堪称一代儒学大师。

一方水土养一方人。深受浙东文化传统滋养的黄宗羲从小就聪明异常，好学深思，具有主见。当时盛行章句之学和八股文，因为它是跻身仕宦的敲门砖。然而，黄宗羲始终对此提不起兴趣，而是对诸子百家，尤其是历史书籍情有独钟。母亲发现这个孩子行为异常，就向父亲告了他一状，可宽容而又颇具观察力的父亲却说：“让他去看吧，开卷终是有益处的。”

后来父亲到北京就任，他就随父入京。13岁那年，回乡应童子试，一举成功，然后又回到北京。在与父亲同住的这段时光里，他从父亲等东林党人的密议中，得知了许多朝廷内幕，也了解到不少社会的现实情况。然而在他心海中打下深深烙印的，还是父亲被捕时留下的遗言。

那一天他到郡城与父亲话别，同来饯行的还有同乡的著名学者刘宗周。

分别的时候到了。宗羲满眼泪水。父亲把他叫到身边，轻声地对他说：“孩子，要用功读书呀。咱家里有许多历史书，你应该仔细地研究研究，书里会告诉你古今治乱的大道理。只有明白了这些道理，你才可以好好地报效国家。”说着，又拉着他的手走到好友刘宗周面前，深情地说：“贤弟，谢谢你来为我送行。这个孩子我就托付给你了，让他好好地跟你学。这样，我就是死，也瞑目了。”刘宗周也眼含热泪，握住他们父子两个的手，哽噎了半天，才说出一句话来：“老兄，你就放心地去吧！”然后，在父亲的面前，宗羲双膝跪地，行过了庄严的拜师礼。这一拜，虽然看似简单，可他却决定了黄宗羲今后几十年的人生方向。

宗羲揩着眼泪回到家中，从此便发愤苦读。每天，天刚蒙蒙亮就起床，埋头书海；夜间，一直读到鸡叫头遍才入睡。他一心地扑到书上，废寝忘食似乎都不足以形容他此时读书的不懈努力。两年的时间里，他把家中藏有的二十一史等书籍全部精读了一遍，同时还做了大量的笔记。

从北京为父申冤归来，他便专心地师从刘宗周先生，到他创立的绍兴证人书院亲聆教诲。

刘宗周，字起乐，浙江绍兴府山阴县水澄里人，学者称他为念台先生。他出身孤寒，但由于发愤苦读，24 岁得中进士，后官至南京左都御史。他学识渊博，思想推本于宋代的周敦颐和二程（程颐、程颢），而对朱熹和陆九渊的学说多有批判。讲学时，以王守仁的心学为宗，倾向于许孚远，又切磋于高攀龙、陶奭龄，然其思想又冲破王学，而使许、高、陶等人望尘莫及。他主张“慎独”，提倡躬行实践，使“王学”归于正途。经过他的改造，浙东学派就已不再只侈谈性命，而成为躬行实践的学派。

刘宗周教导黄宗羲应先穷经，再求事于史才能通知世事的变化。宗羲便折节厉学，遍读十三经、二十一史、明十三朝实录及诸子百家。这使他在天文、地理、律历、象数、算学、佛教、道藏等方面都具有极深的造诣，为他成为一代硕儒奠定了深厚的学术基础。

他在绍兴证人书院读书的时候，陶奭龄也在绍兴讲学，陶把佛教禅宗学说和因果报应思想羼杂到理学中来，声势很大。为了发扬刘宗周的学说，他联合 60 多位名士到证人书院听讲，大造舆论，批判陶氏的佛学观点，使陶被迫偃旗息鼓。从而维护了老师的学说，捍卫了理学的纯洁。

风雨如晦，鸡鸣不已

明代八股取士之风十分盛行，于是社会上出现了许多以文会友的文社。这些文社的主要活动就是诗酒集会、酬答唱和，然后把选出的作品刻印面世，借以扩大文社的影响。因为这些作品如果得到世人的赞美，社中的人就可以身价百倍，在科举应试时就会受到青睐。

崇祯二年（公元1629年），太仓人张溥、张采集合江北的匡社、中州的端社、松江的几社、莱阳的邑社、浙东的超社、浙西的应社等为一个大的文社——复社。建社之初，即以“重气节，轻生死，严操守，辨是非”作为宗旨。这是一次空前的优化组合，复社不仅是明代，也是中国古代最大的社团组织，成员最多时达几千人。后来，随着势力和影响的不断扩大，这一学术团体便渐渐完成了向政治性团体的蜕变。黄宗羲欣慰地关注着这一令他心动的变化。后来便到南京经朋友周镳介绍加入其中。这使他有更多的机会和复社名士杨廷枢、陈子龙、吴伟业、沈寿民、冒辟疆、陈定生等保持密切的关系。时隔不久，他又被公推为复社的主要负责人之一。尽管他后来批评复社“本领脆薄，学术庞杂，终不能有所成就”。但当时他还是颇尽“仁人君子心力”参与其中的。

与此同时，阉党余孽阮大铖在崇祯的纵容下，又死灰复燃了。为了能够东山再起，圆他欲成为魏忠贤第二的美梦，他在南京招摇撞骗，也成立了“中江社”和“群众”两个社团组织。一方面谈兵说剑，讲学论道，招纳游侠，另一方面又以金钱美女为诱饵收买无耻文人。为了巩固已经取得的成绩，黄宗羲等又展开了第二次反对阉党的斗争。

当时，东林党人经过多次斗争的损失，已经无法再次充当斗争的中坚力量，复社诸人便毅然决然地担当起打击阉奸的重任。崇祯十一年（公元1638年），复社名士在南京讲学集会，眼见阉党蠢蠢欲动，大有卷土重来之势，复社成员陈定生、吴应箕就草拟了一篇《留都防乱揭》，揭露阮大铖一伙奸人的阴谋及罪恶。《揭》中写道："大铖之阴险叵测，猖狂无忌，罄竹莫穷……当事者无视为死灰不然（燃），深虑者且谓伏鹰欲击。若不先行驱逐，早为扫除，恐种类日盛，计划渐成，其为国患必矣！"黄宗羲以大无畏的气概，联合148人共同签名，站到了声讨逆臣贼子的最前列。

阮大铖害怕了，许多天他闭门谢客。这篇檄文确实道出了人民的心声。然而它并没有像复社名士期待的那样起到"防险愈固"的作用，相反，却使阮氏和复社结下了不解之仇。阮氏阉党由地下活动转入粉墨登场后，给复社成员带来了灭顶之灾。

崇祯十七年（公元1644年）三月，李自成起义军攻陷北京，崇祯帝自缢煤山，明朝灭亡。不久吴三桂引清兵入关。

阮大铖等人和凤阳总督马士英狼狈为奸，拥立孱弱无能的朱由崧在南京做了傀儡皇帝，建立南明弘光小朝廷，重用阉党官僚，开始了紧锣密鼓的反攻倒算活动。他们重新翻刻了《三朝要典》，恢复特务组织"东厂"，把刘宗周、史可法等忠义之臣排挤出朝廷。

阮大铖上疏给弘光帝说："东林老奸如蝗虫般遮蔽住明日，复社小丑像蝻虫般在田间乱窜，蝗虫是现实之灾，蝻虫是将来之祸，应该立即一网打尽。"他还把要秘密杀害的人名编成《蝗蝻录》，把在《防乱揭》上留名的148人列为重点迫害对象，黄宗羲等领导人更成为他们欲除之而后快的眼中钉。

此时，黄宗羲正在故乡余姚。听到阮大铖等人的可耻行径，义愤填膺，不顾一切地赶到南京，亲自上书给弘光帝揭露和斥责阮大铖欲杀害国家忠良，篡夺江山的阴谋。阮大铖立即派特务去加害于他。幸好此时清军南下，南京一片慌乱，黄宗羲才得以乘机逃回浙东，免于罹难。

好友多从忠节传

公元1645年5月，清兵再下江南，制造了"扬州十日"，"嘉定三屠"

等惨绝人寰的野蛮屠杀事件之后，又占领了南京，南明弘光帝败走芜湖，被俘，短寿的弘光小朝廷宣告覆灭。

6月15日，清兵又下杭州。宗羲的恩师刘宗周此时正以明左都御史的身份在家闲居。听到浙江省投降的消息时，他正在吃饭，于是推案恸哭说："到了我该为国尽忠的时候了。"于是决定不再吃饭，以绝食殉国。他的学生们劝他说："现在天下瞩目的，只有先生您了，您为什么要死呢？"刘宗周说："以前，多次请求守城捍国，不被应允；今国破家亡，要想有所为已经不可能了。现在我的选择只有一条，就是去死。先帝之变应该死，今帝蒙尘应该死，我们浙江降清又应该死，今日不死，更待何时呢？世上难道有苟且偷生的御史大夫吗？"学生们说："不是这样的。先生求死并不难。如果死对天下有益，去死也可以。如果死而无益于天下，为什么把有用的身躯轻易就抛弃了呢？"宗周说："我本来也知道谋求大事比轻易捐生要好，然而我已经老了，力量已经不够了。你们所说的，是谋求将来未可知的功业。我所坚持的是一个正义之臣的忠诚。作为大臣，我怎么敢舍弃今日的忠诚，而去希求将来未可知的功业呢？我还是去死吧！"第二天，诸生请他出城去。他说："国存与之同存，国亡与之同亡，这是古代遗训，我到哪儿去呢？"诸生说："古人说过，选择一块净土。现在城已降，即使要死，这里哪能成为先生殉国之地呢？"于是刘宗周住到了城外的水心菴。

4天后，他的门人王毓蓍自沉于柳桥。刘宗周闻知后，就说："王生死了，我还犹豫什么呢？"学生们立即劝阻。刘宗周又说："北都陷落，可以去死，也可以不去死，因为当时我已被削籍了，而且还有中兴的希望。南都陷落，主上自弃江山，我又没有做官，可以死，也可以不死，因为还可以等待继起之君。可今天我们浙江也投降了，区区老臣还到哪儿去呢？如果说身不在位，不该与城共存亡，难道也不该与国土共存亡吗？故相江万里以死殉国，是因为世上没有逃死的宰相，难道有逃死的御史大夫吗？"

又过三天，船过西洋港，刘宗周跪地而拜说："老臣无力报国，只有用死来显示为臣之义了。"说完就投身跃入江中，可是很久也没有沉下去，船夫马上跳下水，救他上船。

第二天，清大将军孛罗拿着清帝的聘书找到他，要他变节作清的大臣。老人无力手书，于是口头作答说："国破君亡，作大臣的只有一死。我已经七十多岁了，又绝食了十多天，正在弥留之际，我怎么敢再去应聘呢？我甘愿受刀斧之残，也绝不会投降。"

又过了一天，弟子杨芳、王毓蓍侍于身旁。谈到王毓蓍之死，老人潸然泪下，说："我讲学已经十五年了，仅有这么一个好学生。"又说："刚开始绝食那几天，很渴，喝茶就像喝了甘露，才知道喝茶也能延续生命。从今以后，滴水不入口了。"王毓蓍问他心境如何。他说："他人活着对不起父母妻子，我死后可以对得起天地祖宗；他人想活而不能活，我想死就可以死；他人整天忧心忡忡，可我心情泰然。"

第二天，秦祖轼陪床时，老人吟出绝命诗："留此旬日死，少存匡济意。决此一朝死，了我平生事。慷慨与从容，何难亦何易。"他的儿子刘汋请他留下遗言，他说："我死后，把我葬在下蒋。墓碑上写：有明秦台先生藏衣冠处，子某妇某合葬之墓。"说完泫然泪下，说："我平生不曾谈到双亲，因为太伤心了，不忍说出口。我胸中有万斛泪水，一半为双亲而流，一半为君上而流。"

10 天后，这个 68 岁的老人为国从容捐躯，前后共绝食 20 日，勺水不入口达 13 日。临死的时候，双眼圆睁，不肯瞑目。

恩师的死，给了黄宗羲以莫大的鞭策。他毅然变卖了全部的家产，与两个弟弟在老家余姚黄竹浦组成了几百人的义军，与前吏科给事中熊雨殷（汝霖）和九江道佥事孙硕肤（嘉绩）一同划江而守，江上人称他们为"世忠营"，从此开始了长达 8 年之久的抗清武装斗争。

此时，黄道周奉明唐王朱聿健在福州继位，张国维、张煌言等人奉明鲁王朱以海在绍兴监国。黄宗羲被鲁王任命为兵部职方。

斗争之始，黄宗羲满腔热忱，积极筹划，日夜操劳。他策划和指挥部队"西渡"，进入太湖，招纳吴中豪杰。虽终以兵溃失败，然这次主动出击，得到清代许多学者的称赞，也显示了他杰出的军事才能。

黄宗羲所从事的斗争，以反清复明为宗旨。但明代因腐败而亡，要想复兴已不可能，黄宗羲的努力也终究不会有任何收获。第二年 6 月 1 日夜，清兵几万大军浮江登岸，击溃了钱塘江的守军，“划江而守”的行动失败。张国维自杀殉国，张煌言保护鲁王从江门退入大海，损失惨重。

黄宗羲不甘心失败，率五百残兵退入四明山，占据险要之处结寨固守。一时间，四处响应，浙东山野满布义兵，他们给入侵的清兵很大打击。但由于彼此之间联络不密又缺乏统一的行动和配合，终被清兵各个击破，宗羲也被迫逃入山中，每日以研究历算打发时光，等待复仇的机会。

三年后，鲁监国在闽中一度小开局面，黄宗羲立即赶到，开始了极其艰苦的海上生活，被晋升为左副都御史。

1649 年 8 月，他作为冯京第的副手赴日本乞师，但没有成功。1653 年 3 月，鲁王在金门岛宣布取消监国，长达 8 年度的抗清武装斗争彻底失败。

在这场艰苦卓绝的斗争中，黄宗羲遭受了无数的危难。据他后来的回忆，直接威胁到生命的危险就有被悬赏缉拿两次，指名捕捉一次，困于孤城一次，以谋反罪被告发三次，气绝沙滩一次。真可谓九死一生了，然而他无怨无恨，当武装斗争结束后，惜阴胜过惜金，全力以赴地投入到著述笔耕之中，所有的庆吊吉凶之礼节尽皆废除，一个女儿嫁在本城也终年不相往来，另一个女儿在余姚老年，哭着要求回娘家来看看，他不回信、也不理睬。不是他无情义，而是因为他要以劫余之生命从事空前的文化反思。

中国的“民约论”

明代的灭亡，清朝的建立，尽管用现代人的眼光来看，这种变化不过是封建帝制的改朝换代，然而在黄宗羲这样的深谙夷夏之辨的士大夫心中，魂牵梦绕的神圣“祖国”，已经永远地逝去了。他要总结亡国的深刻教训，以寄托亡国之恨，故国之思。

就在浙东抗清斗争宣布失败的这年秋天，黄宗羲的第一部发愤反思之作，一卷八篇的《留书》脱稿问世了。

在这部书中，他总结了亡国的教训，认定卫所制度的腐败、宦官集团专政、土地及赋税制的不合理、科举取士制度对人才的压制，都是亡国的原因，而最大的原因莫过于夷狄作乱。他痛斥清政府为“伪朝”，咒骂清帝为“虏酋”，并进而把历史上所有少数民族入主中原统治华夏说成是率兽食人，甚至把《宋史》《辽史》的修撰者对辽、金、元三代帝王的认可看作为虎作伥。在《封建》一文中，他把夷狄能够乱天下的原因归于对三代“封邦建国”的封建制的废除和秦以后中央集权的君主专制制度的建立。

清康熙元年（公元 1662 年），南明永历帝朱由榔在昆明被清政府杀害，南明小朝廷覆亡，有明江山尽落清政府手中，黄宗羲复明的最后一个肥皂泡般的希望也破灭了。他抓紧分秒时间，完成了恢宏的政治巨著《明夷待访录》。

“明夷”，是《易经》六十四卦之一。离下坤上，象征着希望。黄宗羲以此名书，一方面借用它的卦辞“夷之初旦，明而未融”表明对现实的认识：从周敬王甲子年到现在，都在一乱之运，是黎明前的黑暗时期。另一方面也表达了他对治世的憧憬与向往，因为大壮的太平盛世就像黎明曙光从黑暗中隐隐透出。而取名为“待访录”更借用箕子受到周武王见访的典故，表示对“大壮”时代到来的信心与热切期待。在这部著作中，黄宗羲把强烈的反清民族主义扩大到对整个君主专制制度否定和批判。

第一组文章由《原君》《原臣》《原法》《置相》四篇组成。在这组文章中，黄宗羲把批判的矛头直接指向了中央集权的专制政体。

他继承了先秦儒家“民贵君轻”民本思想，与后儒的尊君保皇思想大唱对台戏。在开篇的《原君》中，大胆地喊出“天下最大的祸害是君主”这一石破天惊的口号，指出封建君王把天下的大利全归于自己，而把天下的大害全推给他人，把自己的大私作为天下的大公，把天下看作自己莫大的产业，并把它传及子孙受享无穷；为了君主的私利，普天之下，难有宁日；为了争夺天下，他们荼毒天下人的肝脑，离散天下人的子女，为了供奉他们的淫乐，他们又敲剥天下人的骨髓，离散天下的子女，且视此为理所当然，这种“以君为主，天下为客”的做法是天下久无安宁的万恶之源，必须彻底改变，否则这种灾祸也必然会累及君主本人及其子孙。他认为要纠正这种弊政，君主就必须以三代的贤君为楷模，不把自己的利益作为利益，而使天下尽受其利；不把一己之害作为祸害，而使天下尽避其害。应该创造一种“以天下为主，君为客”的政治局面。

在《原臣》篇中，他更进一步指出天下的治与乱，不在君主一家一姓的兴与亡，而在百姓的忧与乐。桀、纣虽灭亡，却是天下大治的表现，秦政蒙古虽兴盛却是天下大乱的征象，天下的治乱不应以朝代的更迭作为判定的依据。据此他认为，即使能辅君而兴，杀身事君，却把天下的人民看作人君囊中之物，轻视人民的水火之灾，都只能算作不合乎臣道的行为。一个合格大臣的职责就是与国君分治天下。如果治天下是拉大木的话，国君与大臣是共同拉大木的人。臣与君只是名称有别，本质上都是一样的。大臣应该站在万民的立场，成为君之师友。如果不合君臣之道，即使国君反责强迫，也不该听从；如果作法不合理，即使立身朝廷，也不能答应，否则就只能算作国君的仆妾，与宦官宫女无别了。这是孟子所要弘扬的儒学道统的真正含义。

在《置相》篇，他认为君臣关系，并非地位悬殊，天子应列于卿、大夫、士之间，而不能超脱于外。君臣之间只是分工的不同。要实现“善治”，必须设置丞相制约天子，就像大夫约束卿，士约束大夫一样，这样君主就会因有所畏惧而从善政。有明一代之所以没有“善治”，就是因为高皇帝罢免了丞相，使天子失礼，失去了做君之意，导致大权旁落，宦官有宰相之实。他主张宰相设立政事堂作为办事机构，在政事堂之后设吏房、枢机房、兵房、户房、刑礼房。政事堂及五房任用新进士及待诏者作办事人员。

《原法》篇中他开宗明义，认定三代以下无法。因为这种法把天下藏在于筐箧之中，从不考虑百姓的利益与幸福，只为天子一人服务。这样的法越多，祸乱越会蜂拥而至，不能称作真正的法。真正的法应当不为一己而立，一切为天下百姓的利益。人们之间不分朝野一律平等。用“天下之法”取代“一家之法”，才能算是一部治法，有了好的法才会有好的执法人。

第二组文章由《学校》《取士上》《取士下》组成，主要讨论文化教育和选官制度。

学校历来是培养人才的地方，而在黄氏的设想中，学校不仅具有这一功能，同时要对朝政起到舆论监督作用，因为天子认为对的未必对，天子认为不对的未必不对，而判定是与非的地方就是学校。

他认为太学祭酒应由当世大儒担任，天子应成为太学弟子，朝政有失，祭酒可以直言不讳；郡县学官应由名儒担当，郡县官长都要成为弟子前去听讲，对郡县政事的缺失，小的给予指正，大的则击鼓声讨。

按黄宗羲的说法，科举取士作为选官的唯一方法，显得过于苛刻了，舍此一途难有进身之机。而一经进身，便终身为宦，又显得过于宽疏了。这种“取士也严，用士也宽”的做法必然导致豪杰老死于沟壑，而在位者多非合适人选的可悲局面，同时助长贿赂请托的舞弊行为，使得庸妄之辈充塞天下。

要纠正这种弊端，就必须宽于取士而严于用士，拓展取士的途径，在科举之外，增加荐举、太学、任子、郡邑、辟召、绝学、上书七法；在科举考试中增加科目，以避免只会作八股时文的空疏不学之人滥竽充数。

此外，在《建都》《方镇》两文中，他主张充分发挥首都的政治、经济、文化中心的作用。为了推动经济的发展，免于外敌对京都的威胁，应建都金陵，应恢复方镇，放权地方，以克服封建诸侯削弱中央权力。在《田制一》《田制二》《田制三》三文中，他讨论了田租及土地所有的问题，认为两汉的三十税一较妥当，田租应以下等田的产量作定税标准，应该按户授田 50 亩，其余的听任富民占有。在《兵制一》《兵制二》《兵制三》三文中，他力主改革兵制，精兵健将，加强国防。他认为应重用文臣，同时提高武将的文化修养，使他们知晓以亲上爱民为用武之本，而不以粗暴为能，这样国家就有了文武兼备的有用人才。在《财计一》《财计二》《财计三》中，他倡导改革币制，用钞票替代金银，方便流通，由政府铸成标准的铜钱，销毁恶薄之钱。他一反长期存在的重农抑商，提出工商皆本的思想，在最后三篇《胥吏》《奄宦上》《奄宦下》中，他又主张以轮流值差的“差役”代替固定脱产的胥吏，而“差役”由不脱产的平民轮换担当。他痛切地指出，奄宦之害如毒药猛兽，而明代为最，他们把持朝政，流毒全国，而其根源则在于人主多欲。

书成后13年，同为当时思想界巨子的顾炎武读到此书，感到异常兴奋，他立即给黄宗羲写了一封信，说自己读了一遍又一遍。并认为此书起百王之弊，还三代之盛。他劝慰黄宗羲不要为暂时无识者而忧虑，因为能识天下大事者往往不能得遇当世。希望他能像古代君子一样，著书而待后。

200多年之后，康有为、梁启超发动戊戌变法时，便将这本一直被禁锢的著作秘密印发数万册，广为散布，作为宣传民主主义的工具，“于晚清思想之骤变，极有力焉。”梁启超还说：“我自己的政治活动，可以说是受这部书的影响最早而最深！”“从今日青年眼光看去，虽像平平奇奇，但300年前，有这等议论，不能不算人类文化之一高贵产品。”

有人说它是可以和卢梭的《民约论》媲美的。

当然，也有持异议者，章炳麟就讥笑此书是向清廷献条陈。

儒有学案可传灯

写完《明夷待访录》，他又以饱蘸血泪之笔写下了与《明夷待访录》并称为“三录”的《汰存录》《思旧录》，以及后来辑为《行朝录》的《隆武纪年》《赣州失事记》《绍武争立纪》《鲁纪年》《四明山寨纪》《舟山兴废》《日本乞师纪》《永历纪年》《沙定洲纪乱》等充满慨叹和悲愤的南明亡国之“痛史”。梨洲也因此而成为史学大师。

为了培养青年一代的爱国思想，培植他们的气节和学术，从康熙三年（公元1664年）起，在写作的同时，黄宗羲又开始了长达十多年的讲学活动。

讲学活动始于浯溪而兴盛于宁波甬上。许多人由于仰慕黄宗羲的学问和为人，从四面八方来向他请教。康熙六年（公元 1667 年），黄宗羲为满足请学者的要求，发扬和倡导先师刘宗周的学说，在会稽恢复了老师创办的“证人书院”。由于浙东地处海隅，风气较闭塞，黄宗羲的讲学活动多遇阻力。第二年，为了扩大影响，黄宗羲来到宁波甬上（今浙江鄞州区）讲学。令他大为吃惊的是，这里不但人多，气氛也相当浓烈。惊喜之余，黄宗羲以“甬上证人书院”命名了一年之前在他的指点下创立的“讲经会”（又称五经会）。

明末，东林、复社虽然激浊扬清，砥砺名节，然而最终没能挽救明朝覆灭的命运。此时，虽不乏行吟悲歌者，欲借此来发泄胸中块垒不平之气，然低首沉思者已明显感到光标榜风节是不够的，对明末空疏浅薄的学风必须做一个根本的改变。正是基于此，黄宗羲把他创办证人书院的宗旨定为“经世致用”。他说:“学必原本于经术而后不为蹈虚；必证明于史籍而后足以应务。”

为了贯彻“经术所以经世”的讲学宗旨，他在甬上证人书院把五经列为主要的学习课程，同时把刘宗周的著作作为必修内容。

在教学中，黄宗羲采用自由灵活的方法，充分发挥学生的主观能动性，以学生自学为主，老师讲解为辅；鼓励学生自由讨论，互相辩难；允许学生发表不同的见解，甚至可以对他老师刘宗周的学说提出质疑。

在黄宗羲的思想及学术风格的熏陶下，存在达 8 年之久的甬上证人书院孕育出大批人才，一个以甬上证人弟子为主力、其流风被于浙东乃至全国、其学脉传于乾嘉乃至清末的清代浙东学派开始形成。浙东学派以史学成就为最显著，又兼容经学、文学和自然科学，在中国学术史中占有重要地位。甬上证人弟子中，以万斯大为经学翘楚。史学方面则以万斯同为最，万斯同以布衣参预史局修史工作，不支俸禄，手足《明史稿》500 卷，成为《明史》的底本。在文学方面李邺嗣、郑梁堪为代表。

康熙十五年（公元 1676 年），黄宗羲应海宁县，令许三礼的邀请到海宁去讲学。许县令亲自召集当地的士大夫到城内名刹安国寺听他讲学。刑部尚书徐乾学也慕名选派学生前来听讲，甚至连清廷大官僚徐元文也亲自加入听讲者行列，声势颇为壮观。他在海宁讲学两个月后回家去看望母亲，临别他写了一篇《留别海昌同学序》。在文中他批判了道学家只知摘索章句，不关心天崩地裂的现实，逃避抗清斗争的做法，再次提出经世致用之学。此后 5 年，他连续在海昌讲学，“大江南北，从者骈集”，“蕺山之学被于海昌”。

在海宁讲学 5 年，他培养了高足 15 人，他们各有成就。其中陈订，继承了梨洲的天文历算之学，成为自然科学家；查慎行成为著名诗人。

黄宗羲为编写明史，先在《行朝录》的基础上，汇编成一部 244 卷的《明史案》。同时，写作大量的墓志碑铭，借这种形式表扬为国献身的志士仁人，也为将来写作明史积累和保留资料。

为了能够写出一部真正符合实际的明史，他主张充分利用明人文集来补充和矫正十三朝实录的不足。因为“实录有所隐，有所偏党，文集无是也。且实录止据章奏起居注而节略之，一人一事之本末不能详也。”从康熙七年（公元 1668 年）起，他用了七个寒暑，对宋元至明六七百年间的学术文献进行了系统的检阅。当时江南著名的书楼如天一阁、绛雪楼、千顷斋、澹生堂等都留下他苦读广录的身影。康熙十四年（公元 1675 年）他从披阅的千余家文集中，选优拔萃，编定了 217 卷的巨著《明文案》。在《序言》中他申述自己的选文目的是保存有明 300 年文章的精华，发掘 300 年人士的精神，从“埋没于应酬讹杂之内，堆积几案”的文集中洗涤“情至之语”。这部书保存了大量有关明代政治、经济、文化等方面的真实材料，后来成为钦定明史的主要参考书。黄宗羲对自己的劳动感到十分满意，不仅认为本书可与《昭明文选》《唐文粹》《宋文鉴》《元文类》并列，而且认为：“文章之盛，似谓过之”，自信：“有某兹选，彼千家之文集庞然无物，即尽投之水中，不为过矣。”

《明文案》编成之年，黄宗羲已经 66 岁，但他仍然不辞辛劳地搜集宋元明三代文集。70岁高龄时，他还两次到传是楼看书抄录，披阅数百家文集，又编选了《宋集略》《元集略》两部书。到84岁时，又将《明文案》扩编成482卷的《明文海》。《四库全书总目提要》称赞此书："搜罗极富，所阅明人文集几至二千余家。""可谓一代文章之渊薮，考明文著作者，必当以是编为极备矣。"

为了实现自己的宏愿，黄宗羲不知疲倦地默默耕耘。就在编定《明文案》的第二年，这位67岁的老者又编著成了影响广泛、多达62卷的巨著《明儒学案》。

全书列了：崇仁学案、白沙学案、河东学案、三原学案、姚江学案、浙中王门学案、江右王门学案、南中王门学案、楚中王门学案、北门王门学案、粤闽王门学案、止修学案、泰州学案、甘泉学案、诸儒学案、东林学派、蕺山学案、附案18个学案。每个学案前有小序一篇，概括点明这个学派的宗旨。而对学派的代表人物各列一小传，对每个人的生平经历、著述、思想及学术传授作扼要的叙述，对大部学者，小传后面都载有从本人全集中纂要钩玄出的语录和论著。基本上反映了有明一代思想发展的面貌，从纵向和横向进行了系统的排比，理出了明代哲学发展的脉络。前期以程朱派的吴与弼、薛瑄为主，中期以王阳明的王学为主，末期以顾宪成和刘宗周为主。

《明儒学案》不仅是一部划时代的哲学史巨著，而且还从思想上总结了明代灭亡的经验教训，为他写作《明史》做的积极准备。此书撰成之后，黄宗羲又把视野放开，着手撰写《宋元学案》，定好全书的规模和体例，惜未亲自完成，而由他的儿子黄百家，学生全祖望、王梓材续成。

不事王侯子陵风

黄宗羲在学术上的成就震撼了朝野，就在完成《明儒学案》的第二年，学士叶方蔼以诗劝黄宗羲出山辅政，黄宗羲以诗加以婉拒。康熙十七年（公元1678年），清朝为了进一步笼络汉族知识分子，开博学鸿词科，诏征博学鸿儒，取一等朱彝尊、汪婉等20人，二等毛奇龄、尤侗等30人入史馆纂修明史，任命叶方蔼为总裁。叶再次以诗相邀，并面奏康熙、移文吏部征黄宗羲来就史馆。黄宗羲的学生陈锡瑕当时任编修，就对叶方蔼说，如果朝廷硬要征召，“是将使先生为叠山九灵之杀身也”，在他的力辞之下，才得幸免。康熙十八年，清廷命浙江巡抚，“以礼敦请”，黄宗羲则以老病疏辞。遂延请黄宗羲的儿子黄百家和他的学生万斯同一同修撰明史。

为了使故国历史真实面貌得以完整保持，如实反映有明一代贤奸治乱之迹，他同意弟子万斯同入京修史。他认为“一代是非，能定自吾辈之手，勿使淆乱，白衣从事，亦所以报故国也”。然而又希望他的弟子勿事清廷，而以布衣身份参与其事，临行时又作诗来为他送行：

三叠湖头入帝畿，十年鸟背日光飞。
四方声价归明水，一代奸贤托布衣。
良夜剧谈红烛跋，名园晓色牡丹旗。
不知后会归何日？老泪纵横未可稀。

殷切希望弟子完成自己存一代之史，评一代奸贤的宏愿。他还把先父黄尊素著的《大事记》及《三史钞》赠送给他，带往明史馆作为参考。

第二年，黄宗羲又派儿子黄百家带家藏的明史资料到北京参加修史。他在给万季野的信中，再次告诫他的弟子要保持遗民的本色：“不放河汾声价倒，太平有策莫轻题。”

康熙二十五年（公元1686年），77岁的黄宗羲移居同邑的周家埠。此时延绵多年，株连“惊隐诗社”成员庄廷钺明史之狱的余烈未息，而查革学社之禁又起。黄宗羲的讲学活动已经很少很少了。于是他便更加发愤读书、著书，而且竭尽全力收藏书籍。尽管他很清贫，不得不卖文度日，但他绝不屈身出仕新朝。

康熙二十七年（公元1688年）的冬天，他发觉自己的身体一天天地衰弱了，就在他父亲的坟旁，造了一座生圹，又在里面放了一架石床，不用棺椁。他以此表明自己没有力量使故国恢复，只希望死后尽快腐朽。

康熙三十四年（公元 1695 年）秋夜，86 岁的黄宗羲仍在书房读书写作。秋夜的寒气毫不留情地寝蚀了他的饥体。他得了风寒，从此卧床不起。

在病床上，他出奇的冷静，作《末命》对身后事均进行了交代，他说要在死后第二天把他葬在圹中，用时服敛尸，圹中安放石床，不用棺椁，铺盖一被一褥。送葬时，不作佛事，不做七七，鼓吹、巫觋、铭旌纸幡纸钱一概不用。又说："有石柱两根，可移至我圹前作望柱，上刻：'不事王侯持子陵之风节，诏钞著述同虞喜之传文'。"他就这样明明白白地走了。

（郝建国）

主要参考文献

《明史》。

《黄梨洲文集》。

《明儒学案》。

《鲒埼亭集·梨洲先生神道碑文》。

《黄梨洲学谱》。

《中国近三百年学术史》，梁启超著。

《明夷待访录》。

行奇学博　清学开山

——顾炎武

能文不为文人，
能讲不为讲师。

“论清学开山之祖，舍亭林没有第二个人”——梁启超有感于顾炎武“学术之渊粹”、“人格之崇峻”而如是说。

但是亭林之所以特别为群流所共仰还不仅是因为他有理论、有口号，更重要的是他有示范性的著作，足为后人所取法”——余英时重新解释清代思想史时如是说。

明清易代之际，也是硕儒辈出之时。从明万历三十八年到清康熙三十一年，余姚黄宗羲、昆山顾炎武与衡阳王夫之共同奏响了中国思想史、学术史上的华彩乐章，世称清初三先生，而顾氏尤以其博学精研开出朴学范式而为后人所称道。

顾炎武何许人也？

这得从明朝万历四十一年说起。

名门之子

万历四十一年（公元 1613 年）农历五月二十八日对昆山顾氏来说是一个值得庆贺的日子，又一个姓顾的小生命诞生在千墩镇，他就是日后大名鼎鼎的顾炎武。不过他初时名顾绛，字忠清，学名继坤，以后仍用名绛。明亡后因仰慕南宋民族英雄文天祥的门生王炎午的高风亮节而更名炎武，字宁人。1656 年，为逃避同乡恶绅叶方恒的迫害侨居南京神烈山（即今南京钟山）下，暂易名为蒋山傭。当时的学者更愿意称他为亭林先生或顾亭林，因为顾炎武的家乡有一个风景秀丽的亭林湖，相传是南朝著名画家顾野王居住的园林。顾炎武后来的许多著作也以“亭林”命名，比如，《亭林诗集》《亭林文集》《亭林余集》等。

顾氏是江东著名的四大望族之一。据顾炎武的《顾氏谱系考》考证，他的先祖三国时代居住在吴郡，五代时期迁往滁州，顾庆于南宋时移居海门，其次子伯善又从海门迁到苏州府属的昆山县，当时正值宋末元初的乱世。从此以后顾氏就在昆山安家立业，并逐渐成为显赫一时的江东望族，从顾炎武的高祖开始，三代进士，并相继在朝为官。

顾炎武的高祖于明武宗正德年间考取进士，官至明朝南京内阁的刑科给事。曾祖顾章志进士及第后历任刑部员外郎、南京内阁兵部右侍郎等官职。顾炎武的生祖父顾绍芳也是进士出身，曾当过翰林院检讨、经筵日讲官、翰林院编修。

嘉靖三十三年（公元 1554 年）四月，顾家遭倭寇抢掠，财产与藏书损失惨重。经此变故，昆山顾氏家道渐趋衰落，不仅朝中无人为官，经济上亦渐渐露出下世的光景来，有时不得不剜肉补疮，靠变卖田产勉强应付。

更糟糕的是，顾家的人丁似乎也不像以前那么兴旺了，尤其是蠡源公（名绍芾）那一支。蠡源公本是顾炎武的叔祖，其独子同吉青年早夭，虽然儿媳妇王氏未嫁过门守节，但这仍然解决不了后继无人的难题。

顾炎武的诞生，使得当时已51岁的蠡源公欣喜若狂。既然侄子同应已经有了长子遐篆，何不动员他将次子炎武过继过来呢？同应自然不会拒绝叔父的请求，就这样，尚在襁褓之中的顾炎武成了嗣祖父蠡源公、嗣母王氏的掌上明珠。

蠡源公为人耿介正直，沉默寡言，酷嗜读书，家中藏书6000余卷，但对科举功名不甚留意，对学界的门户攻伐也充耳不闻。他写一手好书法，诗文、典故烂熟于心，而且极为关心时事政治。当时有一靠抄写流传的政府公报——《邸报》[①]，蠡源公每天必读，还用蝇头小楷工工整整地抄录报上的重要内容，有时则整理成提要。他把摘录整理的笔记装订成册，竟有25册之多。

顾炎武6岁开始读《大学》，7岁入私塾，9岁读《周易》，10岁读《孙子》《吴子》《左传》《国语》《战国策》和《史记》，11岁开始读《资治通鉴》，14岁读《诗经》《尚书》《春秋》。这期间，蠡源公一直关心着炎武的成长，答疑析难之外，还针对时弊在学风上予以指导。顾炎武后来回忆说：

> 臣祖父某，盖古所谓隐君子也。年五十一而始抱臣炎武为孙……当先帝颁《孝经》《小学》厘正文字之日，臣乃独好《五经》及宋人性理书，而臣祖及更诲之，以“为士当求实学，凡天文、地理、兵农、水土及一代典章之故不可不熟究。”……又曰：“汝学经生言，此非所急也”。

> 先祖自炎武十一岁，即授之以温公《资治通鉴》，曰：“世人多习《朱子纲目》，余所不取；凡作书者，莫病乎其以前人之书改窜而为己作也；班孟坚之改《史记》，必不如《史记》也；宋景文之改《旧唐书》，必不如《旧唐书》也；朱子之改《通鉴》，必不如《通鉴》也。

①《邸报》至崇祯十一年（公元1638年）才开始铅版印刷。

至于今代，而著书之人几满天下，则有盗前人之书而为自作者矣，故得明人书百卷，不若得宋人书一卷也。”

顾炎武后来力排“理气性命之玄谈”，强调“经世致用”、“引古筹今”，从而开有清一代学术风气，这是与蠡源公的早期教育分不开的。

复社二狂生

明天启六年（公元1626年），14岁的顾炎武与同乡挚友归庄一起加入复社。复社是明朝末年江南士大夫的政治集团，崇祯初年，一部分不满当权者的腐朽统治的江南士大夫继东林党之后纷纷组织文社，江西的则社、武林的读书社、山左的大社、吴中的惊隐社、云间的几社、浙西的闻社等在太仓人张溥、张采的倡议下合并为复社。复社以文会友，诗酒唱和，提倡风雅与名节，并且以讲学论道为名指点江山，评议国事。

复社共有成员近三千人，崇祯年间曾开大会三次，声震朝野。南明弘光王朝时遭到奸党马士英、阮大铖的打击，顺治九年（公元1652年）被清政府取缔。

顾炎武和归庄不仅同年出生，而且是“同乡同学又同心”，二人很小就成了形影不离的朋友。加入复社后，二人经常在一起纵谈古今，评论朝政，既不汲汲于科举功名，也不拘拘于封建礼教，因此被同里文人视为异端。他们见归庄一条腿有些毛病，顾炎武左眼因3岁时出天花，眼珠子略有偏斜，“瞳子中白而边黑”，因此嘲笑他俩是“归奇顾怪”。

顾炎武对此并不隐讳，他在《吴同初行状》中说：

自余所及见里中二三十年来，号为文人者，无不以浮名苟得为务。而余与同邑归生独喜为古文辞，砥行立节，落落不苟于世，人以为狂。

但他丝毫没有与同里“号为文人者”同流合污的想法，依然我行我素。顾炎武和归庄都是复社里的小字辈，但参加活动特别积极，大大扩大了复社在昆山的影响。

就在加入复社的同年，顾炎武考中了秀才。但以后连年应“岁试”，名次都在二等、三等，参加了几次“乡试”，每次都名落孙山，始终没有取得“举人”的资格。以顾炎武的早慧与博学竟然取，得此等成绩，这除了表明八股科举的荒谬之外，也说明顾炎武“不以浮名苟得为务”的作风。

29岁那年，顾炎武毅然摒弃科举之路，发愤读有用之书，如《五经》《二十一史》《大明统一志》及府州县志，力图解决与国计民生有关的“当务之急”。这在科举成为入仕阶梯的时代是非常难能可贵的。

与顾炎武相比，归庄的表现更令同里文人费解。他家徒四壁而不以为苦，反而在门口题词道：“入其室空空如也，门其人嚣嚣然曰。”他家只有一把椅子，且朽败得无法坐人，就用草绳胡乱捆绑一下，还美其名曰“结绳而治”。归庄也参加科举考试，但他与一般战战兢兢、如临大敌的考生不同，每次考试都提壶进场，一手擎杯，一手执笔，视科举如儿戏。归庄是明代散文大师归有光的曾孙，能诗文，兼善书画，“晚年筑土室于丛冢间，与妻偕隐，自署门联云：‘妻太聪明夫太怪，人何寥落鬼何多。’”

“昆山之祸何其烈”

顾炎武从27岁开始撰写《肇城志》和《天下郡国利病书》两部有关国计民生的大作，但局势的发展并不允许他有太多从容问学的时间。万历以来朝政腐败、积弱不振的大明帝国终于在李自成起义军的强大攻势下土崩瓦解了。随即而来的是李自成兵败山海关，清朝贵族长驱直入，进占中原。仓皇南逃的朱明残余势力首先在南京建立了弘光王朝，企图利用长江天险保住江南的半壁江山。

此时的江南已处在“黑云压城城欲摧”的情势之下，社会秩序极为混乱，各种刑事案件层出不穷。顾炎武的嗣祖父蠡源公已于三年前去世，家中诸事都由嗣母王氏料理。她见千墩镇极不太平，就把家搬到常熟语濂泾——一个离昆山县城80里之遥的偏僻的小村庄。住了几个月，这里也不安稳，于是又搬回千墩镇。在一个月黑风高的夜晚，一伙歹徒纵火抢劫了顾家，王氏只得收拾残局，再次迁居语濂泾。

顺治二年（公元1645年）春，顾炎武受昆山县令杨永言的举荐出任南京弘光王朝的兵部司务。他顾不上整理家事，匆匆赶往南京赴任。

顾炎武在弘光帝身上寄托了极大的希望，他的《感事诗》表达了拥立福王、收复失地的决心：

日角膺符早，天柱主畅临。
安危宗社计，拥立大臣心。
旧国仍三亳，多方有二斟。
汉灾当百六，人未息讴吟。

又：

缟素称先帝，春秋大复仇。
告天传玉册，哭庙见诸侯。
诏令屯雷动，思波解泽流。
须知六军出，一扫定神州。

顾炎武还随身携带了几篇有关兴复大计的策论，包括《军制论》《形势论》《田功论》《钱法论》等，希望弘光王朝能予以采纳。但在朝天宫住了不久，顾炎武就发现弘光帝耽于酒色，丝毫没有兴复之心，依仗拥立之功把持朝政的阉党余孽马士英、阮大铖之流只知排斥异己，公报私仇，于是失望地返回家乡。

同年5月，清军占领南京，弘光帝被俘处死，马士英、阮大铖等大批官员纷纷迎降。清兵一边南下，一边强行推行《剃发令》。“留发不留头，留头不留发”的野蛮政策激起了江南人民的武装反抗，江阴人民以“宁为束发鬼，不作剃发人”、“头可断，发不可剃”相号召，浴血奋战达81天之久。浙江嘉定也有十余万人奋起抵抗。

这时，集聚在太湖一带的农民抗清武装与南明残部结成同盟，继续在苏南地区坚持抗清斗争。复社领袖夏允峰、陈子龙等人决定起而响应。

夏允峰联络南明总兵吴志葵，从海上进攻苏州，不幸遇伏，全军覆没。接着，固守松江的陈子龙遇难，人马损失过半，松江陷落。

顾炎武与好友归庄、知县杨永言等寡不敌众，死守苏州不住，只得败退下来。

六月初，清豫亲王多铎派人经略苏州府属各县。昆山原知县杨永言逃走，水利县丞阎茂才因率本县乡坤向清兵献钱有功，坐上了大清昆山知县的交椅。为了表示对新主子的忠诚，阎茂才下令推行《剃发令》，顿时人声鼎沸，举城骚动。顾炎武与归庄、杨永言等发动群众，放火焚烧了知县官署，并列数汉奸知县罪名，当场处死。清兵赶来镇压，顾炎武等死守城池达20天之久，最后弹尽粮绝，昆山失陷。守城群众撤退时大半被杀，顾炎武、归庄等幸免于难。

昆山之战，城民死伤四万余人，昔日繁华的县城，尸骸遍地，惨不忍睹。归庄后来写了《悲昆山》，控诉清军的暴行：

悲昆山，昆山城中五万户，丁壮不得尽其武。顾同老弱妇女之骸骨，飞作灰尘化为土。悲昆山。昆山有米百万斛，战士不得饱其腹，反资贼虏三日谷。悲昆山，昆山有帛数万匹银十余万斤，百姓手无精器械，身无完衣裙，乃至倾筐箧，发窦窖，叩头乞命献与犬羊群。呜呼！昆山之祸何其烈，良繇气懦而计拙。身居危城爱财力，兵锋未交命已绝。城陴一旦弛铁骑，街衢十日流膏血。白昼啾啾闻鬼哭，乌鸢蝇蚋争人肉。一二遗黎命如丝，又为伪官迫慑头半秃。悲昆山，昆山诚可悲！死为枯骨亦已矣，那堪生而俯首事逆夷。

昆山抗清，顾炎武一家付出了极大的牺牲。年仅 26 岁的弟弟顾缵（生母何氏所生）身穿白衣，登上城楼与清兵搏斗，不幸阵亡。后因尸体无法辨认，只得在顾家坟地立了一个衣冠冢。弟媳朱氏听说丈夫阵亡，自杀未遂，昏倒在瓦砾之中。顾炎武的生母何氏急忙赶去抢救，又被清朝骑兵砍掉了右臂。顾炎武的小弟弟子武也惨遭杀害。

顾炎武的嗣母王氏这时正住在常熟语濂泾。她听说昆山城破后即开始绝食。临死前她把炎武叫到跟前，含泪叮嘱他说："我虽然只是一个妇道人家，但身受国恩[①]，理应与国家共存亡。我死后，你不要辜负世世国恩，不要忘记先祖遗训，不要去做异国臣子，否则我在九泉之下是不会瞑目的。"嗣母的遗言，更坚定了顾炎武反清复明、不事二朝的决心。顾炎武坚持民族气节，至死不与清人合作，王氏若地下有知，该是何等的欣慰！

"故乡不可宿，飘然去其宇"

弘光王朝覆亡之后，又有几个明朝政权相继建立。1645 年 6 月，鲁王朱以海监国于浙江东部，唐王朱聿键在福州称帝，建号隆武。鲁王和唐王都派特使找到顾炎武，分别授予他兵部司务和兵部职方司的职务。顾炎武急切地期待着为国效力，但因嗣母的后事尚未处理好，终于未能成行。不久，鲁王、唐王政权相继覆亡。

顾炎武本打算只把嗣母浅殡，等北京恢复、崇祯帝奉安后，再给嗣母举行隆重的葬礼。无奈几个朱明政权都抵挡不住清兵的攻势，旋起旋灭，恢复故明的希望越来越渺茫，只好简单地把嗣母埋葬在顾家坟地。

嗣母去世之后的三四年，顾炎武一直隐蔽在太湖山区读书写作。他既

① 王氏未婚过门守节，侍公婆至孝，待嗣子如己出，明崇祯九年受朝廷旌表，并得立贞节牌坊。

不剃发，也不改装，每日以赤米白盐作餐，与青山绿野为伴。但读书著作之余，他仍然密切注视着局势的发展。

这时，赤脚张三和吴易的抗清义军仍然活跃在太湖一带，他们都以白布缠头作为标志，昼伏夜出，骚扰驻扎在苏南的清兵。顾炎武与这支义军保持着相当密切的联系，他的白羽扇很快成了与义军认同的标志。“遥看白羽扇，知是顾生来”的诗句，非常生动地表现了顾炎武和太湖义军来往之密切程度。

顺治七年（公元 1650 年），顾炎武和好友归庄、潘柽章一起参加了“惊隐诗社”，该组织名义上是一个文学团体，实际上是“以故国遗民，绝意仕进”相激励的政治团体，绝大多数社友都是苏州、松江一带的复社成员。这个诗社活跃了 14 年，一直到康熙二年庄廷鑨案发才停止活动。

经历了清初的战乱，原本昆山望族的顾氏急剧衰落。顾炎武不仕二姓，屡次参与抗清活动，早已成为地方政府的眼中钉，政治上已没有什么地位可言。经济上的情形更加糟糕，几次被纵火抢劫，家私焚烧殆尽，不得不靠抵押田产度日。与此相反，那些卖身投靠清政府的新贵们则倚财仗势，横行乡里，顾氏的田产自然成了他们垂涎欲滴的一块肥肉。

最先对顾家发难的是同里官僚叶方恒。他本是明朝崇祯年间的举人，清人一来，他又考中顺治戊戌进士，被授予济宁道佥事等职。他利用顾炎武以八百亩地作抵押向他借钱的机会，打算侵吞顾家田产。叶方恒起初答应半价收买这八百亩良田，但又故意拖延，不肯给现钱。顾炎武识破了叶氏的诡计，决定赎回田产，叶方恒故意刁难，交涉数次，均无结果。

叶方恒见拖延不是长久之计，便使出了最狠毒的一招。他用重金收买顾炎武家的世仆陆恩，让他诬告顾炎武“通海”。“通海”即与在东南沿海坚持抗清的郑成功有牵连，这在当时是最严重的罪名，弄不好就有杀身之祸，甚至会株连九族。

顾炎武听说此事，不禁大吃一惊。他思忖再三，觉得逃跑是下策，逃跑意味着诬告的成立，叶家会趁机把田产吞没。顾炎武决定来个釜底抽薪，先设计除掉恶仆陆恩再说。一天晚上，顾炎武请几个朋友来家喝酒，趁陆恩不注意，猛地扑将上去，把他痛打一顿，然后历数其罪恶勾当，浑身绑满石块沉于塘中。

顾炎武杀恶仆一事很快成为昆山的头号新闻。叶方恒告发顾炎武“无辜杀奴”，并买通县官。陆恩的女婿也到处散布谣言，与叶家沆瀣一气。叶家甚至在官府受理此案之前，派人绑架顾炎武，投入私牢，并打算悄悄地把顾炎武杀死。

好友归庄、路振飞等人见事情危急，连忙四出奔走营救。费了许多周折，最后判杀的是有罪之奴，顾炎武无罪释放。至此，顾炎武方才脱离险境。但事情并没有完，叶家又在策划着新的阴谋……

顺治十三年（公元1656年），顾炎武在南京太平门外遇刺。当时他正骑驴出游，忽然冲上来一群暴徒，把他拽下驴背，劈头盖脸地痛打一顿后即逃离现场。顾炎武头部负重伤，奄奄一息躺在街头，若不是有人相救，恐怕会凶多吉少。

顾炎武从暴徒的口音、衣着判断出他们是叶方恒的爪牙，但他此时显然不是有财有势的叶家的对手。与其束手待毙于江南，倒不如远走他乡，另谋生路。他写信告诉朋友说：“宁人度与公子讼，力不能胜，则浩然有远行。”

在南京逗留一年后，顾炎武决意北游。他的《流转诗》反映了北游的心愿：

> 流转吴会间，何地为吾土？登高望九州，极目皆榛莽。寒潮荡落日，杂沓鱼虾舞。饥乌晚来栖，弦月阴犹吐。晨上北固楼，慨然涕如雨。稍稍去鬓毛，改容作商贾。欲念五年来，守此良辛苦。畏途穷水陆，九仇在门户。故乡不可宿，飘然去其宇。往往历关梁，又不避城府。丈夫志四方，一节表奚取。毋为小人资，委肉投饿虎。浩然思中原，誓言向江浒。功名会有时，杖策追光武。

顺治十四年（公元1657年）元旦，顾炎武在南京拜谒过明孝陵，随即返回昆山向亲友告别，开始了后半生整整25年的旅居生涯。这一年，顾炎武45岁。

临行前，知友归庄特地写了一篇《送顾宁人北游序》为顾炎武饯行：

> 宁人之出也，其将为伍员之奔吴乎？范雎之入秦乎？吾辈之所以望宁人者，不在此，夫宣尼大圣，犹且遭魋畏匡；文王之仁，不殄厥愠。宁人之学有本，而树立有素，使穷年读书山中，谁复知宁人者？今且登涉名山大川，历聘六国，以广其志，而大其声施焉。知今人困阨，非宁人行道于天下之发轫乎？若曰怨仇是寻，非贤人之志；别离之念，非良友之情。

归庄的赠言，表达了朋友们的深情厚谊，同时也寄托着对顾炎武的殷切期望。为了便于顾炎武旅途查阅资料，万寿祺、归庄、吴任臣、杨瑀、潘柽章、吴炎、王锡阐等21人联名写了一篇《为顾宁人征天下书籍启》。这封相当于私人介绍信的函件叙述了顾炎武的家庭出身、治学功力、北游宗旨，呼吁各界人士提供方便。凭着这封私人介绍信，顾炎武行程三万里，阅读孤本秘籍及其他书籍达万卷以上。

齐燕之旅

顾炎武北游之时正是隆冬季节，千里冰封，寒风刺骨。他历尽艰辛，终于抵达北游的第一站——山东境内。

顾炎武弃家北游，不只是为了躲避叶方恒的迫害，更重要的是交结同道，探寻治国安邦、恢复故明的途径。他在《广宋遗民录序》中说：

> 于此之时，其随世以就功名者，固不足道，而亦岂无一二少知自好之士，然且改行于中道，而失身于暮年，于是士之求其友也益难。

而或一方不可得，则求之数千里之外，今人不可得，则概想于千载以上之人；苟有一言一行之有合于我者，从而追慕之。

因此，到山东之后，他首先关心的是求友于千里之外的交游活动。

顾炎武先到位于胶东半岛的莱州，与赵士完、任唐臣等结为友好。之后过古城即墨，游名胜崂山，再横贯青州到达济南。

在济南，顾炎武结识了当地名士徐东痴和张尔岐。徐东痴本名元善，后因仰慕西晋嵇康（字叔夜）的为人而改名为夜。清兵攻占山东时，徐夜的母亲遇难，徐夜强忍悲愤，隐居不仕。他与顾炎武具有同样的政治抱负和气节操守，很快成为顾炎武在山东的得力助手。张尔岐堪称顾炎武的至交。他是山东济阳人，字稷若，其父是明末驿丞，崇祯十一年被清兵杀害。他决意不与清朝合作，并取《诗经》“蓼莪”一章“匪莪伊蒿”之义，自号为蒿庵。他比顾炎武长一岁，顾炎武曾称他为先生。张尔岐著有《仪礼郑注句读》17卷，顾炎武曾给该书作序。顾炎武对他的治经之才非常钦佩，说“独精三礼，卓然经师，吾不如张稷若”。

顺治十五年（公元1658年），顾炎武到泰安，登泰山之后，又先后到曲阜和邹平谒孔庙和周公庙。在邹平，顾炎武结识了专研古史、时人称为“马三代”的马骕。马氏著有《绎史》160卷、《左传事纬》及附录20卷。“亭林极服其书，常与游郊外访碑。”

邹平之行后，顾炎武来到了济南附近的章邱县。顾炎武见这里商贾云集，买卖兴隆，决定在此做生意维持生计。奸商谢长吉套骗了顾炎武从昆山带来的所有本钱，顾炎武告到官府，但谢长吉已把钱挥霍一空，无法追回，官府判谢氏的一千亩田地作为抵押。

谢长吉的田地位于章邱和长白山之间的大桑家庄。这里土质肥沃，宜于耕作。顾炎武雇了一些劳力，就在此忙碌起来。辛勤的劳作换来了丰硕的收成，顾炎武这段时间过得舒适而充裕。能够自食其力，而不再靠朋友的资助，他感到十分欣慰。《刈禾长白山下》一诗，生动地描述了他在大桑家庄的农耕生活：

载耒来东国，年年一往还。
禾垂墟照晚，果落野禽间。
食力终全节，依人尚厚颜。
黄金城下路，独有郑公山。

顺治十六年（公元 1659 年），47 岁的顾炎武从山东出发，前往河北游历。他先后考察了山海关、居庸关、古北口、蓟州、昌黎等军事要地，并至昌平拜谒明十三陵，寄托自己的故国之思。

旅居齐燕期间，顾炎武曾返回南京重谒明孝陵。《亭林诗集》卷三收录了当时所写的《重谒孝陵》诗：

旧识中官及老僧，相看多怪往来曾；
问君何事三千里，春谒长陵秋孝陵？

顾炎武旅居山东、河北时，除继续撰写《日知录》外，还完成了《山东考古录》《京东考古录》《营平二州地名记》《昌平山水记》等著作。这些著作既不是普通的山水游记，也不是一般的考古，它们都是顾炎武以古筹今、经世济民的产物。

康熙元年（公元 1662 年），顾炎武在昌平度过了他的 50 岁生日。已经是知天命之年了，人生的大半岁月已成逝水，但自己梦寐以求的理想何时才能实现呢？顾炎武不禁感慨系之：

居然濩落念无成，隙驷流萍度此生。远路不须愁日暮，老年终自望河清。常随黄鹄翔山影，惯听青骢别塞声。举目陵京犹旧国，可能钟鼎一扬名。

垦荒代州

在昌平度过50岁生日之后，顾炎武开始了他北游的第二站——山陕之行。

顾炎武首先到山西阳曲游历了北岳恒山，然后向太原进发。这时，国内的形势变得对顾炎武之类坚持民族气节的人物越来越不利。顺治十八年（公元1661年），南明永历皇帝被杀，朱明的最后一个小朝廷覆亡。接着，坚持在台湾抗清的郑成功病死。汉人的武装反抗进入最低潮，清政府开始腾出手来加强思想控制，并利用大兴文字狱的血腥手段对付那些不听话的知识分子。顾炎武的反清串联活动越来越困难，不得不借交流学术的旗号秘密进行。

到太原之后，顾炎武结交的第一个人，就是以坚持民族气节著称的大学者傅山。

傅山字青竹，又字青主，山西阳曲人。明朝灭亡之后，他穿起大红衣服，隐居山中，以行医维持生计，号朱衣道人。傅青主精通经史诸子及佛老之学，对先秦诸子及老庄思想有独到的见解，于诗文绘画也极为擅长。清廷几次三番征他进京做官，他一概严词拒绝。后来皇帝派人用门板硬抬他到北京，仍拒绝向清帝行跪拜之礼。顾炎武非常钦佩傅山的学识与气节，在太原期间大部分时间都住在傅山家里，一起探讨学问，商讨复国大计。顾炎武曾专门写过一首诗描绘傅山的生活状况：

向平尝读易，亦复爱名山，早跨青牛出，昏骑白鹿还。太行之西一遗老，楚国两龚秦四皓，春来洞口见桃花，傥许相随拾芝草。

在太原辞别傅青主后，顾炎武前往山西代州考察。在这里，他结识了在代州知州衙门当差的李因笃。

李因笃，字子德，一字天生，洪洞人。晚年移家陕西富平，与李颙、李柏号称关中三李。李因笃的父亲曾拜明末东林党领袖之一的冯从吾为师。因笃受其父影响，广交游，重信义，赴急难，颇有及时雨的作风。顾炎武在代州的活动能顺利进行，主要得力于他的帮助。

代州地处边塞，人烟稀少，荒地极多，是清政府鼓励垦荒的重点地区。顾炎武晚年逐渐意识到“务农积谷”、充实边民生活与“守边备塞”同等重要，因此便利用清政府奖励垦荒的政策，联合李因笃等组织当地农民垦荒于雁门之北、五台之东，顾炎武甚至不顾年老体衰，亲自参加拓荒造屋工作。

顾炎武的经营才能在垦荒活动中得到了淋漓尽致的表现，虽说不见得像有人所说的“累致千金”，但毕竟在相当程度上满足了他旅居的需要。

顾炎武在后来给弟子潘次耕的信中叙述了代州垦荒的情形：

> 近则有稍货资本，于燕门之北、五台之东，应募垦荒。同事者二十余人，辟草莱，披荆棘，而立室庐于彼。然其地苦寒特甚，仆则遨游四方，亦不能留住也。彼地有水利而不能用，当事遣人到南方，求能造水车、水碾、水磨之人，与夫能出资以耕者。大抵北方开山之利，过于垦荒，畜牧之获，饶于耕耨，使我泽中千牛羊，则江南不怀也。

顾炎武还在信中劝潘次耕也到代州来开矿或经营畜牧，在塞外兴家立业。

代州垦荒之后，顾炎武西入潼关游览华山，然后到华阴拜访王宏撰。

王宏撰，字无异，号山史，陕西华阴人，明末秀才，入清后隐居不仕，专心向学。王山史博学多才，通晓明代制度，书法高妙，兼精金石之学，著作有《易象图述》《十七帖述》《华山志》《正学偶见述》等20多种。王山史后来曾托病逃避博学鸿词科考试，以坚持民族气节著称于世。顾炎武在陕西时多半住在他家里，二人还经常结伴到古都西安凭吊断石残碑、帝王遗迹，寄托思古之幽情。

顾炎武在陕西期间，还到盩厔县会见了李颙。李颙，又名二曲，字中孚，出身贫寒，无力拜师，靠自学成为陕西的著名学者。明亡后，他开始在窑洞中隐居，倒锁窑门，发愤读书，当时年仅18岁。康熙时，他以绝食抗拒“博学鸿词”的举荐，皇帝要召见他，他又以死相辞。顾炎武在《答李紫澜书》中对其为人推崇备至：

而同志之李君中孚，遂为上官逼迫，舁至近郊，至卧操白刃，誓欲自裁。关中诸君有以巨游故事言之当事，得为谢病放归。然后国家无杀士之名，草泽有容身之地，真所谓威武不屈。

李二曲平时拒绝与外人接触，但与顾炎武一见如故，很快成为至交。

顾炎武的山陕之行总共花了五年时间，其中多半是处在游居不定的状态中。他在给弟子潘耒的信中说，“频年足迹所至，无三月之淹”，“一年之中半宿旅店”。以老病之躯奔波于黄土高坡，其中甘苦可想而知。

从顺治十四年（公元1657年）到康熙六年（公元1667年），整整十年间，顾炎武旅居于山东、河北、山西、陕西之间，基本上完成了在北方“交友”、“造士”的心愿，于是南旋淮安，筹划刻印他的音韵学巨著《音学五书》。

正当顾炎武为《音学五书》的刻成暗自庆幸的时候，大祸又降临到了他的头上。

黄培诗案

黄培诗案是康熙七年（公元1668年）发生于山东的一桩文字狱。黄培原是明代锦衣卫都指挥使，他有一个名叫姜元衡的家奴，入清后官运亨通，中了进士，做了翰林。但他并不满足，还想向原来的主人敲诈一笔。他到山东督抚衙门告发黄培写过“逆诗”，黄培很快就被逮下狱。案发之后，姜元衡和黄培互相攻击，罪名罗织得越来越多，波及面越来越广，受牵连者达三百多人。

顾炎武与黄培没有任何来往，若不是谢长吉从中作梗，他决不会陷入这件案子中来。谢长吉就是那个套骗顾炎武本钱、后来被判以千亩田产作抵押的商人。他见田产无力赎回，顿生恶念，企图借黄培诗案置顾炎武于死地。他串通姜元衡，硬说吴人陈济生辑录的有反清倾向的《忠节录》是顾宁人编的，还说顾宁人和黄培秘密串联反清。这样一来，顾炎武竟成了黄培诗案中的要犯。

顾炎武深知此事回避不得，闻讯后立即赶到济南投案。公堂对质时，顾炎武抓住关键性的事实，直问得谢长吉和姜元衡张口结舌，无言以对。因为《忠节录》中虽有“宁人”字样，但并无顾姓，与黄御使的传也不在一篇之内，谢、姜二人根本无法证明此“宁人”即昆山顾宁人。尽管如此，顾炎武还是被作为嫌疑犯关进了济南监狱。

好友李因笃听说此事，马上赶到北京，请顾炎武在北京做官的外甥徐元文设法营救。山东巡抚衙门的幕僚、著名诗人朱彝尊也四处游说，帮忙搭救。7个月后，原本无罪的顾炎武终于无罪获释。但7个月的铁窗生涯，毕竟使56岁的顾炎武受到极大的身心摧残。

在这次事件中，顾炎武临危不惧，毅然投案，表现出了过人的胆识。好友归庄来信说：“盖两姓交恶而委罪于兄，兄身出则事白，事白则身全，兄之慷慨就狱，乃精于脱祸者也。”顾炎武则认为打赢这场官司的关键还是朋友们的大力营救：“凡所以入险能出，困而不踬者，皆知己扶持之力，当世世尸祝，不敢以楮墨宣矣。”

通过黄培诗案，顾炎武不仅看到了官场的凶险、小人的恶毒，而且看到了清朝政府惩处异己的残酷无情。其实，早在康熙二年，顾炎武就差一点被卷进震惊朝野的庄廷鑨《明史》案。

庄廷鑨本是浙江湖州的富户，他出资刊刻明人朱国桢所编《明史》中的《列朝诸臣传》稿本时，觉得不够完整，于是又请人补写了明末天启、崇祯两朝史事，其中颇有一些对清朝贵族不利的言论。归安知县吴之荣于康熙二年向清廷告发此事，康熙皇帝龙颜大怒，下令将庄廷鑨开棺戮尸，为该书作序、刻印、校阅者均受到株连，甚至连出售与保藏者亦未能幸免。受牵连者中被发配充军的达数万人之多，被杀者计 72 人。顾炎武的好友吴炎、潘柽章参与写史，皆不幸罹难。当时正旅居山西的顾炎武闻讯后立即在旅店设祭悼念，并作诗一首，抒发自己的满腔悲愤：

露下空林百草残，临风有恸奠椒兰。
韭溪血化幽泉碧，蒿里魂归白日寒。
一代文章亡左马，千秋仁义在吴潘。
巫招虞殡俱零落，欲访遗书远道难。

庄廷鑨修史时，曾约请顾炎武参与其事。顾炎武觉得庄氏钱多地广学问少，难成什么气候，因而婉言谢绝了。要不，他恐怕不会有机会祭奠吴、潘二位朋友了。

八、“七十老翁何所求”

从济南出狱后，顾炎武应友人程先贞、李紫澜的邀请在山东德州设席讲《易》。之后，再赴西北，并在陕西定居。至交王山史专门为他在华阴盖了几间房子，生活方面亦关怀备至。在这种充满温馨的环境中，顾炎武得以专心著述，安度晚年。

康熙初年，清政府开始改变对汉族知识分子的政策，在以文字狱相威胁的同时，加强了笼络的手段。这手段主要有二：一是增开博学鸿词科考试，二是明史馆加以罗致。这些都是针对当时在野的知名学者的。

顾炎武当时已是名满天下的大学者，其《音学五书》《日知录》初刻本及《天下郡国利病书》风行海内。在明代史的研究方面，他的《三朝纪事阙文》《熹庙谅阍记》《明季实录》《圣安纪事》《十九陵图志》《昌平山水记》等均以资料翔实、“穷源溯本”著称于世。有鉴于此，顾炎武自然成了清政府罗致延揽的重点对象。

康熙十年（公元 1671 年），奉诏主持明史馆的理学名臣熊赐履专门设宴招待顾炎武及其外甥徐乾学。酒席上，熊赐履请顾炎武出来纂修《明史》，顾炎武断然拒绝：“果有此举，不为介之推之逃，则为屈原之死矣！”同席之人见顾炎武在康熙的宠臣面前说话如此决绝，都感到十分震惊。

康熙十七年（公元 1678 年），阁学叶方霭、侍讲韩菼再次举荐顾炎武纂修《明史》，顾炎武严词拒绝。他回信给叶方霭说：

> 去冬韩元少书来，言曾欲与执事荐及鄙人，已而中止。顷闻史局中复有物色及之者。无论昏耄之资，不能黾勉从事，而执事同里人也，一生怀抱，敢不直陈之左右。先妣未婚过门，养姑抱嗣，为吴中第一奇节。蒙朝廷旌表。国亡绝粒，以女子开蹈首阳之烈。临终遗命，有“无仕异代”之言，载于志状，故人人可出，而炎武必不可出矣。《记》曰：“将贻父母令名，必果；将贻父母羞辱，必不果。”七十老翁何所求？正欠一死！若必相逼，则以身殉之矣！一死而先妣之大节愈彰于天下，使不类之子得附以成名，此亦人生难得之遭逢也。

在给学生潘次耕的信中，顾炎武又重申了自己的观点：

> 鄙人情事与他人不同。先妣以三吴奇节蒙恩旌表，一闻国难不食而终，临没丁宁有无仕异朝之训。辛亥之夏，孝感[①]特简相招欲吾佐之

① 指湖北孝感人熊赐履，时任东阁大学士，主修《明史》。

修史，我答以果有此命非死即逃。原一[①]在坐与闻，都人士亦颇有传之者，耿耿此心，终始不变，幸此语白之知交。前札中劝我无入都门及定卜华下，甚感此意，迴环中腑何日忘之。

顾炎武先后拒修《明史》答四五次之多，这在社会上引起了很大反响。有些人以为顾炎武是故作姿态，沽名钓誉。对这种误解，顾炎武非常生气。其实，顾炎武拒修《明史》，不只是恪守嗣母王氏的遗训，而且包含着对清廷罗致名流及官场肮脏的清醒认识。他既不愿做异族统治者点缀升平的装饰品，也不愿与那些蝇营狗苟之流为伍。他在给潘次耕的信中清楚地表明了这一点：

原一南归，言欲延次耕同坐。在次耕今日食贫居约，而获游于贵要之门，常人之情，鲜不愿者。然而世风日下，人情日谄，而彼之官弥贵，客弥多，便佞者留，刚方者去。今且欲延一二学问之土，以盖其群丑，不知薰莸不同器而藏也。吾以六十四之舅氏主于其家，见彼蝇营蚁附之流骇人耳目。至于征色发声而拒之，乃仅得自完而已。

为了杜绝征招，顾炎武甚至连北京的几个外甥家也不愿去了。他生命中的最后几年，基本上住在陕西，间或到山西访访友，再没有跨进都门一步。

客死曲沃

顾炎武晚年卜居陕西华阴，颇令亲友们焦虑不安。孤身一人，一无官职，二无职业，日常生活费用外，还要支付数目可观的刻书费用，这对一个

① 顾炎武的外甥徐乾学字原一，累官至刑部尚书。

年逾花甲的老人来说谈何容易啊！

远在昆山的朋友们都写信给顾炎武，劝他回家乡安度晚年。顾炎武告诉他们说，陕西民风朴实，学风淳厚，喜经学，重处士，主持清议，而不像南方轻薄奢靡，门户林立，喜空谈，重小慧。这种环境更适于他居住和研究学术。

顾炎武崇祯四年娶太仓王氏为妻，因无子再娶戴氏为妾。戴氏顺治七年（公元 1650 年）生过一子，但刚满 3 岁就夭折了。顾炎武亟于求子，59 岁那年又在静乐买了一个妾，但事与愿违，儿子没生成，反落得众症缠身。顾炎武终身无子，对自己的三个外甥爱如己生，关怀备至。顾炎武卜居陕西时，三个外甥都已官居要职，显赫当朝。大外甥徐原一（乾学）是康熙九年探花，官至刑部尚书，主修《大清一统志》。二外甥徐公肃（元文）是顺治十六年（公元 1659 年）状元，曾任明史监修总裁官，累官至都察院左都御史。三外甥徐秉义（彦和）康熙十二年探花及第。外甥三人多次劝离乡背井的老舅父叶落归根，并主动提出给他置办田产，建造住房。但顾炎武不愿依赖厚禄高官的外甥们，他写信婉言谢绝了："昔岁孤生，飘摇风雨，今兹亲串，崛起云霄，思归尼父之辕，恐近伯鸾之灶。且天仍梦梦，世尚滔滔，犹吾大夫，未见君子，徘徊渭川，以毕余年足矣。"

顾炎武的学生潘次耕考虑到老师身边没有人照顾，生活不便，主动提议把族子衍生过继给顾炎武。康熙十六年（公元 1677 年），从江南赶来陕西的顾衍生向顾炎武行了父子之礼，从此便以嗣子的身份与顾炎武生活在一起。这年顾炎武已是 65 岁高龄。

顾炎武晚年愈觉时间的宝贵，他不分昼夜地读书著述，修改旧作，健康状况越来越差，69 岁时走路已有些困难，不得不依靠拐杖。即便这样，他仍然不忘到各地探访学友，交流心得，济阳、祁县、汾州等地都留下了他的足迹。

康熙二十一年（公元 1682 年）正月，顾炎武到山西曲沃作短期访问。他本想早些回华阴整理存稿，无奈连日大雪，无法起程。正月初八早晨，天终于放晴了。顾炎武连忙让嗣子衍生备马，他准备今天向住在附近的朋友们告别，明天就动身回陕西去。

顾衍生把马牵到门外，顾炎武像往常一样抬腿向马背上跨去，也许是因为大病初愈，双腿无力，也许是因为棉衣太厚，第一次没有跨上去。顾炎武憋足力气，第二次跨向马背，这回用力过猛，右脚在雪地上一滑，整个身子便扑通一声扑倒在地上。年已古稀的老人如何经得住如此猛烈的摔跌，第二天凌晨，顾炎武便匆匆告别了人世。

顾炎武在山西的生前友好帮助年仅 17 岁的顾衍生料理了嗣父的后事。当年 3 月，顾衍生扶柩归里，将嗣父埋葬在顾家的祖茔。漂泊鲁、冀、晋、陕达 25 年之久的一代大儒终于安息在他誓死保卫过的家乡。

十、“君子之学，死而后已”

顾炎武留给后人的不只是“行己有耻”的高风亮节，还有极为丰富的学术与思想遗产。顾炎武所以能名垂青史，彪炳千古，不仅在其“人格之崇峻”，而且在其“学术之渊粹”。

顾炎武一生著述宏富，计 40 多种 400 余卷，涉及史学、历史地理学、音韵学、文学等各个方面。史学方面有《日知录》《圣安记事》《明季实录》《营平二州史事》《廿一史年表》；历史地理学方面有《天下郡国利病书》《历代帝王宅京记》《昌平山水记》《山东考古录》《京东考古录》《谲觚十事》；音韵学方面有著名的《音学五书》；文学方面则有《亭林文集》《亭林余集》《亭林诗集》等。其中最有代表性的是《日知录》《天下郡国利病书》和《音学五书》。

《日知录》是顾炎武花 30 多年时间写成的一部读书札记[①]，计 32 卷，规

① 顾炎武在该书自序中说：“愚自少读书，有所得辄记之。其有不合，复改定；或古人先我而有者，则遂削之。积三十余年，乃成一编。”

模之巨大，为历来所罕见。顾炎武将自己平时的读书心得，与文献资料及实地调查访问所得归纳整理，排比对照，按经义、吏治、财赋、史地、兵事、艺文等分类编入，内容方面几乎涵盖了政治、经济、军事、教育、科技、哲学、宗教、历史、法律、经学、文学、艺术、语言、文字、天文、地理、典章制度等领域。《四库全书总目提要》概括《日知录》的内容说："前七卷皆论经义，八卷至十二卷皆论政事，十三卷论世风，十四、十五卷论礼制，十六、十七卷论科举，十八至二十一卷论艺文，二十二至二十四卷论名义，二十五卷论古事真妄，二十六卷论史法，二十七卷论注书，二十八卷沦杂事，二十九卷论兵及外国事，三十卷论天象术数，三十一卷论地理，三十二卷杂考证。"

《日知录》具有极高的学术价值，《四库全书总目提要》言其"每一事必详其始末，参以证佐，而后笔之于书，故引证浩繁，而抵牾者少"。以考据精审著称的清代经学大师阎若璩对《日知录》推崇备至，说读了它心花怒放又汗流浃背。

顾炎武在《与友人论门人书》中提到《日知录》时说，"平生之志与业，皆在其中"，可见该书是他平生最得意之作。《日知录》以"明道淑世"为宗旨，[①] 其中包含了作者全部的哲学、政治与学术思想。

顾炎武在哲学方面表现出了鲜明的唯物主义倾向。他在宋代张载"太虚即气"的基础上，进一步提出了"盈天地间者皆气也"的哲学命题，认为宇宙间充满了物质性的"气"，世间万物的形成都是"气"变化流行的结果。在历来聚讼纷纭的"道"与"器"的关系问题上，顾炎武的观点也是唯物的。他说：

形而上者谓之道，形而下者谓之器，非器则道无所寓。说在孔子

①《亭林文集》卷4《与人书二十五》："有王者起，将以见诸行事，以跻斯世于治古之隆，而未敢为今人道也。"又，《亭林文集》卷6《与杨雪臣书》："意在拨乱涤汙，法古用夏，启多闻于来学待一治于后王。"

学琴于师襄也。已习其艺，然后可以得其志，已习其志，然后可以得其为人。是虽孔子之天纵，未尝不求之象数也，故其自言曰：“下学而上达。”

从唯物主义的观点出发，顾炎武对“格物”、“致知”等传统命题进行了新的解释，强调“致知在格物”。但他的“格物”不局限于书本知识，更重要的是那些与国计民生息息相关的“当务之急”。他指出，“自一身以至天下国家，皆学之事也”，“以格物为多识于鸟兽草木之名则末矣。知者无不知也，当务之为急”。

顾炎武提出了许多大胆的政治见解，他认为皇帝不应该是至尊无上的，“天子与公侯伯子男一也”，主张“以天下之权，寄天下之人”。这种反对君主专制独裁的虚君思想与黄宗羲不谋而合，反映了当时进步思想家的共同思考。顾炎武特别强调社会人心与社会风俗的重要性，认为人心风俗的好坏是社会治乱的根本原因。好的社会风俗“百年养之而不足”，而风俗的颓坏则是一朝一夕的事。基于此，他提出了“天下兴亡，匹夫有责”的观点：

有亡国，有亡天下。亡国与亡天下何辨？曰：易姓改号，谓之亡国；仁义充塞，而至于率兽食人，人将相食，谓之亡天下……是故知保天下，然后知保其国，保国者其君其臣，肉食者谋之；保天下者，匹夫之贱，与有责焉耳矣。

此外，顾炎武还在《日知录》中提出了其他一些“正人心，拨乱世以兴太平”的具体措施，比如，以乡举取代科举，恢复乡治制度，允许平民议政，定期考核地方官等。

“愿力宏伟，规模博大”的《天下郡国利病书》是顾炎武的另一部代表作。27 岁开始动笔，历时 20 多年方才完成这部 100 卷的巨著。该书是一部资料性的经济地理书，以“利病”为名，反映了顾炎武经世致用、关心“当务之急”的一贯旨趣。

《天下郡国利病书》内容广博，包括全国各地的农田、赋役、水利、盐法、矿产、交通、疆域、关塞、兵防等情况。为撰写此书，顾炎武阅读了二十一史、天下郡国志书、名人文集、奏章典册之类达万卷之多，并旅行近三万里做实地调查。其用功之巨，实非常人所能想象。

明亡前后，顾炎武开始致力于音韵学的研究，辨析古今语音异同，探究语音变化源流，实地考察各地方言状况，五易其稿，终于写出了《音学五书》这部巨著。该书计 38 卷，由五部书组织而成:《古音表》3 卷、《易音》3 卷、《诗本音》10 卷、《唐韵正》20 卷、《音论》3 卷。顾炎武本人对这部巨著非常满意，自称 50 岁以后对音韵学颇多感悟，做成《音学五书》以续《诗经》以来久绝之传。梁启超对顾炎武的音韵学研究评价极高，认为“清儒多嗜音韵学，而且研究成绩极优良，大半由亭林提倡出来”。

顾炎武生当明清鼎革之际，45 岁开始漂泊海内，艰辛备尝，其著书立说的条件是极为艰苦的，但他硬是靠自己的勤奋刻苦弥补了客观条件的不足。梁启超在《中国近三百年学术史》中说:“亭林之好读书，盖其天性。潘次耕《日知录序》说：先生精力绝人，无他嗜好，自少至老，未尝一日废书。据他自己说，十一岁便读《资治通鉴》。他纂辑《天下郡国利病书》，从崇祯己卯起，凡阅书一千余部。崇祯己卯，他年才二十六耳，其少年之用力如此。潘次耕请刻《日知录》，他说：要以临终绝笔为定。其老年之用力如此。他说：生平所见之友，以穷以老而遂至于衰颓者什居七八。赤豹……复书曰：老则息矣，能无倦哉！此言非也。君子之学，死而后已。大概亭林自少至老，真无一日不在读书中。他旅行的时候极多，所计划事情尤不少，却并不因此废学。这种剧而不乱，老而不衰的精神，实在是他学问大成的主要条件。”

顾炎武无日不读书，无日不抄书，但他并不是专读古书，他更重视的是当时的记录，最强调的是实地考察，所谓读万卷书，行万里路。潘次耕曾经说:“先生足迹遍天下，所至交其贤豪长者，考其山川风俗疾苦利病，如指诸掌。”全谢山在《亭林先生神道碑铭》也指出：“先生所至呼老兵逃卒，询其曲折，或与平日所闻不合，则即坊肆中发书而对勘之。”顾炎武开始时靠步行奔波四方，实地采访。后来朋友赠给两匹马两匹骡，他便用两匹骡子装驮明代十三朝实录及天下州郡志书，随时比勘查阅，发现与实际情况不合的地方，立即予以更正。

顾炎武对待著述的态度严肃到了近于苛刻的程度。他最反对急于求名、躁于成书的草率态度。他说：“著述之家，最不利乎以未定之书传之于人。”“古人书如司马温公与《资治通鉴》、马贵与《文献通考》，皆以一生精力为之，遂为后世不可无之书，而其中小有舛漏，尚亦不免。若后人之书愈多而愈舛漏，愈速而愈不传。所以然者，视成书太易而急于求名也。”潘次耕请他把《日知录》刻出来，他说还要等待十年。他对已刻印行世的《日知录》仍不满意：“旧刻此八卷，历今六七年。老而益进，始悔向日学之不博，见之不卓……渐次增改……而犹未敢自以为定……盖天下之理无穷，而君子之志于道也，不成章不达。故昔日之所得，不足以为矜；后日之所成，不容以自限。”他的《音学五书》大改重抄，五易其稿而成，历时达30年之久。

顾炎武珍惜自己的研究成果，但并不故步自封，敝帚自珍，他认为，“时人之言，亦不敢没君子之谦也，然后可以进于学”，因此，对别人的意见他总是能够虚心接受。在太原遇到经学大师阎若璩，他主动把《日知录》稿本拿去征求意见。阎氏驳正若干条，他一一欣然采纳。他的《音学五书》，经张力臣改正的就达一二百处之多。

梁启超论及“清代经学之建设”时指出：“要之，亭林在清学界之特别位置，一在开学风，排斥理气性命之玄谈，专从客观方面研察事务条理。二曰开学习方法，如勤搜资料，综合研究，如参验耳目闻见以求实证，如力戒雷同剿说，如虚心改订不护前失之类皆是。三曰开学术门类，如参证经训史迹，如讲求音韵，如说述地理，如研精金石之类皆是。”

顾炎武在“开学习方法”与“开学术门类”方面的贡献已如上述，而更值得大书特书的则是他在开有清一代学风方面的伟绩。

顾炎武对晚明以来学术界“言心言性，而茫乎不得其解”的玄学风气深恶痛绝，他批评“今之君子”，“舍博学多识以求一贯之方，置四海之困穷不言，而终日讲危微精一”，“不考百王之典，不综当代之务……以明心见性之空言，代修己治人之实学”。

针对崇尚空谈的晚明学风，顾炎武揭起了“经学即理学”的大旗。他尖锐地指出，“古之所谓理学，经学也”，“今之所谓理学，禅学也”，“舍经学无理学”，其目的就是要用经典研究的实学来取代明心见性的虚理，用经世致用取代性理空谈。为此，他提出了“博学于文”的口号，认为“自一身以至天下国家，皆学之事也”，“非好古而多闻，则为空虚之学”。但我们应该看到，顾炎武的“博学于文”有一个基本的立足点——经世致用，所谓“知者无不知也，当务之为急”，“君子之为学，以明通也，以救世也”。

顾炎武既是思想敏锐的理论家，也是脚踏实地的实践家。他的《日知录》《天下郡国利病书》《肇域志》等巨著都是博学于文、明通救世的典范作品。与友人谈及《日知录》时，顾炎武一再强调该书不只是一部札记汇录，它是服务于将来的王者治国平天下的，“有王者起，将以见诸行事，以跻斯世于治古之隆，而未敢为今人道也”。顾炎武“悬牌在室，以拒来请”，谢绝作应酬文字，他的原则是“无关于经术政理之大，则不作也”。综观顾炎武的全部学术生涯，可以说，反对空谈性理、讲究经世致用，是其恪守始终的一贯作风。

顾炎武以其卓越的理论与实践，对晚明学风“表现出堂堂正正的革命态度”，为清代学风的转变、为清代经学的建设做出了巨大的贡献。可以毫不夸张地说，没有顾亭林，清代学术的辉煌至少要延迟一个时代才能到来。

“我生平最敬慕亭林先生的为人，想用一篇短传写他的面影，自愧才力薄弱，写不出来。但我坚信他不但是经师，而且是人师。我以为现代青年，很应该用点功夫，多参阅些资料，以看出他的全人格。”梁任公先生的这番话令我辈汗颜，责我辈精进。

（杜志军）

主要参考文献

《清史稿》卷 481《儒林传》二。

《顾先生炎武神道表》，见《清碑传集》卷 130。

《顾宁人小传》，见《清碑传集》卷 130。

《顾亭林先生年谱》，见《丛书集成》册 3415、3416。

《顾亭林学记》，中华书局版。

《清代人物传稿》上编第 2 卷，中华书局 1986 年版。

《顾炎武》，沈嘉荣著，江苏古籍出版社 1984 年版。

《顾炎武论考》，沈嘉荣著，江苏古籍出版社 1994 年版。

《中国古代著名哲学家评传》第 3 卷下，齐鲁书社 1981 年版。

《梁启超论清学史二种》，朱维铮校注，复旦大学出版社 1985 年版。

《顾亭林诗集汇注》，上海古籍出版社 1983 年版。

《清顾亭林先生炎武年谱》，张穆著，台湾商务印书馆 1980 年版。

《日知录》。

《亭林文集》。

《天下郡国利病书》。

《亭林杂录》。

《顾氏谱系考》。

六经责我开生面

——王夫之

据器而道存，

离器而道毁。

在湖南省衡阳市西约 90 千米，有座大山。山上终年横卧一块形似船形的巨石，人们因此命名它为石船山。山脚之下，苍松翠柏的掩映之中，有一座饱经风霜的建筑，昂然地屹立，仿佛在向人们诉说一段不寻常的经历。这个建筑就是大名鼎鼎的“湘西草堂”，两百多年前，一位极不平凡的人物隐居其中，写出了一部又一部令世人叹为观止的鸿篇巨制。这人就是王夫之，清初最博大、最精深的学者，一代鸿儒，永不向异族统治者妥协的斗士。这座山、这座草堂由于和这位名士有过一段奇妙的“姻缘”，而令人神往；他说“船山者，即吾山也”，俨然把石船山视为自己灵魂的化身和不屈精神的象征，后人也便称他为“船山先生”。

顺水亦有逆风船

明神宗万历四十七年（公元1619年），王夫之诞生在风景秀丽的南岳衡山脚下，湖南衡州府（今湖南衡阳市）城南王衙坪一个中小地主和知识分子家庭。当时中国封建社会虽然已到了“天崩地解”（黄宗羲语）的时代，但是，“科举取士”制度依然是步入仕途者唯一的选择。也许是由于世代书香门第的缘故，从他出生那天起，父亲就把“学而优则仕”的路替他规划妥当。而他也果然不负众望，以聪颖的天赋和不懈的努力，朝着既定的目标风驰电掣般逼近。在他20多年的读书求学、科考仕进的生涯中，虽然间有一些波折，但是总的看如顺水行舟。命运在他面前展现出比他父兄要宽广、明媚的图景。

他的先祖为武官，原为高邮（今江苏省高邮市）人，九世祖王全任衡阳卫指挥的时候，才迁居衡阳。太祖王震，既“掌卫事戎兵”之事，“尤笃志经术理学”，从他开始，王家便“束修文教，絃诵不衰”。高祖王宁，则“以文墨教子弟，起家儒素焉”，始由习武向学文转变，希望他的子弟从师问道，通过科举考试，进入仕途。到曾祖王雍，不仅“以文名著南楚”，而且由乡贡“升江西南城县学谕”作起了文官。祖父王惟敬，“崇志节，尚气谊，隐处自怡，出入欬笑，皆有矩度”，而且家教很严。在他督促下，王夫之的父辈伯叔皆成饱学之士。

父亲王朝聘，字逸生，信奉程朱理学，学者称武夷先生。当时士大夫往往以依傍释、老为新奇，王朝聘却不与佛、老人游，并终身不在佛、老像前施一揖。他“敦尚践履，不务顽空”的学风对王夫之有着较大的影响。

王夫之秉承着家族的遗传因子，从小颖悟过人，4岁就和二兄参之入私塾，从长兄介之读书。介之，字石子，人称石崖先生。后来潜心经学，多有创获，著有《周易本传质》《春秋四传质》《诗传合参》《春秋家说补》《诗经尊序》等多部书。二兄参之，字立三，后来研究文史颇有成绩，“为文婉转有风度”“而卒以文章名南楚”。王夫之有“读书十行俱下，一字不遗”的本领，7岁时，就读完十三经，而且第二年便从私塾肄业。

这一年，离家达六年之久，应贡北上，入国子监去求取功名的武夷公，怀着悻悻不平的心情回到家中。

五年前，武夷公以副榜赴武昌应乡试。正考官是翰林院缪昌期，副考官是官科给事中朱童蒙。同考官胡允恭首荐武夷公，缪昌期已取中正额，定录了名次。但朱童蒙因为武夷公文中有“童”、“蒙”字，犯其名字，所以仍置于副榜。幸好这一年明熹宗登基，龙颜大悦，下令中副榜者也可入太学。武夷公才算侥幸入了太学。可是3年学习期满，应部选之时，他又被选政中的贿赂之风杀得人仰马翻。

父亲归家赋闲，对他本人可能是不幸的，而对王夫之却可以说是一件大好事。王夫之开始秉承庭训，接受了2年的正规经学教育，为他以后成为经史大师打下坚实的基础。

王夫之10岁这年，武夷公再次入京师谒选。同邑的前太常寺卿陈宗契、零陵前吏部郎中蒋向荣都想为武夷公荐引，他都笑着拒绝了。同邑的云南参政陈柽典，给京城的达官写了一封信为武夷公引重，但他中途发现后，就没有把那封信交给那位达官。结果再次就选，再次失利。当时选官乌程暗索贿赂。武夷公说：“我不能这样做，因为如果出赇吏胯下，那么我就是重辱了先人。我有田可耕，有子可教，不敢欺天，以暮夜之金博得一官。”于是夜间买了一头毛驴，从春明门出，回到家中，从此和两个弟弟廷聘、家聘一起讲学论文，种药灌畦以为乐，与世俗交往几乎断绝。十年的不懈追索，十年的辛酸苦辣，武夷公已经心灰意懒。

与父亲相比，王夫之可能要幸运得多。

14岁那年，他考中了秀才。才华横溢的他，得到乡亲父老的广泛赞誉。湖广提学佥事王志坚慧眼识珠，选拔他到衡阳州学深造。在州学的几年时间里，他专心致志地钻研学问，几乎读遍了州学的藏书。州学老师、著名学者水佳允（向若）和王永祚（澄川）对这个小孩极为赏识。第二年就举他和两个哥哥介之、参之到武昌去应乡试。正考官是当代大学者钱谦益。可惜没能考取，但他并不沮丧，因为他毕竟长了见识，而且他又当年少，来日方长。他又回到县学，埋头深造。

16 岁那年，他开始从叔父王廷聘学诗，致力于四声音韵之学，于是从《诗经》《离骚》《汉魏乐府》，两晋、宋、齐、梁、陈到唐人诗集，均在他的涉猎和研究视野之内，先后读诗达 10 万余首。在此后 3 年中先后举行的两次衡州郡试，均列一等第一名。

18 岁这年，他和两个哥哥第二次赴武昌应乡试。再次落榜。他心中多少有些茫然。在写于此年的一首《荡妇高楼月》诗中，他以如下的诗句表达了对何时能中举的企盼：

白云不觉飞，但见月东去。
碧海多迢遥，瞥眼多疑误。
妾梦恋金微，君今在何处？

此时，明代的统治已陷于岌岌可危之中，内有高迎祥、张献忠等农民起义军 13 家、72 营大会荥阳，关外有后金的威胁，可以说是内外交困，危如累卵。年轻气盛的王夫之，在读书之余，便和旷鹏升等一班青年朋友，成立文会“行社”，饮酒作诗，纵谈时事。22 岁那年，他随两个哥哥第三次赴武昌应乡试。大哥得中副榜，他与二哥参之再次名落孙山。

从武昌乘船回家，行至城陵矶时，狂风怒吼，吹折船桅。幸亏及时登陆，才免于遇难。于是他们弃船而走，步行到岳阳。在岳侯祠小憩之时，见到老师王永祚的题柱联：“为臣死忠，为子死孝，大丈夫当如此矣；南山归南，北人归北，小朝廷岂求活耶！”内心十分激动。科举之路的坎坷，国家民族的危急，使他意识到必须以挽救国破家亡的危机为己任。10 月便与郭凤跹、管嗣裘、文之勇等人初集匡社。“匡”就是“匡扶社稷”之意。后来匡社并于“应社”，又并于“复社”。

崇祯十三年（公元 1640 年），湖广提学佥事高世泰岁试衡郡，列王夫之文为一等，且以“忠肝义胆，情见乎辞”作评语。第二年，再次岁试之时，又列王夫之为一等。恰好刑部郎中蔡凤巡按湖南刑狱，见到王夫之的文章，大为惊奇，举为特奖，并相约在武昌乡试再次相见。

4月，虽然长子勿药出世，但王夫之依然与两个哥哥如约到武昌应乡试。正考官为翰林院郭之祥，副考官为兵部给事中孙承泽，房师为泸溪县学教谕欧阳霖。

应试完毕之后，便是长达5个月的候榜时间。王夫之充分利用这段时间，开始广泛结交志同道合的朋友。7月，黄冈王源曾、能霂在黄鹤楼大会同人。王夫之听说后，立即兴致勃勃地前往参加。当时与会者有一百多人，大家各拈韵赋诗，乐甚至哉，许多人成为终身朋友。

9月，榜出，王夫之以《春秋》第一的成绩中了第五名举人，长兄王介之中式第四十名，他的好朋友郭凤跹、管嗣裘、李国相、夏汝弼、包世美等均得中举人。

揭榜那天，前来监考的沔阳知州章旷、长沙推官蔡道宪也深为王夫之的文章所折服，主动找到他面议，大家引为知己，以爱国救民的志向和坚定不屈的风节互相砥砺。

两个儿子的中举，使一度对科考恨之入骨的父亲又重新看到了王家走入仕途、跻身上流社会的希望。他要把自己此生难以实现的理想，在下一代身上实现。于是他急切地催促兄弟俩做着积极的准备。11月，王介之、王夫之要去北京参加会试了。他们急切地期待着成功，洋溢着一股跃跃欲试的激情，压抑着一举成名的冲动。

临行前，湖南道参议金九陛找到他们。向他们说，衡阳有个富人有杀人劣迹，按法律已判为死刑。希望他们弟兄二人用千金帮他把这个人的命买活，条件是给他们每人作一套进京的礼服，外加千金的报偿。对这两个一贫如洗的弟兄来说，上天有意为他安置了一次严峻的考验。介之问夫之：“你说怎么办？”夫之答曰：“这绝对不行。”严词拒绝了。

为了表示对考官欧阳霖荐举的感激之情，兄弟俩，取道江西，来到南昌城，拜见了欧阳霖。然后入章江。此时，李自成率农民起义军已攻陷河南汝宁、开封、进逼湖北襄阳，又分兵逼近荆州；张献忠由潜山、安庆进逼蕲水。安徽、湖广的要道已被起义军切断，入京会试的希望霎时破灭。而且朝廷又把会试的日期改在8月，于是，万般无奈之中，兄弟两人只得打道回府。这个时候，他们也许没有料到，此前轰轰烈烈的科举之途至此已经无奈地结束。这一年，王夫之25岁。

抱刘越石之孤忠

明崇祯十六年（公元1643年）十月，张献忠攻陷了衡州。为了壮大自己的力量，他到处网罗人才。当他了解到王夫之及兄介之品行端方，优于才干，为百姓推重时，就决定延揽重用。但是在受儒家忠孝伦理思想深远影响的王夫之弟兄看来，起义军与敌寇几无差异，他们要推翻自己的神圣国君，是绝对不能参与其间的。尽管他们也为明朝的腐败而痛心疾首，甚至于诅咒。

弟兄两个闻得消息，就在舅父谢允琳的引导下，连夜逃到双髻峰下，藏在一所草舍中。可是他父亲王朝聘已经衰老得不能移步，被起义军得到，勒至郡城，软语相劝，借此诱使王夫之弟兄归降。已届七五高龄的武夷公怒目直视，一言不发。张献忠的手下人发怒了，要捆他。老人叹息者说："七十多岁的老人，怎么能屈身求活呢！"于是沐浴更衣，向亲戚朋友告别，想在当晚投缳自尽。家奴立即把这一消息告诉给他们。介之想出去，换回父亲，然后自己再沉湘水。王夫之考虑到介之性格耿介严厉，出去会和老父亲一同被害。恰好夫之的老朋友奚鼎铉在起义军中做事，他答应设计救出武夷公。介之才又隐匿行踪，但把一条绳藏在衣服中，以备不测。

可是，朋友的努力失败了。于是，王夫之用刀刺破手腕颜面，装作受伤的样子，并在伤口抹上毒药，让人抬到郡城，并告诉他们石崖公已经死了。张献忠答应放武夷公。这天夜里，王夫之趁人不备，在夜幕的掩护之下，逃到了黑沙潭，且写成《九砺》诗，表示自己绝不投降的决心。

崇祯十七年（公元1644年）三月十九日，李自成的部队攻下北京城。崇祯皇帝在“鸣钟集百官，无至者”的情况下，在煤山（今北京景山）自缢身亡。当时王夫之仍隐居双髻峰下，听到这一消息，感到万分悲痛，他多日食不下咽，睡而无眠，他以悲愤的心情写成《悲愤诗》一百韵，表达对亡明的哀悼，而且每一讽吟，就泪流满面，哽咽不已。

五月初一，清兵在吴三桂的引导下，占领北京。王夫之认为农民造反赶走皇帝，大逆不道；清兵入关，夷人统治汉人，更难接受。此后他上街时总不忘穿上木鞋，打着把伞，表示头不顶清朝的天，脚不踏清朝的地。这一年，他又在双髻峰下黑沙潭边搭起了几间草舍，取名“续梦庵”，作为此后“避兵常居之所”。

5月15日，凤阳总督马士英拥戴福王朱由崧在南京即位，建立弘光小朝廷。但只坚持一年即告覆没。深山穴居中的王安石闻讯痛哭，续写《悲愤诗》一百韵，表达对亡明的怀念和对异族侵略者的愤恨。

顺治二年（公元1645年），李自成在湖北九宫山被人暗算身亡。他的余部尚有几十万人。其中一部有十余万人，由郝摇旗、袁宗第、刘体纯率领，他们在湖广总督何腾蛟“公等归朝，誓永保富贵”的承诺下，本着联明抗清的意愿，接受了何腾蛟的指挥，负担抗御清军进攻湖南的重任。另一部有30多万人，由李绵（又名李过）、高一功、高夫人率领，也接受了南明的招安，被隆武帝封为“忠贞营”，与“湖广南抚”堵胤锡合作，共同抗御清兵对两湖的入侵。这样两湖（尤其是湖南）境内，抗清力量空前壮大，军队达百万之众。

但是何腾蛟对农民军尚有猜忌，安排农民军分散驻扎，防其哗变，又把一部分南明军官，编入农民军中，暗中监视；同时何、堵两人均意气用事，互不配合，难以和睦共处，同舟共济。尤其是两湖地区由于驻扎百万之师，粮饷的筹划十分困难。何腾蛟创办义饷，增加租税，每亩田地较原额增加五倍多，又预征两年的钱粮，使得农民往往倾家荡产，人心于是动摇难平。

王夫之得知这种情况，心急如焚，他只是个举人，没有被授予官职，照例不能冒昧地向封疆大吏提出意见。他在炽热的爱国忠诚的驱使下于顺治三年（公元1646年）夏毅然找到以前参加乡试时的分考官，现正担任湖北巡抚兼理粮饷总督的司马章旷，“指画兵食，请调和南北，以防溃变”。可是他毕竟人微言轻，章旷听后只是点头，不作表态。王夫之又写出具体的意见书上呈章旷，这一次章旷似稍受感动，但仍只以“本无异同，不必过虑”作答。王夫之只得败兴而归，把心志寄托在研读经籍上。这一年他遵父嘱编成《春秋家说》，写成《莲峰志》5卷，并开始立志研究《周易》。

这一年的8月，唐王朱聿键在汀州被执，他建立的隆武政权随着他在福州被害而灭亡。王夫之听说后，再仿原韵作《悲愤诗》百韵表达哀思。

10月，明代遗臣夙将瞿式耜、何腾蛟及李自成的部将李锦、高一功等人拥立明宗室桂王朱由榔在肇庆监国。11月18日，他举行登基礼，建立永历政权。

而此时，王夫之正处在巨大的悲痛之中。就在几天前，他美丽贤淑的娇妻陶儒人死于战乱惊吓之中。10年来，本出身衡阳千亩侯的她，虽家资巨万，但从未挟富而骄其夫家，为一家辛勤操劳，而且还得随夫君东躲西藏，吃尽苦头，整日担惊受怕而毫无怨言。而她也终于为亲人操劳担忧过重而积劳成疾。妻子的死使王夫之陷入悲痛的巨大旋涡之中，增加了他对异族入侵者的仇恨，也坚定了他作为有明遗民，以复兴社稷为己任的决心，他在密切地关注着时局的发展，急切地等待着呈现忠心的机会。

顺治四年（公元1647年）正月，清军攻入肇庆，永历帝仓皇逃出，经过一番周折，四月，被心怀野心的刘承胤劫持到武冈，改武冈为奉天府作为南明的政治中心。王夫之闻听此讯，十分兴奋，与好友夏汝弼相约，一同奔赴武冈。当行至湘乡县西南的车架山时，多日连绵大雨造成的道路泥泞，无情地阻止了他们前行，王夫之感到难捺的郁闷和焦灼。他怨雷神丰隆、雨师屏翳对他太无情，恨民族灾难深重之时，南明军队太乏力，于是写成《淫雨弥月，将同叔直取上湘，间道赴行在所，不得，困车架山，哀歌示叔直》一诗，表达心中种种纷乱的思绪。又写成《仿杜少陵、文丈山作七歌》，怀念“峒烟蛮雨”中受困的永历帝；怀念日日在艰难惊恐中讨生活的年迈双亲；怀念避居四望山的长兄、滞家尽孝的二兄；怀念贤淑美丽年仅 25 岁即死于非命的妻子；憎恨肆行侵陵的异族统治者。

他们在车架山滞留达月余，不料家中却灾祸纷至。先是二兄参之害病，迫于战乱，未能及时医治，竟死。父亲在参之逝去当天，就写信叮嘱夫之：“汝若自爱，切不须归，勿以我为念。”可第二天老人就卧病不起。王夫之惊悉家中的变故，不顾一切地日夜奔回家。同一天大哥介之也回到家中。一家团聚本不容易，可父亲对两个儿子冒险归来十分不快，他马上吩咐人抬着他带两个儿子到岳峰顶居，以免再遭不测。11 月 18 日，这位老人在南岳的潜圣峰悄然辞世。病危期间，老人一遍一遍地叮嘱两个儿子，死后，一定要把他葬在“幽迴远人间”的莲花峰（郎双髻峰）脚下，“勿载遗形过城市，与腥臊相涉”。老人以有明遗臣自居，到死都不忘表达对清兵的仇恨，这对王夫之弟兄颇有影响。

父兄死后，王夫之就带着侄儿王敉隐居在莲花峰顶，遵礼守丧。一面潜心《周易》研究，一面密切注视时局的发展，期待着“剥极必复”，实现他匡济时艰的愿望。顺治五年（公元 1648 年）春，明降将金声恒、李成栋在降清未得重用之后，又反戈归明，西南的抗清形势发生重大变化。何腾蛟见良机已到，便发动大规模反攻，在李锦、高一功等农民起义军的配合下，首先获全州大捷，又攻入湖南，六七个月内，竟然几乎收复湖南的全部失地。8 月，永历政权又迁回肇庆，这给予王夫之莫大的鼓舞。10 月，当何腾蛟军队由永州向衡州进攻时，王夫之毅然和好友夏汝弼、管嗣裘及南岳僧性翰策划组织在衡阳发动起义。可惜暴动尚未举行，就遭到清兵鹰犬湘潭人尹长民的袭击，完全瓦解，管嗣裘全家均被杀害。敌人又行搜捕，被株连而死者有数十人。

起义失败后，为了避免被敌人缉捕。王夫之挟侄儿王敉在欧阳霖的指引下来到永历政权所在地肇庆。本来，他对这个政权抱有很大的希望，认为那里一定上下齐心，卧薪尝胆，为洗雪国耻，匡复失地而斗争；他本人也可以在那里施展抱负，了却夙愿。然而，官僚们个个急权夺利，苟且偷生，不以国事为重，现实又使他顿时灰心丧气。老相识堵胤锡对他这个有报国之志的青年十分敬重，特上书保荐他作翰林院庶吉士，他以在父丧中守制未满相辞。当他了解到大臣中只有防守桂林的瞿式耜力主抗清，锐意兴复时，甚为钦佩，就在第二年春离开肇庆，前往桂林。在那里受到瞿式耜的重视。不料此时抗清的局势再次逆转，堵胤锡和何腾蛟部将马进忠不合，大搞内部分裂，湖南抗清局势又陷入被动，何腾蛟也被部下降将徐勇所害。在江西金声恒、李成栋由于战略失误，双双致死，全境为清军占据。

此时，永乐朝廷的多数官僚依然贪婪腐败，醉生梦死，沉浸在富贵利达的昏梦之中。王船山耳闻目睹这一切，内心甚为忧愤，顿生归念，就在这年夏天，由桂林返回故乡衡阳。在石仙岭下耐园见到久别思念的老母谭氏。当地一伙不逞之徒，闻知他从外地归来，以为必有财宝，准备杀害他后劫为己有。王夫之虽逃匿脱险，但家中财产被洗劫一空，连他的诗集《买薇集》也被抢走。惊吓之中的母亲，怕他再遭不测，立即催他和王敉离开衡阳。于是叔侄二人，再次风尘仆仆赶往桂林。在那里，他结识了一些意气相投、肝胆相照的朋友，其中隐居于平乐之平西村的爱国学者、自然科学家方以智与他过从甚密，情深谊笃。方以智父子倡导的质测之学（实证科学）对他颇多启迪，对丰富他的哲学思想颇多影响。

顺治七年（公元1650年）二月，王夫之守丧期满，在桂林续娶郑儒人为妻。小家庭的生活尚未安排妥帖，而永历朝廷的政局却发生了很大动荡：官僚中的两大派别“吴党”与“楚党”争权夺利，党同伐异，矛盾呈白热化。

“吴党”的形成得之于永历政权中的宦官专权。夏国祥得到永历帝嫡母王太后宠爱，把持政柄。佞臣马吉翔勾结夏国祥为内援，凡事通过夏国祥达于王太后，再由王太后授意永历帝实行；而夏亦以马为爪牙，加强自己的实力。两人狼狈为奸，很有势力。同乡官僚吴贞毓、李用楫、张孝起、鲁可藻见此，就以夏为靠山，形成一个小的势力集团。后来，内阁王化澄通过外戚王维恭（国舅）结识夏国祥。他们以夏国祥为奥援，附谄马吉翔，又巴结军阀梧州总兵陈邦傅结成死党——“吴党”。

“楚党”是以“吴党”的对立面出现的。金堡被瞿式耜推荐到朝廷作谏官后，对“吴党”“招权纳贿”，排斥异己，渔猎小民，酣歌恒舞，置抗清斗争于不顾的做法十分不满，对“以匪人持柄”的情况进行指责。虽遭到权贵的反对，但却得到袁彭年、丁时魁、刘湘客、蒙正发的推重。于是他们五人相与谋议，结成“楚党”。

由于“楚党”对“吴党”多有攻击，故操纵朝政的“吴党”对“楚党”多加诋毁，称他们为“五虎”（刘湘客为虎皮，蒙正发为虎爪，金堡为虎牙，丁时魁为虎尾，袁彭年为虎头）。

争斗首先由“吴党”发起。在肇庆时，“楚党”因得到李元胤（锦衣卫指挥使、左都督）的支持，颇有势力，曾无所畏忌地对“吴党”进行了弹劾、裁抑。而今永历帝逃到梧州后，“楚党”失去了依然守卫肇庆的李元胤的支持而顿然失势；而梧州又是陈邦傅驻军的地盘。对“吴党”来说，报复”楚党”的最佳时机已经来到。于是他们上疏罗织“楚党”把持国政、罔上行私，朋党误国等罪行，大兴党狱。永历昏庸无道，除免去“反正有功”的袁彭年死罪外，其他四人都交给锦衣卫惩办。还下密旨令主审官将吴党的眼中钉，把他早已恨之入骨的金堡处死。

王夫之平日对金堡等人颇有好感，对“吴党”十分愤恨，又考虑到大敌当前，大兴党狱必然会削弱抗清斗争的力量，给敌人以可乘之机，于是在瞿式耜举荐他去梧州出任“行人同行人”一职时，便欣然接受，而且火急火燎地赶到梧州，他希望取得上奏疏的权利后，直言谏诤，挽回局面。他先和好友管嗣裘（时任中书舍人）谒见大学士少傅严起恒。王夫之涕泣而言：“诸君弃坟墓，捐妻子，从王于刀剑之中，而以党人杀之，则志士解体！”严起恒深为感动，便匍匐舟次，泣谏，桂王不听。

此时，握有兵权的大臣瞿式耜、忠贞营主帅高必正、总兵焦琏等均上奏反对杀害金堡，“吴党”才有所顾忌，永历帝也恐事态扩大，于己不利，就免去金堡死罪，改为削职谪戍，同时释放刘湘客、蒙正发、丁时魁三人。可“吴党”的利刃却向首先营救金堡的严起恒头上举起。他们嗾使给事中雷德复上奏称起恒：“奸逾严嵩，结虎招权，谋危宗社，买黄金通虏，扼杀诏使，罪在不赦。“严起恒无奈，称疾乞骸骨。王夫之见状，悲愤难抑，决定进行死诤。就和同为行人的董云骧上疏，说：“大臣进退有礼，请权允辅臣之去，勿使再中奸毒，重辱国而灰天下之心。”董云骧知上疏后必定无好结果，就不再等待回音，而挂冠奔南海而去。王夫之大义凛然，毫不退却，接连又二次上疏，指斥“吴党”头目王化澄结党营私、败坏朝纲，肯定严起恒的功绩。由于王夫之的“死谏”，又加上高必正的营救，永历皇帝只罢免了严起恒的官职，吴党阴谋再次落空。可是王夫之却把灾祸引向了自身。

5 月，故友江陵李芳先与他在苍梧相见，一洒重逢之泪，叙旧中谈到浮湘亭上旧日同游之人时，李芳先提议将洪伯修、龙季霞、欧阳予私所作梅花诗连缀成《梅花百咏》。恰好这时攸县有一狂人也写成《百梅》恶诗一册，为提高自己的身价，谎称王夫之为他作序。王化澄见这篇序言词不逊，就想借文字狱，置王夫之于死地。当时吴党重权在握，王夫之有冤难辩，以致“愤激咯血”。他在无奈及失望之中，称病要离开这个腐朽的行朝。多亏高必正慕义营救，才免遭毒手。但王夫之却认为高乃贼寇之首领，所以临行前也没有去道一声别，说一句感激的话。

王夫之虽遭此大劫，但抗清决心丝毫不减，7 月，他偕妻携侄赶赴桂林，复投瞿式耜麾下，协助瞿谋划抗清方略。

不久，王夫之收到家信。信中说老母重病在身，思儿心切。于是，他就在清兵逼近桂林城下时，踏上返湘的艰难征程。经过近半年的跋涉，才从乱兵、绝食的死亡边缘中逃脱，回到故乡。而此时老母早已告别人世数月。

这时桂林已经失守，瞿式耜坚强不屈，被俘后壮烈殉国，永历帝逃往南宁，严起恒在南宁也死于孙可望之手。王夫之想追随永历政权继续抗清的愿望，已经不可能得到实现了。于是他只好怀着郁悒的心情，避居在邵阳耶姜山侧，开始“屏迹幽居”的生活。

顺治九年（公元1652年）九月，李定国攻克衡阳，因久慕夫之的为人才学，派人请他出山。王夫之虽心中喜不自禁，但他对挟持桂王、杀害严起恒的大西军首领孙可望颇多疑虑，所以没有答应，还作一首《章灵赋》以明己志石。不久，孙可望设计要害李定国，李被迫撤离湖南，清统治者再次恢复统治。他们广布爪牙，对那些响应大西军的人和怀有“光复旧物”的明臣，加以缉捕杀害。顺治十一年（公元1654年）八月起，王夫之和妻子郑氏避兵于零陵北洞钓竹源、云台山等处。冬天又移居到常宁西南乡小祇园侧西庄源。当时，满清统治者严令每个中原人必须仿效满族习惯——薙发（即剃掉前面的头发，只在后脑留一个长辫子），有所谓“留发不留头，留头不留发”的圣谕。王夫之死不屈服，和郑氏不断改换姓名，变易装束，自称瑶人，藏匿在荒岩绝壑的苗、徭山洞里。多亏当地隐士王文俨（因隐居东卜园，又号东卜先生）常常送些粮食接济。为了表示对当地人关怀的感激之情，王夫之在这里授徒讲学，通过对《春秋》“夷夏之辨”的阐述，向青年灌输反清思想。次年，游兴宁山，居于僧寺中授徒，仍以说《春秋》为主。

王夫之现在只能当学者了，他通过对文化典籍的钻研，推陈出新，建立起自己具有时代精神的理论体系；在哲学思想上批判形形色色的害道之论；在社会政治思想上批判一切不利于复兴国家民族的腐朽观念。这种战斗，较之追随南明政权进行武装抗清，更加艰巨，更需要百折不回的意志，特别是到处潜伏危险和物质条件极差时，可是有着极强烈爱国思想的王船山却勇敢而沉着地踏上了这条满布荆棘的道路。此后40年，王夫之隐居深山，以极大的韧劲，辛勤著述，不管发生什么样的情况，不管生活多么艰苦，都不曾停止。

遁迹荒山勤著述

顺治十二年（公元1655年），他开始写作《周易外传》，八月完成《老子衍》，借《易》《老》阐发自己的哲学思想。正当他忙于写作时，忽然传来留在衡阳侍奉长兄介之的侄儿王敉在去年秋被清兵杀害的不幸消息。回忆起以前与侄儿共同生活、备尝艰苦的情景，不禁潸然泪下，他悲痛地赋诗抒怀：

斜日荒荒打枣矢，山头回首杳墟烟。
当时不道今生别，犹向金风泪黯然。

但当他想到肩负着复兴国家民族的学术研究这副重担时，便强抑悲怀，化悲痛为力量，潜心于注疏之中。第二年（公元1656年），他偕妻回到常宁西庄源，3月，写成论述社会政治问题、揭露封建制弊端的《黄书》。

顺治十四年（公元1657年），清统治者在占领的地区，基本上巩固了政权，为进一步巩固统治，收买人心，采取怀柔政策，大赦天下，轻徭薄赋。加之调集兵力，把永历政权所在的云贵地区作为攻击重点，湖南的社会秩序相对安定。4月，39岁的王夫之结束了3年流徙荒山瑶洞的生活，带着妻子郑氏和才出世不到一年的儿子王敔回到家乡双髻峰下的“续梦庵”；第二年9月完成《家世节录》，缅怀祖先，追叙家世。顺治十七年（公元1660年）春，三子勿墓夭折，于是徙居衡阳金兰乡高节里，在茱萸塘边，筑成一间蓬顶竹壁的小屋，起名为“败叶庐”。

也许应了祸不单行的说法。自三子死后，一系列的打击接连向他冲来。顺治十八年（公元1661年）六月二十一日，和他共度忧患生涯、对他关怀备至的妻子郑氏，撇下6岁的稚子，倏然仙逝，年仅29岁。眼见稚子依依膝下，不时悲呼阿母，王夫之不胜悲凄。顺治十九年（公元1662年），流亡到缅甸两年的桂王在昆明被汉奸吴三桂杀害，南明最后一个政权覆灭。消息传来，王夫之再也难以遏制胸中的巨大悲愤，在“败叶庐”中提笔依原韵第四次写下《悲愤诗》一百韵。也是在这一年，大西军首领李定国发病身亡。此后两年间，几位抗清到底的民族英雄郝摇旗、刘体纯、李来亨、白文选等也都先后殉国。抗清斗争彻底失败。王夫之则只有更发奋地从事有很大战斗性的学术研究工作，康熙二年（公元 1663 年）写成《尚书引义》，康熙四年（公元 1665 年）又重订了《读四书大全说》。

这时，清统治者在镇压了各地的反抗势力后，便进一步来加强对思想文化领域的控制，以残酷的手段对待那些具有反清意识的知识分子。康熙六年（公元 1667 年），王夫之，几乎被人控告，幸亏得老朋友刘象贤的营救，才没有造成杀身大祸。在这种情形下，有的知识分子，不愿向清统治者屈服，为避免迫害，他们或出家为僧，或遁入道门，或隐姓埋名，或徜徉自得。王夫之在桂林结识的好友方以智，选择了出家之路，出家后更名弘智，字无可，别号药地。他遁迹于江西青原山，康熙七年（公元 1668 年）给王夫之写信，劝他到江西逃禅。王夫之当即回信，内书一首诗进行婉言拒绝：

洪炉滴水试烹煎，穷措生涯有火传。
知恩不浅难忘此，别调相看更辗然。

他认为自己虽处境艰难，甚至有生命危险，但仍应鼓足勇气，为复兴国家民族而研究学术，绝不能消极地逃避现实。就在这一年他写成《春秋家说》及《春秋世论》。第二年又将自己 30 岁以后写的诗编成《五十自定稿》。

自妻子郑氏死后，王夫之要料理家务，这给他的著述研究带来了诸多不便。他续娶张氏作内助后，又得以潜心学术研究了，并收弟子授业。当时衡阳等地有不少有志的青年学子，负笈前来。

康熙八年（公元 1669 年）冬，王夫之在茱萸塘曲筑成一个草庵，开南窗，题名“观生居”，并题写了“六经责我开生面，七尺从天乞活埋”

的对联，悬挂室中，作为座右铭。表示要穷经究理，开一代学术新风，死不仕清。

康熙九年（公元 1670 年），王夫之开始出现衰老的迹象，他的一颗牙脱落了。战争转徙中，饱经风霜经历了太多的艰难，忧国忧民耗费了太多的精力，所以虽只有 52 岁，出现如此的征象似也必然。战争年代的哪一个人能够天年得享，身体强健呢？他给儿子王敔写了一首诗，表述内心的忧愁："梧桐一叶已知秋，塞角吹霜几耐愁。"

清兵入关时利用一些人作鹰犬，如封吴三桂为平西王，尚可喜为平南王，耿精忠为靖南王。康熙十二年（公元 1673 年），康熙帝下令"撤藩"，通知三王离开南方开往东北。吴三桂首先拒绝，盘踞在云南反清，自称"总统天下水陆大元帅兴明讨虏大将军"，欲以"北伐胡虏，恢复明朝"作幌子来号召天下，得到尚可喜父子及耿精忠的响应，发动"三藻之乱"，虽然他的伎俩已被洞瞩其奸的明朝遗老所识破，但王夫之感到这是一个可资利用的矛盾，可借机图谋复明反清，于是这个老人，不辞辛劳地往来于湘乡、长沙、湘阴等地，与永历旧臣蒙正发、张永明、刘近鲁频繁接触，可谓东奔西走，席不暇暖，天真地以为可以借机再度兴起复明运动了。然而，他也只是留下几首诗而已，实难有什么作为。

康熙十四年（公元 1675 年）冬天，为了防止清统治者的猜疑，他又在离"观生居"二里许的地方，另筑茅舍，取名"湘西草堂"。这时候，他外表仿佛是个甘心过寂寞生活的"避世之人"，但心情依然十分炽热，在《夜坐吟》中他依然写出"吾何归？归何叹？明星烂，晨鸡喧，抱孤心，临万端"等诗句。第二年又到长沙、湘阴等地活动。当年 11 月，当他回到"湘西草堂"时，吴三桂已占领衡州。他亢奋激动的心情就变成了对他雄图难展、托身无所的悲哀。因为此时，吴三桂已"画江以守"，不敢出岳州一步，而且已显现出必受困而垮台的迹象。利用矛盾达到起义反清的目的已不可能实现。于是他又屏弃起义之念，屏居于"湘西草堂"之中，复潜心于学术研究。本年完成《周易大象解》，第二年又完成《礼记章句》，且开始研究《庄子》。

康熙十七年（公元 1678 年），吴三桂失去闽粤耿精忠、尚可喜的支持，军事上节节败退，陷于清军的层层包围之中，大势已去。为牢笼部下，唯恐四方人轻视他，就想在衡阳祀天即位，并示意部下物色名手写一篇藻丽的《劝进表》。有人荐举王夫之可以执笔。于是吴三桂派一个幕僚去请王夫之。那个人刚刚说明来意，王夫之就神情严肃地说："某本亡国遗臣，扶倾无力，抱憾天壤。国破以来，苟且食息，偷活人间，不祥极矣，今汝安用此不祥之人为？"那个幕僚无奈，悻悻而归。王夫之知道，这必然会触怒吴三桂，引来迫害，于是和章有谟逃匿深山之中，写成《祓禊赋》，表示决不向这个日暮途穷的大汉奸屈服，宁愿避居萧条而寂静的山中，等待万物复苏的春天来临。在《小楼雨枕》诗中，他的思想又沉浸在对往事的回忆之中：

江城二月催寒雨，山客三更梦岭云。
青镜分明知鹤发，宝刀畴昔掩龙文。
援毫犹记趋南史，誓墓还谁起右军。
飞鸟云边随去往，清猿无事忆离群。

他为过去武略掩盖文才而自豪；认为梧州时向永历帝尽忠谏诤，无愧于南史；此前有过光荣的历史，此后更当志节皎然，像王羲之那样在父母墓前自誓，永不再出仕。不仅不作吴三桂的官，而且也不作清朝的官。

王夫之与吴三桂本无任何联系，但清朝官吏对他依然很不放心，派遣暗探进行监视。他在《斋中守犬铭》中写道"危机之触，接于几席"，以致"中夜不能寐"，他叮咛守犬说："有潜窥暗伺于我室者，尚赖其搏噬驱除之而勿迟。"

康熙十八年（公元 1679 年）2 月，在楂林山中避兵时，著成《庄子解》。

康熙十九年（公元 1680 年），湖南发生了罕见的旱灾，稻谷产量大减，第二年春天发生饥荒，人们只能靠在风雪交加中挖来的蕨根为生。在这种艰难的情形下，王夫之依然没有放弃著作。除编成《六十自定稿》外，还编写《相宗络索》，同时又给弟子们讲解《庄子》。

康熙二十年（公元 1681 年），清军攻入云南，吴三桂的儿子吴世藩自杀，“三藩之乱”结束，由于王夫之拒绝为吴三桂写“劝进表”，所以没有惹来什么麻烦。康熙二十一年（公元 1682 年），写成《说文广义》和对明末社会问题提出深刻见解的《噩梦》。第二年，修订《诗广传》。康熙二十三年（公元 1684 年）三月撰写《俟解》后，又着重对《楚辞》《周易》《尚书》进行研究，在第二年完成《楚辞通释》《周易内传》《周易内传发例》等书。

康熙二十五年（公元 1686 年）正月三十日，大哥介之病故，他扶病至耐园治丧事，归来后写成《孤鸿赋》悼念长兄、自伤孤零。五月写成《石崖先生传略》。十月间，侄儿王敞，哀毁成疾，20 日竟死，更加重了他的悲怆。加之身体日益衰弱，跟随的弟子也日渐减少。然而，他对学术研究并没有放松，时间对于他已经出奇地珍贵。除了为大哥送葬外，他以后再没有远离过家门。为了节省有限的时间，他连授徒的工作也交给儿子王敔去做。这个病魔缠身的古稀老翁，在和衰老、死亡做着抗争。康熙二十六年（公元 1687 年），他的咳喘病日益加重，已至伤心无泪地步。但仍抱病始作《读通鉴论》这部阐发他社会政治思想的名著。

此时虽有一些束脩，但生活依然十分艰难。康熙二十八年（公元 1689 年），巡抚郑端了解到这种情况，就嘱咐衡州知府崔鸣鹭对王夫之适当给予生活照顾。崔命人挑运帛粟送给王夫之。不料王夫之借口害病，拒不相见。交代家里人只收粟，不收帛。因为他知道，帛可以用不尚奢华的理由进行解释，而粟则不能拒绝，因为人们都知道他正缺少而迫切需要，如果拒绝，就会激怒清统治者，遭到迫害，以致无法完成“名山事业”。

是年 9 月，画家刘思肯到湘西草堂，再给王夫之绘像。王夫之为此像题了一首词，在闲适萧散之中，寓激扬深沉之意：

把镜相看认不来，向人云此是姜斋。龟于朽后随人卜，梦未圆时莫浪猜！谁仗笔，此形骸，闲愁输汝两眉开；铅华未落君还在，我自从天乞活埋！

他的“梦”是通过学术研究的成果，寄希望于将来，用自己的心血去浇灌民族觉醒之花！这个梦未圆，何时圆也未可知。这种信念，是他晚年“残灯绝笔尚峥嵘”的原动力，也是他虽然“体羸多病，腕不胜砚，指不胜笔，犹时置楮墨于卧榻之旁”原因。

70岁这一年，他写作了《南窗漫记》、编定《七十自定稿》。71岁，重订《尚书引义》、撰《识小录》《思问录》《张子正蒙注》。72岁这年，著《夕堂永日绪论》，在病榻之上评选古今名家诗文，“阅古今所作诗不下十万，经义亦数万首”。73岁久病咳嗽，精力已渐耗尽，仍以惊人毅力，续成《读通鉴论》《宋论》两部大著，写成绝笔《船山记》。

康熙三十一年（公元1692年）正月初二日，王夫之病逝于湘西草堂之中，时年74岁。临死之前，他自知不起，于是为自己墓碑题词：“明遗臣王夫之之墓”，并自题铭文说：

抱刘越石之孤愤，而命无从致；希张横渠之正学，而力不能企。幸全归于兹邱，固衔恤以永世。

政治上，以西晋满腔孤愤、立志以颈血溅刘聪、石勒的刘琨自况；学术上，以北宋哲学家张载为楷模。这是他一生的宏伟志愿，是他一生奋斗追求的目标。刘琨，他没当成；但他超过了张载。他在文、史、哲诸领域的卓越成就，得到了后世无数人的景仰。

刘献廷《广阳杂记》：“其学无所不窥，于六经皆有发明，洞庭之南，天地元气，圣贤学派，仅有此一脉，仅有此一线耳。”

清末大思想家谭嗣同说：“五百年来，其通天人之故者，船山一人而已。”

国学大师章太炎则说：“当清之季，卓然能兴起顽儒，以成光复之绩者，独赖而农（王夫之，字而农）一家而已。”

（郝建国）

主要参考文献

《黄宗羲文集》。

《广阳杂记》，刘献珍著。

《石崖先生传略》。

《船山先生传》，潘宗洛著。

《王夫之年谱》，王之春著。

《明史・李自成传》。

《明史・何腾蛟传》。

《船山师友记》，罗正钧著。

《永历实录・金堡列传》，王夫之著。

《七十自定稿》，王夫之著。

《姜斋公述行》，王敔著。

《清代学术概论》，梁启超著。

《船山遗书》。

托古改制　借儒维新

——康有为

发智为休。以悲为月，
浩然出出世而入入世。

“圣人为”

按说，七八岁的男孩子，正是天真烂漫、顽皮嬉耍的时候，可是康家这位公子算得上超俗脱群，整天不苟言笑，正经八百，一副“小大人”的样子，尤其张口闭口圣人如何，甚至连日常行止坐卧似乎都刻意模仿想象中圣人的架势，乡邻见了觉得奇特，便送了他个“圣人为”的绰号。因为他的名字叫“有为”，将“有”字去掉冠以“圣人”，三分称赞，七分戏谑。

对这个绰号，康有为自己倒十分得意，家人也毫不反感，圣人不正是要追求的最高目标吗？凡夫俗子才与之无缘呢！康门自有其一种斯文的自傲和自负。自从南宋时候，康氏的这一支脉便定居在广东南海西樵山下了，传衍到康有为高祖一代，已经是清朝乾嘉之世，这位先辈中过举人，诰封荣禄大夫、广西布政使，在邑志里边还留下了几行传文。曾祖则诰封资政大夫、福建按察使。祖父为道光举人，升用教授连州训导。父亲康达初，为江西补用知县。虽说不上累世高官，但算得上屡代士子。康有为出生前，有过二姊，一个早殇，家中望男心切。及至咸丰八年（1858 年）阳春有为降生，正在钦州做学正的祖父闻讯大喜，挥毫作诗：

久切孙谋望眼穿，震雷未发巽风先。
漫将璋瓦猜三索，忽报桑弧画一乾。
画省孤灯官独冷，书香再世汝应延。
可怜大母含朝露，空话含饴慰九泉。

——盼得孙儿，望眼欲穿，未生之前便老是做着是男是女的猜度，忽然接到生男的喜报，心头怎能不涌动“书香再世汝应延”的期望热流，在外做一介小官平时不免感到孤寂冷漠的心境，此时自然得到莫大的安慰，遗憾的只是同样盼孙心切的祖母，没有享受到含饴弄孙的实际欢乐就去世了。老人既喜又憾、由喜生憾而终憾不压喜的心境跃然纸上。

家人对小有为爱如掌上明珠，寄于日后光宗耀祖的厚望，自幼施教，他到四五岁时已能诵读唐诗数百首，并开始从师学习《大学》《中庸》《论语》《孝经》等儒家经典，也初试作文属对。这天，叔伯们逗他玩间出“柳成絮”让他应对，小有为似乎想也未想地便应声答以“鱼化龙”。家人听了欣喜异常，不但觉得有为才思敏捷，而且口气不凡，将来说不定有掀天揭地的大造化，于是教习益勤，所以到一般孩子刚学“人之初”的年龄，小有为便有一副俨然学做圣贤的气宇了。

康有为十来岁的时候，父亲去世了。父亲弥留之际，他跪聆遗训，无非是以立志勉学、孝顺长上、友爱姊弟之类的事情相嘱，但此时此境，康有为感触尤深。他像成人一样执丧尽礼，办完父亲的后事，便跟从祖父更加发愤地读经研史，愈入佳境。后来他自己回忆记述说："于时神锋开豁，好学敏锐，日昃室闼，执卷倚檐柱，就光而读，夜或申旦，务尽卷帙。先祖闻之，戒令就寝，犹篝灯如豆于帐中，隐而读书焉。"足见其勤苦的程度。这时，由于父亲的去世，康有为家境况骤绌，不得不辞减仆人，仅留一婢，寡居的母亲带着尚在襁包中的次子（即有为之弟广仁），与女儿们一同操持家务，劳作女红，十分辛苦。在外跟随祖父的康有为时常念及此情，忧思不已，这也更激发他的苦学成材之志。

他不仅致力于"内圣"之学，而且向往"外王"之业，读经研史之外，也频阅邸报，关心国事朝政，敬慕曾国藩、左宗棠等"中兴名臣"一辈人物。为学之暇，也不时随祖父游览山水名胜，开阔心胸，陶冶情趣，性格上开始有变化的迹象，就是由谨守趋于狂放，做事动辄以张栻（南轩）自况，为文动辄以苏轼（东坡）自比，对当地诸生，大有睥睨傲视之态，渐渐地，读书也庞杂和随便起来。经史之外，竟日杂览群书，一旦倦意袭来，就到祖父官舍的园中，里面桃、柚、葡萄、桑葚皆有，偃息荫下，仰食熟果，别有一番乐趣，实也有益文思，笔下愈显快捷。对于八股文，他却不怎么爱好，虽能援笔辄成，但总欠工整。

不过，家人还是一致极力督责康有为读圣贤之书，走科举之路。针对他不好八股文的应试大忌，祖父不但自己亲自教正，而且还延请过专师。14虚岁这年，康有为回到家乡，与昆弟聚学于叔父新建的"二万卷书楼"和"澹如楼"中。此二楼对峙，中间亭沼，花木繁盛，有水松七株，已历数百载风雨，幽室遂以"七松轩"命名，导以飞桥为"虹福台"，建筑别致，环境幽雅，康有为与昆弟在此有读书之乐，亦有酌饮之欢。这一年他首次参加童子试，结果失败，家人严厉督其进一步研习八股，以求再试。他终于在隔年之后通过此关。及至光绪二年（1876年）他19虚岁时参加乡试，又名落孙山。

九江门下

乡试的失败给了心气方盛康有为不小的刺激，他愤学业之无成，拜投名师，立志砥砺。这位名师便是本邑大儒朱次琦，世称“九江先生”。此人很有学问也很有性格，他做过几个月的县令，因看不惯官场上的腐败污浊，拂衣归乡，弃官从教。他学问的根底在于宋明理学，但又不仅只研求空疏的性理，而颇注重经世致用，爱好史学，对历代政治沿革颇有心得。教学上也有一套系统的理论，以所谓“四行五学”施教。“四行”即敦行孝悌，崇尚名节，变化气质，检摄威仪；“五学”是指经学、文学、掌故之学、性理之学、辞章之学。他按这套数路授徒，教其做人、治学，也按这一原则律己，自个首先这样做人、治学。他一生弟子众多，著述宏富。对弟子们的生活道路他自然无法尽然把握，而对自己的著述最后却采取了极端的处理方式，在他以 75 岁高龄辞世的前夕，检索等身书稿，觉得这些东西无益于后世，断然举火焚之，一生心血，付之一炬。可以想见他当时的悲苦，但同时也可以体味到他终极的旷达和潇洒，没有文人惯有的那种希求自己的著作藏之名山、传流后世的奢望，便没有那种沉重的精神包袱。他弃世之后，人们只能辑录其流传于外未得焚掉的少量诗文，不啻全豹之一斑了。

康有为拜投九江门下的时候，自然还没有发生焚稿的事情。其时，年近古稀的这位老师尚精神矍铄、心志不减地致力于他教书治学的事业中。康有为则方近弱冠之年，风华正茂，抱负远大，潜身书海，刻苦砥砺。九江先生精于古文，不取在当时影响颇大的桐城文派而上溯秦汉，更及先秦诸子，对后来者则堪称韩愈之文。康有为既听从师教，又不拘泥于师教，善于独立思考，有与老师不同的见解，也大胆提出。譬如，通过研读子书，揣知道术，对照韩愈之文，便觉其道术浅薄，即使《原道》篇亦极肤浅，只不过在作文的技法上有其特长罢了。至于以后宋、明乃至当朝负有盛名的文章大家，觉其作品更是空疏无实，浪有大名而已。九江先生是个严肃持重的人物，刚接触康有为时就隐隐觉得这个后生身上有一股傲气，便开门见山地告诫他一定要戒除狂傲，虚心为学，以后也断不了敲敲这方面的警钟。可这当儿，康有为竟爆出了这么一番目空千古、狂放无羁的话，九江先生听了哈哈大笑起来，直笑得康有为有些茫然失措了，他才开口着实把这狂生奚落、责备了一顿。这使康有为很感羞愧，他倒没有怨恨自己的老师，而的确想认真反省自己，觉得自己可能是有些偏激，应该折节改过。不过，还是认为人贵有主见，应有自己的探索，总不能人云亦云，更不能违心地自己欺骗自己。他越是试图约束自己心无旁骛、循规蹈矩地俯仰苦读，内心深处就越是强烈地涌动一种逆反力量：一味埋头于故纸堆中，岂不是磨灭人之灵明的事情？即使像那些著述盈室的考据家，又究复何用？自己不能再做这样的人物，走这样的道路！可是，应该怎样学习呢？应该做些什么呢？他一时又说不清，道不明，内心充满了迷惘的痛苦。他关门闭室，谢绝友朋的造访，避开与任何人接触，独自静坐养心，考虑出路，寻求解脱，犹如坐禅一般。九江先生是深恶禅学的，学子中还从未有过像康有为这样做的。老师窝火，同窗奇怪，可康有为全然不顾，也许是浑然不觉，在他的心目中正出现奇境：静坐时，但见天地万物皆我一体，大放光明。他忽而觉得自己成了圣人，便欣然大笑，忽而想到苍生困苦，则闷然而哭，忽又悲于有亲不得奉祀，立时束装去先人墓地。人们见他这样哭笑无常，进出不定，认定他是发了神经。后来回忆起当时的情况，康有为自认为那是佛教《愣严经》中所谓飞魔入心，求道迫切，而尚无归依之时的境界。从秋天一直折腾到冬时，康有为才辞别了老师，结束了在九江门下的学习生活。时在光绪四年（公元 1878 年）。

虽说康有为在九江门下直接学习的时间仅两年余，并且最后几个月还处于“病狂”状态，但这段学习生活，对康有为学问的丰富、国学水平的提高起着重要作用。后来梁启超为康有为作传，说“其理学政学之基础，皆得之九江”。而康有为一生中对九江先生也不失崇敬。九江焚余诗文辑录成书，有为为之作序，弘扬先生的学风、介绍先生的学艺，称道先生的品操，尤追念从学之恩谊，有言：“有为未冠，以回、参之列，辟咡受学。则先生年垂七十矣，望之凝凝如山岳，即之温温如醇酒。硕德高风，不言而化，兴起兴发于不知焉，乃知以德化之人远也。”

白云洞里

康有为离别九江先生后，回家暂住了一段时间，正赶上长女同薇出生。娇妻爱女，仍然没有冲淡他的求道之心。他想，西樵山山水幽胜，是个习静悟道的好去处，在光绪五年（公元 1879 年）年节刚过，就进山居于白云洞里“修行”起来。其时，他专究佛道之书，旨在“养神明，弃渣滓”，“时或啸歌为诗文，徘徊散发，枕卧石窟瀑泉之间，席芳草，临清流，修柯遮云，清泉满听，常夜坐弥月不睡，恣意游思，天上人间，极苦极乐，皆现身试之。始则诸魔杂沓，继则诸梦皆息，神明超胜，欣然自得。习五胜道，见身外有我，又令我入身中，视身如骸，视人如豕”。——这是康有为自己对当时情况的记述，可见其真是到了走火入魔的境地，像狂禅，又似老道。像这样的出世离俗的修道生活果真是他的解脱之路吗？不，这至多只能使他迷惘而痛苦的心绪获得一时的转移，一时的麻醉，一时的超越，一时的忘却，但终究不能和他内心深处追求与向往的真正需要吻合。所追求与向往的具体境界，也许当时他自己也说不清楚，但心灵的反应却是最好的印证。即使在貌似佛、道的境界中，他不也还是思虑并试图体验人间之苦吗？分明紧密关涉着社会现实。而在西樵山中与前来旅游朝士的一次偶遇，更测试出他实际上的“入世”思想是多么强烈！

所遇是任翰林院编修的张鼎华。此人盛有文名，康有为与他相见后，纵论学术及天下大事，一有不合，康有为并不顾他是名士高官，辄大声呵斥，甚至拂衣而去。而张鼎华不与计较，总是屈身相就，对康有为的才学和识见十分称誉，有言：“来西樵但见一土山，唯见一异人。”康有为感其雅量，通书与他。张鼎华展笺把读，拍案叫绝，说是粤中还没有过能写出这般漂亮文字的人。两人遂相订交。康有为赴访张氏，不但切磋学术，更向其了解朝政国事。张鼎华广谈博论，康有为听之着迷，两人甚至彻夜不眠。从张鼎华口中，康有为“尽知京朝风气，近时人才，及各种新书”，乃至“道咸，同三朝掌故，皆得咨访”，使得他眼界大开，心胸更阔，社会参与的心志更明朗坚定。

康有为走出白云洞，也与家人的敦促甚至硬性的逼迫有关。科举入仕，一直是家人对康有为的最大希望，入山居洞，与之何缘？家人屡促康有为出山，他开始还有些迟疑不定，最后叔父出面督责，甚至断绝了对他的食用供应。又正好有结识张鼎华之事，康有为也就结束了白云洞里的生活。

游观香港与往返京师

出洞后已“以经营天下为志”的康有为，读书学习自然更有其侧重和针对性，他舍弃了考据帖括之学，选取《周礼》《王制》《太平经国书》《经世文编》《文献通考》《天下郡国利病书》《读史方舆纪要》等书研读，写下了大量的有关治国理民的心得笔记。特别是得到《西国近事汇编》《环游地球新录》等介绍世界特别是西方资本主义国家情况的书籍，读后产生了一股强烈的考察异域的冲动感。限于家境，远道考察外国资费无着，而本是祖国领土的香港既被英国割占，实行殖民统治，情况也就自有特异，此处不远，何不一游？于是他游观了香港。殖民主义者的横暴、残酷，港胞所受的压迫、剥削，在走马观花的康有为的心目中并没有得到如实的反映，所见主要是“西人宫室瑰丽，道路整洁”之类的表象，而他从英国人能把香港管理得井井有条的这一局部现象，推知“西人治国有法度，”认识到不能再像过去那样鄙视之为夷狄。这应该说是他关于中西比较，思想观念上发生重要变化的端倪。此时，他把过去浏览过的《海国图志》《瀛环志略》等书重读，较前有了许多新的感受。于是开始搜集西学之书，为讲求西学之基。

光绪八年（公元 1882 年）顺天乡试，康有为在家人的督促下束装北上。对于科举考试，康有为并无多大兴趣，应家长之命而已。这次考试没有成功，他却借此到京师游览一番，谒太学、叩石鼓，瞻宫阙，购碑刻，访友朋，也忙得不亦乐乎。要说这次他的最大收获，还是在南归途经上海时，购得了江南制造局译出的大量西学著述，从自然科学的声、光、化、电、力，到有关政治、经济、历史、舆地、宗教等方面的书籍，百科俱有，满载而归。到家之后，便如饥似渴地攻读起来。

读书惊世，做事骇俗。与西方对比之下，康有为觉得中国传统事物中有许多流弊，像女子裹足，折骨伤筋，害人生理，即属谬俗流传，锢闭已甚。但国人习以为常，若是女子不裹足，则视为贱婢，嫁人都难。可康有为不理这一套，坚决不为长女同薇裹足，乡邻族人无不骇奇耻笑，有为终不为所动。同薇不裹足，次女同璧及几个侄女也都效法，遂出现了一组康氏天足姐妹。为了扩大影响，向社会推广，康有为与邻乡一位曾游历欧美亦反对裹足的人士区谔良共商，成立了一个不裹足会，订立会章，入会者都登记姓名、籍贯、家世、年岁、妻妾子女等项，家中女辈不管已婚未婚，凡已经裹足者如愿放足，则同仁共贺，予以表彰，凡未裹足者皆不可再裹。此一事情轰动四乡，耸人听闻。

这个时期，康有为并没有放弃对中学的研习，只是摒弃了那种读死书、为读书而读书的学究生活而已，他是要为了解古今、改造社会而读书。这样，需要读的书、需要探求的道理是太多了，康有为觉得时间紧张至极，有时干脆跬步不出，坐拥书堆，因日久积劳，臀部生一核刺，在乡割治无效，只得外出就医，后一直迁延多年未愈。与臀疾的发生相隔不久，康有为又得了严重的头痛病，几至于死。医生束手无法，他只好自己用头巾把头裹紧，在室内行吟，一连数月不能出门，他检视书籍遗稿，从容待死。后来自读西医之书，创试西药，才渐得疗效，可以出门活动。他坚持每天到村后大树下散心养神，终于病除。不过，他自觉经此一病，记忆力减退，从此不敢再学数学。

好友张鼎华屡屡邀请康有为再游京师。头疾发生前夕，他本拟成行，正在准备当中，因病发遂止。光绪十四年（公元 1888 年），又要举行顺天乡试，鼎华再度来函相邀，盛情难却，康有为束装北上。到了北京，不料正赶上张鼎华病重不起，不能尽偕游之欢。康有为时时看视，既而好友谢世，康有为又营其丧，尽心友道。乡试他也应考了，似乎并没有太倾注心力，倒是当头的国难、腐败的朝政刺激得他满怀忧愤，那个时候，正当日本占琉球，法国吞安南，英国取缅甸，中国“藩属”相继丧失之后，边疆危机四起，列强对内地各种形式的侵略活动也日益加强，而清朝统治者浑浑噩噩，苟且偷安，上兴土木，下通贿赂，专制横暴，一意孤行，士夫掩口，言路结舌。康有为觉得京师的气氛太压抑和沉闷了，他单骑出居庸关，至八达岭，登上万里长城，居高极望，大有“山河人民之感”，临风长啸，洒泪满襟。他又游览西山，时值晚秋，满目红叶犹如血染，衬托着山下笼罩在迷蒙雾霭中的京城，更使康有为增添了几分悲切。回到城中居所，康有为昼思夜想，寝食难安，想到尽管自己人微言轻，但天下兴亡，匹夫有责，绝不能随波逐流，或阿谀权贵，或自甘缄默，而要披肝沥胆，为革新国政勇敢建言。很快，一封上皇帝的万言书写出来了，向当政者发出了“变成法，通下情，慎左右”的呼吁。康有为深切感到，自从中法战争之后，国势日蹙，中国发愤及时变法，也许尚可支持，若再拖延下去，势难挽救。可是，大多权臣们闻知康有为的举动，嫉之如仇，视为狂生，呵责不迭，哪能为他代为上书。也有官员同情和支持康有为，如国子监祭酒盛昱，御史祁世长、屠仁守等。他们约定十一月初八到都察院呈递，届时康本人也去。这天，住在菜市口附近米市胡同南海馆的康有为穿戴好刚要出门，仆人来告菜市口要处死囚犯，车马不能通行，康有为心想自己上书遇上杀人，说不定是凶兆，家有老母，岂可遂死。又一转念，既然为救天下，就该将生命置之度外，死生有命，不该中道畏缩，于是慨然登车，拟绕路而行。刚出门，迎上屠仁守急匆匆地前来送信，说祁世长车中突发鼻衄，眩晕而归，上书之事只好改日再举。而后，支持康氏上书的官员或因故请假，或被革职，事遂作罢。而此次乡试，康有为本来成绩颇优，但为顽固派官员所格，说是“如此狂生不可中”，也就榜上无名。

友人们力劝康有为暂且隐忍，以防不测。康有为遂以玩索金石碑帖来聊作陶遣。待到来年（光绪十五年，公元 1889 年）秋季，他审度形势，觉得难有转机，决定南归，从长计议。临行，赋诗抒发满心的遗憾和悲愤：

沧海飞波百怪横，唐衢痛哭万人惊。
高峰突出诸山妒，上帝无言百鬼狞。
漫有汉廷追贾谊，岂教江夏贬弥衡。
陆沉忽望中原叹，他日应思鲁二生。

羊城设馆

康有为在省城广州住了下来。他在京师的活动为粤中人士所闻，或惊骇，或钦敬，大大提高了他的知名度和影响力。许多人慕名相继来访，愿就学门下。康有为决定设馆授徒。光绪十七年（1891 年）先是开馆于长兴里“万木草堂”，学生越来越多，第二年，又迁馆于较宽绰些的卫边街邝氏祠，后来，又转移到学府街仰高祠。康门馆堂，并非仅是单纯讲习学术的地方，实际上是一处在学术研习名义下进行维新变法理论建设的基地，是一所培养维新人才的学校。这时的康门弟子中，许多人后来成为维新运动的中坚，如梁启超、麦孟华、徐勤等人。对于有志于投身社会变革事业的学人来说，康有为的确是一个很有魅力的人物。这从梁启超自述的拜师具体过程足以印证。

光绪十五年（公元 1889 年）梁启超年方 17（虚岁），便在乡试中报捷，中了举人。梁启超自小聪颖过人，有“神童”之称，此番应试结果，更令人赞叹不已。座主李端棻也被这位少年的才华吸引了，愿把妹妹许配给他。中举加新婚，春风得意的梁启超，从友人口中得知上书请求变法事败的康有为来到了广州，并且友人盛称其学问博深，足以为师，邀梁启超同往拜谒。梁启超虽然一块去了，但开始心中并不以为然。他自负于少年科第，并且对时流所推重的训诂辞章之学颇有所知，而康有为却连乡试尚未通过，不免有些轻视；待见面之后，便先自沾沾自喜地高谈阔论起来。康有为听罢，“乃以大海潮音，作狮子吼，取其所挟持之数百年无用旧学，更端驳诘，悉举而推陷廓清之”。自辰时入见，及戌时方退。经此次接触，对于梁启超的自负来说，不啻冷水浇背，一棒当头。既然自己平日沾沾自喜的那套学问竟是毫无实用价值，那么也就不免惘然若失。他可真是且惊且喜，且怨且哀，且疑且惧。当夜，与友人联床慨论，不能成寐，次日，便又急不可耐地拜见康有为，请其指点迷津。康有为乃告以为学方针，当着重陆王心学，而并及史学、西学之梗概。梁启超听了大有茅塞顿开之感，决然舍弃旧学，另入新径，有言“生平知有学自兹始”。梁启超等连日请教，康有为则诲人不倦，内容的涉及面越来越宽，开掘得也越来越深，渐入无涯之境，梁启超建议康有为正式设馆授徒，广招学生，嘉惠士林，康有为亦早有开馆的考虑，于是，事情就这样办起来了。

康有为教其子弟，以孔学、佛学、宋明理学为体，以史学、西学为用，其旨趣专在激励气节，发扬精神。其学纲，曰志于道，据于德，依于仁，游于艺。其学科，曰义理之学，考据之学，经世之学，文章之学。其课外作业和演习，有行之校内的演说、札记，有行之校外的体操、游历。在学堂的管理体制上，也舍旧趋新，且比较完备。康有为自为总教授、总监督，而立学生中三至六人为学长，分助各科，其图书、仪器室，也委托一人专门负责。

康有为的讲学是很有特色的，他那渊博的学识，纵横的议论，系统的归纳，深刻的分析，对学生们很有吸引力。据有人回忆：他当时授课，对列强压迫、世界大势、汉唐两宋政治都讲，每讲一学、论一事，必上下古今，以究其沿革得失，并引欧美事例作以比较证明。最令学生们感兴趣的是他讲“学术源流”，把儒、墨、法、道等所谓九流，以及汉代的考证学、宋代的理学等，历举其源流派别。又如文学中的书、画、诗、词等亦然。皆原原本本，列举其纲要。每次一讲就是两三个甚至四五个钟头，讲者忘倦，听者不疲。每听一度，则个个欢喜踊跃，自以为有所创获，过后咀嚼愈觉意味隽永。

除了授课之外，从事著述也是康有为羊城设馆期间的一项重要内容，并且是先生主导、学生协助共同进行，与教学有机结合。作为“托古改制”重要理论著作的《新学伪经考》和《孔子改制考》（下一节中将着重介绍）便是这样完成的。不论是在协助教学和著述方面，梁启超都起了突出作用，成为康有为的得力臂膀。

由万本草堂正式开始的设馆授徒和著述活动，在康有为的学术和政治生涯中是一个重要的片段。有人后来追忆维新运动的史事，对此给予高度评价，有诗曰：

南洲讲学开新派，万木森森一草堂，
谁识书生能报国，晚清人物数康梁。

“托古改制”的戏装

如果说，康有为发动和领导的维新运动是场悲壮的活剧，那么，羊城设馆期间，康氏及其弟子们便为之精心炮制出全套“托古改制”的戏装。它文采斑斓，古色古香，在其包裹下的孔老夫子，俨然成了改制的鼻祖，维新的先师，他手下的这一魔术，是借助了今文经学的道具，而其成果，则主要是《新学的经考》《孔子改制考》两部著作。

为了清楚起见，有必要先将“古文经学”与“新文经学”的有关情况作一简单介绍，然后再来具体看一下上边提到的康氏的两部著作。

所谓“今文经”，是指由汉代学者所传述并用当时通行的文字隶书记录的儒家经典。经学之兴，始自汉武帝。他采纳董仲舒的建议，独尊儒术，但其时经历秦始皇焚书和长久的战乱兵燹，先秦儒家典籍原本多佚，而靠在民间通过师徒父子口授相传，如田何传《易经》，伏生传《节经》，申培传《诗经》，高堂生传《礼经》，公羊氏传《春秋经》，都是如此。朝廷为了使经学统一和便于传播，令对流散于民间、口头传授的儒经搜集整理，以“今文”写定，并专立以“五经”博士，建立官学。

所谓“古文经”，是指秦以前用古文书写而由汉代学者加以训释的儒家经典。相传得之于孔子住宅壁中和民间，如武帝末年鲁恭王刘馀坏孔子壁，得古文《尚书》《礼》《论语》和《孝经》等，还有北平候张苍所献的《春秋左氏传》，河间献王刘德发现的《周官》《礼经》，鲁三老所献的《古孝经》等。“古文经”不但与“今文经”文字形式上不同，篇目内容上也有差异，如《古文尚书》与《今文尚书》相比即多出十六篇。

开始，只是今文经被定为官学。到西汉末年，刘向之子刘歆欲将古文经亦列于学官，认为古文经较今文经完全而可靠，形成古、今文经学两派的激烈争论，到王莽当政，古文经取得立博士、定官学的地位。及至光武帝复汉，仍主今文而废古文经学。到东汉末年，古文经学兴盛起来，以后并长期保持盛势。

再深究一层，古、今文经学的差异，不仅仅在于所本经籍的文字形式和篇目内容有所差异，更重要的是两派的学术观点、研究方法和原则也存在着重大分歧，而关键表现在对孔子和六经的看法上。古文经学派认定孔子“信而好古”，“述而不作”，六经也只是他记录下来的历史资料，故视孔子为史家，尊其为先师。而今文经学派认定孔子手定六经，寄托着自己的政治理想，六经乃治国之道。故而该学派特别强调探发六经经文的“微言大义”以安邦治国，视孔子为政治家、教育家，尊其为“素王”，即有帝王的德才能力而不在位的人。

可见，从一开始，古、今文经学派的分歧和争执，就不单纯是一个学术问题，而于治国安邦的大政息息相关。到有清一代，在特定的社会历史背景下，学术营垒呈现出复杂的变化形势。乾嘉以后至鸦片战争前的大约百年的光景中，统治中国学术思想界的主要有两大学派，即“宋学”和“汉学”。前者标榜程、朱，专讲纲常名教、性命义理；后者本在黄宗羲、顾炎武所提倡的经世致用的学风影响下发展起来，讲究实事求是，本来颇有生气，但渐渐走向了脱离实际、烦琐训诂考证的末路，取得与“宋学”并立的官学地位。在这种情况下，衰落了千余年的今文经学重整旗鼓，给沉闷的学术界带来一股新气。清代今文经学的复兴，从庄存与正式开始，传至刘逢禄、宋翔风，获得明显发展。龚自珍、魏源，则是利用今文经学倡言革除弊政的典型人物，而康有为在这方面尤为劲旅。

康有为摸索到这一步也好不容易。“别有遁逃聊学佛”，“忧患百经未闻道”。不管是汉学、宋学、佛学、道术，都未能使他解脱迷惘，找到出路。是他广泛接触了西学之后，“会通”于中学，才豁然有了“闻道”的畅明，觉得孔老夫子这张王牌大有可用之处，当然须创造发挥“微言大义”的手段，把他乔装打扮一番。于是今文经学在他这里派上了大用场。

似乎还需要交代这么一个插曲，就是康有为在羊城正式开馆授徒前，于光绪十六年（1890 年）与今文经学家廖平的会晤。廖平在今文经学方面有较深造诣，晤谈间他给了康有为一定的“点拨”，对康有为热衷于今文经学起了火上浇油的作用，但这并不是康有为转向新文经学的唯一契机，事实上，在此会晤以前数年，康有为就对今文经学有所探讨。从有关理论观点上看，虽说康有为明显是从廖平那里受到了重要启发，但也不是完全因袭，而廖平，日后也从康有为的有关著述中有所借鉴，影响是互相的。而从利用今文经学作外装，包裹现实改制的内核这一要旨看，廖平自无法与康有为相比，康氏才是激荡风雷的人物。由弟子们协助完成的《新学伪经考》和《孔子改制考》，成为当时“思想界之大飓风”和“火山大喷火”。

《新学伪经考》凡 14 卷. 它以历史考证的方法，论证秦始皇焚书并没烧毁六经，西汉立于学官的今文经皆孔门足本，并无残缺；后来刘歆所争立于学官的古文经《周礼》《逸礼》《左传》《易经》《书经》等均系伪造（故称之为“伪经”），而刘歆伪造古文经的目的，是为王莽篡汉制造理论根据，湮没了孔子的“微言大义”，它只是新莽一朝之学（故称之为“新学”），与孔子无涉。

如果单纯从学术方面看，《新学伪经考》中虽然也不无有价值的创见，但也多有武断失实之处，譬如从最能体现其宏旨的“新学”和“伪经”两个基本论点来看，都与事实有悖。按康有为的说法，王莽以伪行篡汉国，刘歆以伪经篡孔学，二者同伪，二者同篡，而刘歆蓄志篡孔学为时更早，等到王莽篡汉，因点窜其伪经以迎媚之，王莽则推行歆学，为其篡汉服务。事实上却不尽如此。古文经传并非全是刘歆的伪造，譬如《周礼》一书，《大戴礼》曾经引用过，司马迁、匡衡亦曾引用过，无论如何不是西汉末年刘歆才伪造出来的，《左传》也不像康有为所说的那样是刘歆由《国语》窜改而成，不论是从史料来源、体裁以及文字风格看，都不会是源于《国语》。至于王莽，虽确实推崇古文经而相对地压抑今文经，但并不排斥对今文经及其学家的利用，而对古文经学家中对他不满者，也严予制裁，总之，是以政治画线而非以学术画线，古文经学并非只是“新莽”一朝之学。连助成其书的梁启超也不能不承认“有为以博好异之故，往往不惜抹杀证据或曲解证据，以犯科学家之大忌，此其所短也。”

那么，《新学伪经考》的主要意义为何呢？是在于它敢于对古代经籍大胆怀疑和否定，在学术上推翻古文经学的“述而不作”，在思想上打破泥古守旧，在政治上打击顽固派的“恪守祖训”。总的看来，其政治意义大于学术意义。

如果说《新学伪经考》重点在“破”，那么《孔子改制考》则关键在“立”。书中发挥托古改制的理论，认为上古茫昧，“六经以前，无复书记”，而六经皆孔子改制手作，所载尧、舜、文王的诰命典章都无从稽考，实际是孔子假托古圣先王的言行宣传自己的政治主张，为社会变革张本。而孔子改制的精义，主要蕴含于《春秋》一书中，《公羊传》则是正确解释和阐发《春秋》隐义的典籍，其中的“通三统”、“张三世”之说，意为夏、商、周三代不同，当因时变革，而社会的发展，是依“据乱”、“升平”、“太平”三世递进，此为孔子“托古改制”的中心和主旨。

在《孔子改制考》中，康有为把孔子打扮成“神明教王，改制教主”，大张“三世”进化论，旨在附会自己的现实社会改革设计，将据乱世、升平世、太平世分别对应为君主专制时代、君主立宪时代、民主共和时代，认定将循序渐进地发展。他甚至把资产阶级的民权、议院、选举、民主、平等事情，都挂到孔子身上，说是孔子“与时更化”，创立“选举”等制，想望“民主”之“太平”。多么神奇的一个孔老夫子！

推究其纯学术的价值吗？似乎不免有点缘木求鱼的味道了，而更显明的，是其现实政治色彩。

这全套“托古改制”的戏装的炮制，既显出康有为对旧时代儒家基地的背离甚至亵渎，同时又离不开他深厚的儒学素养的条件。否则，他绝不可能炮制得如此得心应手，如此惑人心目，如此真假难辨，如此巧夺天工。非儒而又即儒，妙哉，妙哉，这“说经家野狐禅”！

维新风云

就在羊城设馆期间，康有为于光绪十九年（公元 1893 年）再次参加乡试。这时他已绝意科名，但家中督劝甚紧，老母属望尤切，康有为不忍违拗，对母亲说，这是最后一试，若再不中，儿便终身不再应考了，母亲同意。结果，这次康有为榜上有名，排序第八。本来置第二名，因复查中发现试卷中有用孔子改制义而违背朱熹解释的地方，遂降了名次。第二年，他与梁启超一同赴京应会试，双双落榜。来年再举，便有著名的“公车上书”事件的发生。

早在甲午战争正式爆发之前，康有为就看出国难之亟：战云密布，形势严峻，而政俗之污坏，官场之紊乱，到了无以复加的程度，慈禧太后为庆祝其 60 岁寿辰，花费巨资，举国若狂，而对战祸，则毫无防备。故当有权贵向康有为问“国朝可百年乎”的时候，康有为痛心地以“祸在眉睫，何言百年”作答，当时听者还不以为然。不久，战争便打了起来，中方节节失败，及至光绪二十一年（公元 1895 年）春闱之际，也正是日本胁迫清政府方面议订结束这次战争的屈辱条约的当，举国上下纷纷反对清朝统治集团的投降卖国行径。会聚北京应试的千余名举人，亦群情激愤，康有为利用这个机会，出面组织、联络集体上书，即所谓“公车上书”（汉代以公家车马送应举之人赴京，后因以“公车”为举人入京应试的代称）。上书由康有为亲自拟稿，满腔激愤，流诸笔端，洋洋一万四千余言，一昼两夜而成。书中痛陈割地弃民的严重后果，力主拒绝和议，明定对策，提出一整套变法维新的方案：一要“下诏鼓天下之气”，二要“迁都定天下之本”，三要“练兵强天下之势”，四要“变法成天下之治”，前三项是“权宜应敌之谋”，后一项则为“立国自强之策”。提出变法着重在富国、养民、教民三个方面，每个方面都列出了若干具体措施。从语言形式到实际内容，固然在很大程度上有着直接而明确的政治性，但也还有着借助“学术”包装之处。譬如援用《春秋公羊传》之义为上书的合理而必要性张本，说是“公羊之义，臣子之例，用敢竭尽其愚，唯皇上采择焉”。在“教民”之法中，强调设“道学”一科，倡孔子之道，并议设孔子之庙。

康有为发动公车上书的消息惊动了京城，顽固派大臣们气急败坏，他们大肆攻击康有为蛊惑人心，乱政乱法，并在应试举人们中间进行反宣传，甚至公然进行恫吓，以致最后实际签名者仅600余人。负有呈递下面上书之责的都察院以朝廷已在《马关条约》上用宝（盖印），事已成定局，无可更易，拒绝接受上书，皇帝当然也就未能看到。不过，上书之事以及书之内容在朝野上下纷纷传论，真可谓一石激起千重浪。

上书被格，但康有为在这次会试中报捷，中了进士。正考官徐桐，是对康有为恨之入骨并极力压制的人物，据说，因为康有为在这次应试中文风大变，存心格之的徐桐未能识得其卷，而本已得副考官李文田激赏的梁启超卷，反被徐桐看出有背绳尺之处，疑为康卷，遂扼之不录。揭封后，才明了康得中而梁未中的事实，但正、副座主还是联手极力压低康的中式名次。康被授职工部主事，他不愿意做一介供人驱使的小吏，不愿为五斗米折腰，故不到署，继续从事他的变法鼓动工作。

公车上书因为是由康有为策动、领导并亲自拟稿的，故亦视作他的第二次上书。接着，在两个多月的时间里，他又第三次、第四次上书，第三次上书被呈递到光绪皇帝的手中，康有为的变法呼吁和筹策受到皇帝重视。第四次上书“言变法曲折之故，凡万余言，尤详尽矣”，特别是正式提出了“设议院通下情”的主张。但这次上书又受到顽固派大臣的刁难，几经辗转，终无人肯代呈，因此，未能上达皇帝。

在屡事上书的同时，康有为及其同志们为了扩大舆论影响，又筹办起宣传维新变法的刊物《万国公报》，后改名《中外纪闻》，作为维新团体北京强学会的喉舌。

强学会之设，是鉴于“合大群”、“开风气”的需要。康有为说：“中国风气，向来散漫，士夫戒于明世社会之禁，不敢相聚讲求，故转移极难。思开风气，开知识，非合大群不可，且必合大群而后力厚也，合群非开会不可。”在北京开了强学会后，康有为马不停蹄，束装南下，要在“南北之汇，为士夫所集”的上海，亦设立强学会，以作为北京强学会的响应，从而进一步推广到全国各省。他先到南京策动两江总督张之洞，大讲其孔子改制的理论。张之洞明确表态他不信孔子改制，奉劝康有为不要张扬此义，表示如果康有为听从他的话，一定给予供养。康有为不为所动，坚持己见，到上海设会。张之洞为了控制这一组织，当时还给予了资助和其他方面的支持，上海强学会设立起来，并创办《强学报》作为喉舌。

从强学会的组织及其舆论宣传看，都被渲染上浓重的托古改制的色彩。譬如《强学报》揭载“孔子卒后二千三百七十三年”，以之与光绪二十一年并列，按照康有为辈的解释，古代制度不断损益，造就出尧、舜、禹、汤、文、武的“成功盛德”，都是孔子的功劳，应该尊孔子以定趋向而维“圣教”，故当用孔子纪年。至于合群立会，重要目的之一就是为了集体学习悟道。上海强学会的章程中就专列一条：“入会诸子，原为讲求学问，圣门分科，听性相近。今为分别门类，皆以孔子经术为本。”

托古改制，为今维新。反对派对此也自有其灵敏的政治嗅觉，大力向维新派发动反攻。北京和上海的强学会在成立的几个月后相继告吹，一些原投机入会的人物纷纷易帜。由公车上书为正式开场标志的维新运动至此显出一次较为明显的波折。但它并没有就此终场，而是在继续积累势能，孕育高潮。及至戊戌之年（光绪二十四年，公元 1898 年），就出现了风起云涌而又大涨大落的局面。

以甲午战争为契机，列强对中国的侵略变本加厉，掀起瓜分中国的狂潮，中华民族的危机空前深重。光绪二十三年（公元 1897 年）冬，德国借口巨野教案派兵强占胶州湾，列强大有纷起效法之势。康有为心急如焚，从南方赶到北京，又一连三次（第五、六、七次）上书皇帝，痛切陈述危急形势，呼吁变法自强，特别是在光绪二十四年正月间所上第六书即著名的《应诏统筹全局折》中，从世界大势的高度论证变法的必要和迫切性，认定“能变则全，不变则亡；全变则强，小变则亡”，督劝朝廷效法日本明治维新，推行新法新政，提出“大誓群臣以定国是”，“设对策所以征贤才”，“开制度局而定宪法”的三大要项。

康有为“既变法求上书于上，复思开会振士气于下”，以联络维新志士，更好发挥群体力量，便与恰有此意的御史李盛铎共同作主要发起人，组织起保国会，以保国、保种、保教为宗旨，此“三保”即保国家政权和领土不丧失，保民族种类能自立，保圣教之不失。所谓“圣教”，即指经康有为改造了的孔子那套学说。可见，康始终是把孔老夫子这张王牌看得很重的，无论什么时候亦不曾忘却。顽固守旧派在直接反对维新的同时，也努力拆穿康有为托古改制、藉孔改制的“把戏”，给他戴上“非圣”的帽子，千方百计地遏止其所炮制的有关理论的流布。在他羊城设馆期间基本完成的《孔子改制考》，在光绪二十三年（1897 年）正式刊行，直接为维新运动服务的目的昭然若揭，保国会成立后，康有为还特别把《孔子改制考》要进呈给光绪皇帝。顽固派则大肆攻讦康的孔子改制之论是明似推崇孔教，实则惑乱圣道的狂悖荒谬邪说。至于对保国会，顽固派更视为眼中钉，屡屡劾奏，以致成立后不长时间便呈形存而实散的状况。

不过维新运动仍在继续向最高潮推进，康有为越发受到光绪皇帝的重视和赏识。光绪皇帝在维新派的策动下，益加坚定了变法的决心，于四月二十三日（6月11日）宣布实行变法，诏定国是。不日，不顾顽固派的阻挠，召见康有为，与之面对面地讨论变法。回答例行的问项之后，康有为开门见山地直陈形势危急：“四夷交迫，分割洊至，覆亡无日！”光绪帝说：“皆守旧者致之耳！”康有为便说：“皇上圣明，洞悉病源，既知病源，则药即在此，既知守旧之致祸败，则非尽变旧法与之维新不能自强。”光绪帝马上表示同意：“今日诚非变法不可。”接着康有为与光绪帝对变法问题进行了具体讨论，康有为提出了若干措施和方法，光绪帝称赞其“条理甚详”。康有为乘机问道：“皇上之圣既见及此，何为久而不举，坐致割弱？”光绪帝这时下意识地瞥了一下帘外，叹了口气说：“奈掣肘何？”康有为自然明白是说是受慈禧太后的阻碍而不能自主，遂与光绪帝又进一步商讨了一番变法的具体事宜。经过这次召见，光绪帝准备重用康有为，因新任署直隶总督荣禄等人的反对，只给了他总理衙门章京上行走的职位，但准予专折奏事，这方便了康有为与皇帝之间言路上的直接畅通。两个多月后，又赏维新派要员谭嗣同、杨锐、刘光第、林旭四人四品卿衔，任命在军机章京上行走，参与新政事宜。在维新派的策划下，光绪帝颁布了一系列新政上谕。

顽固守旧派也在密切注视着政局动向，做着镇压维新的准备。慈禧太后牢牢抓住对权臣和要职的任命权，把军权特别是京畿地区的卫戍权置于亲信的掌握之中，极力打击帝党势力和维新派人物。形势日渐紧张起来，大有黑云压城城欲摧之势。康有为等人探知朝局将变，焦急万分，光绪皇帝亦束手无策，由杨锐和林旭分别带出密诏与康有为筹商对策，康等跪读痛哭，经画救上之策，最后决定由谭嗣同去策动掌握编练新军的袁世凯诛杀荣禄，夺取京畿兵权，以扭转形势。袁世凯阳奉阴违，在京请训后立即返津，向荣禄告密。八月六日（9月21日），慈禧太后重新临朝，把光绪皇帝囚禁瀛台，历时103天的“新政”宣告终结，维新运动失败。谭嗣同等六人（其中包括康有为的弟弟康广仁）被处死，康有为和梁启超潜逃海外。对于康有为来说，他一生中最辉煌的一段政治生活也就此结束了。

世界行和《大同书》

“维新百日，出亡十六年，三周大地，遍游四洲，经三十一国，行六十万里。”这是1913年冬天，康有为结束自戊戌政变后16年的国外流亡生活回到祖国后，所刻一枚图章上的篆文，简要地概括出他这些年的行程，让人从中感受到的，似乎没有悲怆苍凉，有的只是潇洒和自负。的确，尽管漂泊重洋，历尽艰辛，但他始终为自己的理想，为自己所信仰的主义而奋斗、而求索，犹如神农尝百草，大任降斯人。此间，他有过与以孙中山为代表的革命派尝试合作的酝酿，当然更多的是论争；有过与唐才常组织“勤王”起义的积极配合；有过在170余埠建立保皇会宏大举措；更经常不断的是考察所到各地的国情政情，借鉴来进行改造中国的构思。是的，在革命的洪涛面前，他的保皇思想和行为已越来越显得苍白乏力和落后，然而，他那忧国爱国的心志却从未泯灭。此间，他广泛地接触和研究西学，大大地开阔了眼界和心胸。同时，他又深深地钟情于中华悠久而丰厚的历史文化、深深地眷恋着能为其所用的古圣先贤，执着地做着托古改制之论的续篇。

这是光绪二十七年（公元1901年）间，康有为寄居在槟榔屿英总督署的一所房舍里，环境幽雅美丽，舍前遍植大树，像是榕树，时时换叶、经年有花，望如黄云。康有为写得心身疲惫了，出来盘坐荫下，用衣襟承接着纷纷落英，大兴万事皆有生灭兴衰的感慨，但又从那新花接续，繁茂依旧的景象，感悟到一种生命的永恒。他抖掉身上的落花，努力平静下心绪，返回屋中案前，挥毫续写。《中庸注》完成了，他心头升腾起一股神圣感：作为“四书”之一的《中庸》，自朱熹注后，历元明至今，虽说立于学官，世代传习，但终大义未光，微言不著，此篇亦关乎孔子改制之大道，关乎生民之大泽，自己此番把它揭示出来，写付于世，以推阐发扬，泽被今世！接着，他又补撰成《春秋笔削大义微言考》，总结性地阐发《春秋》中“托古改制”的微言大义。他说：“夫孔子之道，广矣、博矣、邃矣、奥矣”，“其本在仁，其理在公，其法在乎，其制在文，其体在各明名分，其用在与时进化……其科指之明，在张三世”，而自“刘歆创造伪经，改《国语》为《左传》，以大攻《公》《谷》”，“而《春秋》扫地绝矣，于是三世之说不诵于人间，太平之种永绝于中国”，好在“天未丧斯文，牖予小子（康有为自称），隐明得悟，笔削微言大义于两千载之下”。可见，此时康有为依然持定托古改制说教，大旨如故，自己也仍以拨千年迷雾而使古经真义彰明于世的圣人自命。

这年秋天，康有为移居印度大吉岭，筑草亭曰“须弥雪亭”，继续从事著述，相继完成《论语注》《大学注》《孟子微》，这样，连同此前完成的《中庸注》，对“四书”系统地进行注解，以发挥微言大义的工作告竣。这亦属古为今用的巧妙工程，他的着眼点，始终是在要落实改制的现实社会，并且仍寄厚望于心目中的“圣主”光绪皇帝，有他此时的诗作为证：

民权乃公理，宪法实良图。
此是因时药，真为救国谟。
光明布宗旨，感激为驰驱。
圣主犹无恙，苍苍意岂无。

这期间康有为在著述方面的更大成果，是将《大同书》写就。这成为反映他“大同”思想的主要著作。

康有为的大同思想并非在此时才形成，而是酝酿已久的。至于其雏形初具的时间及发展演变的具体过程，学术界的看法不尽一致，不过，从这时写就的《大同书》能看到康有为大同思想的较完整而典型的形态是没有问题的（虽说此后仍续有增补修订）。

《大同书》共分十部：甲、入世界观众苦；乙、去国界合大地；丙、去级界平民族；丁、去种界同人类；戊、去形界保独立；己、去家界为天民；庚、去产界公生业；辛、去乱界治太平；壬、去类界爱众生；癸、去苦界至极乐。其基本逻辑是这样的：首先历数世界的诸多苦难，有人生之苦、天灾之苦、人道之苦、人治之苦、人情之苦、人所尊尚之苦等项下的38种，然后寻究诸苦之根源以及相应的解脱之道，认定世界诸多苦难是源于国界、级界、种界、形界、家界、业界、乱界、类界、苦界共“九界”，需分别破而除之，相应达到合大地、平民族、同人类、保独立、为天民、公生业、治太平、爱众生、至极乐的境界。这就是康有为理想的“大同之世”。按照他描绘的意思，在那个社会里，消灭了国界，废除了国家，没有了阶级，设立“大同公政府”，再也没有君主统治，没有法庭、监狱和军队；在那个社会里，没有了家族和家庭，没有男女之间的不平等；在那个社会里，没有了私产，天下归公，实行由公农、公工、公商为全社会进行的生产和分配；在那个社会里，生产力高度发达，“凡百举动，皆有机器，无沾手涂足之勤”，因为一切都由机器，劳动起来“不唯无苦，反而得至乐”，并且，所需劳动时间也大大缩短，每日“仅三四时或一二时而已足，自此外皆游乐读书之时”；在那个社会里，具有高度的物质文明，人们的人衣食住行样样美满，譬如居室则“珠玑金碧，光采陆离”，行动则“飞屋飞船”，“舟皆电迹”，饮食则“以备养生”，“人则愈寿”，因安乐至极，唯思长生，于是“人皆为长生论，神仙之学大盛”。多么美妙的乌托邦！

然而，这个乌托邦又绝非能凭空想象得出来，它是多种思想素材的杂糅：有对现实的感受，譬如所列世界的种种苦难，实际上是基于对封建专制制度下的中国，甚至包括对资本主义制度下的西方国家，所现实存在的社会苦难的体察，而对“大同之世”高度物质文明的描绘，则离不开当时资本主义物质文明现实事物的启迪；有对资产阶级自由、平等、博爱思想的实质性利用，这可以说铸就了《大同书》的灵魂；有对空想社会主义学说影影绰绰的借鉴，康有为确实片段地接触到这种思想学说；也有佛、道宗教思想的感染，“入世界观众苦”的字离行间，岂不有佛教人生皆苦的意味？而关于“大同之世”人欲长生不死、神仙之说大行的描述，与道教的追求岂不有相似之处？而这里要特别强调的，是对儒家思想素材主要是对公羊三世说和《礼运》小康、大同说的结合性借题发挥，把由据乱世进化到的升平世比附为“小康”之世，由升平世再进化到的太平世，则为“大同”之世。至于大同之世的“原始模特”，则见之于《礼运》:“大道之行也，天下为公。选贤与能，讲信修睦，故人不独亲其亲，不独子其子。使老有所终，壮有所用，幼有所长，鳏寡孤独废疾者皆有所养。男有分，女有归。货恶其弃于地也，不必藏诸己；力恶其不出于身也，不必为己。是故谋闭而不兴，盗窃乱贼而不作，故外户而不闭。是谓大同。”康有为的大同理想，仍包裹着托古改制的斑斓外衣。并且，按照他的认识，这是经过“升平世”以后才能顺序达到的阶段，是处于“据乱世”之时所不能宣扬的，唯恐导致越级的混乱，所以生前秘不宣人，只是在他人的要求下小部分地发表过，而全书的公之于世，是在他死后 8 年的 1935 年。

晚年的悲哀

就在康有为海外流亡期间，国内接二连三地发生着大事变。特别是武昌起义敲响了清王朝的丧钟，1912 年元旦，象征共和的五色旗庄严地升起在南京临时政府驻所大总统府的上空，宣告了清王朝，同时也是延续了两千余年的中国封建帝制的覆亡。43 天之后的 2 月 12 日，清帝宣布逊位。最后从“御座”上离开的，是仅坐了 3 年多名义上的皇帝的小溥仪，而他登基的前后，则是康有为心目中的圣主光绪帝和政敌慈禧相继新逝之际。这时悲喜交加的康有为，对清王朝的改制复兴仍然寄托着莫大的希望。然而，“宣统”仅三载，皇冠便落地。康有为感到惋惜和悲哀。并且，民国成立后不久便被袁世凯窃取了统治权，袁世凯早就是康有为深恶痛绝的人物，认定这样领袖不可能治理好国家。康的心目中，依然迷恋着托古改制、君主立宪的旧梦。不过，清朝亡了，党锢开了，他这个流亡多年垂垂老矣之人可以回到自己的祖国和家园了。这当然是他所高兴和激动的，这是盼望多年的事情啊！实际上，多年“周游世界”的生活留在他心头的，并不真是十分轻松潇洒，毕竟是一个爱国者的流亡呵，他时时挂念着祖国，魂牵梦绕。

他终于回来了，这是1913年冬。这年他56虚岁。自命为大清朝的遗民，坚决不做民国的官，他继续从事着自己的政治设计。当势不可当的革命风暴掀毁清朝庙堂的时候，康有为惊恐而又迷惘，面对雷霆万钧的共和声浪，他似乎也感觉到这是一种大势所趋，已不能死守他原有的阵地，但是又不愿完全放弃，于是折中地提出“虚君共和”说。按照他的意思，就是剥夺清室的实权，只在名义上保留君主，实际上采取共和制，在这种体制下，“虚君者无可为比，只能比于冷庙之土偶而已。名之曰皇帝，不过尊土木偶为神而已。为神而不为人，故与人世无预，故不负责任不为恶也”。如果说，他讲的这种“虚君共和”，实质上还是君主立宪的话，那么其中君主的权限业已降到最低限度，与共和制自然更接近了些。对他来说，这也算是一个进步吧。但在当时形势下，这也很难让人注意和产生兴趣了。更何况，虚君共和制也并非他始终着力坚持的，大多时候，他还要后撤几步，为立君大肆鼓吹，同时也为尊孔竭力张本。

就在他回国的这一年，他当了“孔教会”会长，并且主持创办了《不忍》杂志，“嗟纪纲之绝亡”便是其“不能忍”之一。在康有为的心目中，“中国立国数千年……皆奉孔子之经，若一弃之，则人皆无主，是非不知所定，进退不知所守，身无以为身，家无以为家，是大乱之道也”。他把革命后的一切社会弊病，都归结于弃孔和失君上。坚决认定孔子之道是国粹、是国魂，丢弃了它，国即不国。为了发扬光大孔子之道，他不遗余力地鼓吹建立孔教，立之为国教，在神化孔子的基础上进一步把儒学宗教化。与此同时，他也念念不忘使君主之名位再重新恢复。不错，他也曾反对袁世凯当皇帝，那是觉得他不配，是僭越。到后来由张勋拥废帝溥仪复辟，康有为便积极出力谋划，被任命为弼德院副院长，赏给头品顶戴，数日之间，起草了若干道诏书。甚至到1925年的时候，他还特地从上海到天津拜谒溥仪。死前不久，还因溥仪“皇帝”“御赐”匾额和如意贺其70寿辰，而“感慨万分”地写下千余言的“谢恩折”。当然，即使这种时候，他也是坚信他在做着救国救民的正义之事。他十分自信和固执。对此，梁启超这样置评：“先生最富于自信力之人也，其所执主义，无论何人，不能动摇之。于学术亦然，于治事亦然。不肯迁就主义以徇事物，而每熔取事物以佐其主义，常有六经皆我注脚，群山皆其仆从之概。”这是他的优点，也是他的缺点。当他所坚持的事业具有客观上的进步性的时候，他的执着便造就着百折不挠的坚定，而当他所坚持的思想和行为具有客观上落后性的时候，他的固执也就成了绝不可取的顽固。他晚年的时候多半便是如此。这不能不说是他的悲哀。

就是带着这种悲哀，康有为于 1927 年 3 月的最后一天，在青岛寓所撒手尘寰。

（董丛林）

主要参考书目

《康有为全集》，姜义华等编，上海古籍出版社出版。

《康有为政论集》，汤志钧编，中华书局出版。

《康南海自编年谱（外二种）》，中华书局出版。

《康有为与戊戌变法》，汤志钧编，中华书局出版。

《康有为思想研究》，钟贤培主编，广东高等教育版。

《康有为评传》，沈云龙著，台湾传记文学出版社出版。